法律方法与司法决策丛书

宪法解释理论的困境与出路

——以美国为中心

The Dilemma and Future of Constitutional Interpretation Theory in America

王云清 著

清华大学出版社

北 京

图书在版编目（CIP）数据

宪法解释理论的困境与出路：以美国为中心 / 王云清著. —北京：清华大学
出版社，2017

（法律方法与司法决策丛书）

ISBN 978-7-302-48409-7

Ⅰ. ①宪… Ⅱ. ①王… Ⅲ. ①宪法－法律解释 美国 Ⅳ. ①D971.21

中国版本图书馆 CIP 数据核字(2017)第 215762 号

责任编辑：朱玉霞
封面设计：陈 伟
责任校对：王荣静
责任印制：宋 林

出版发行：清华大学出版社
　　　　　网址：http://www.tup.com.cn, http://www.wqbook.com
　　　　　地址：北京清华大学学研大厦 A 座邮 编：100084
　　　　　社总机：010-62770175 邮 购：010-62786544
　　　　　投稿与读者服务：010-62776969，c-service@tup.tsinghua.edu.cn
　　　　　质量反馈：010-62772015，zhiliang@tup.tsinghua.edu.cn

印 装 者：清华大学印刷厂
经 销：全国新华书店
开 本：148mm×210mm 印张：10.875 字 数：199 千字
版 次：2017 年 7 月第 1 版 印 次：2017 年 7 月第 1 次印刷
定 价：59.00 元

产品编号：075660-01

序一　在晦暗不明处寻找亮光

宋方青 *

　　立法是国家法治建设的重要基础,也是构建良善政府的制度前提。然而,立法机关制定的法律经常只是半成品,只有经过法律解释,抽象的法律条文才可以走向具体。当前中国正处在全面推进社会主义法治国家建设的关键时期,诸多问题的分析和判断需要借助精密的立法技术,亦需要坚实的解释理论。宪法作为一个国家法律制度的基础和根本法,如何对之加以解释,更是其中一个重要的学理难题。

　　在美国,宪法解释问题是一个历史悠久的话题。按照传统观点,法院在宪法司法过程中应该"解释"而非"篡改"宪法。受到保守主义的政治哲学的影响,以确定宪法的原初理解为代表的原旨主义解释方法一度被认为是占据宪法统治地位的观点。一直到 20 世纪之后,随着更加富有进取精神的司法权的崛起,原意解释方法逐渐退居幕后,取而代之的是更加强调宪法应该回应社会现实的非原意解释方法。如

*　厦门大学法学院院长,教授,博士生导师。

果我们将视野拉远到英国(殖民地时期美国尊奉的母国)法学家布莱克斯通对法律解释诸要素的论述,再观察围绕原意解释与非原意解释所组成的当代美国宪法解释理论,那么我们将会发现,参与这场旷日持久的宪法解释方法论争的双方,实际上都是在坦率、严肃地讨论一个问题:对于宪法解释的合理性而言,究竟应该遵循何种基本判准?

在对这个元理论问题日复一日的讨论中,美国宪法解释的主流哲学却在悄然发生变化。在政治变迁、利益多元化的背景下,形式推理与实质推理相互交织,主题变奏正在宪法解释实践中持续上演。细心的观察者会注意到有趣的现象:在一个特定的历史阶段中,若法院的整体司法哲学趋向于保守,原意解释方法将成为主流;非原意解释方法缓慢而且持久地积攒着力量,当社会环境发生重大变化、宪法基本原则突破"死手难题"的束缚之时,非原意解释方法成为一种重要的"解释选择"。于是,受到这种循环的解释进路的影响,特别是受到20世纪80年代勃兴的解构主义哲学的影响,学者们开始质疑宪法解释是否可以"理论化"——也就是形成一套统一连贯、前后适用的解释方法论。这就是当代美国宪法解释理论所遇到的基本困境:在试图于稳定性和变动性之间取得恰当平衡的过程中,由于平衡点难以精确辨别,任何一种规范意义上(应然的)宪法解释理论都难以自圆其说,更遑论指导实践了。

当代宪法解释理论仍然在发展成熟当中,由各种解释理论所组成的图景依旧是一幅浓淡有致的山水画。然而,在上述元理论问题上却依旧晦暗不明。那么,我们应该向何处寻找亮光? 或许,我们应该追问:造成这一困境的根本原因是什么? 要寻找这个问题的妥善解答,论者还必须要重新回归到对宪法解释理论本身的历史源流、规范论证和利弊得失的翔实梳理,因为任何一种脱离语境的评述都是随意甚至专断的。在这种研究思路的引导下,本书作者以著名的"庞德问题"为主线,以原意解释和非原意解释作为宪法解释的两极,从抽象的基本原理和具体的司法实践两个层面着手,将美国宪法解释理论的基本图像展现在读者的面前,通过学术性的介绍和批判性的反思,提出了一种可靠的解答:当代宪法解释理论的建构需要抛弃基础主义的进路,放弃以有限材料却欲为整个宪法结构寻求基础解释方法的归纳法,寻找一种建立在思想、原则、精神、文本等混合物基础上的非基础主义。

不难看出,王云清博士的这本论著有较强的理论雄心,即通过系统地梳理美国宪法解释诸理论,回答"我们需要何种宪法解释理论"。作者在这本论著中清晰地把捉到当代宪法解释理论的核心问题,并试图对之展开结构化的处理。本书以原旨主义、活的宪法、动态法解释和文本主义为基本坐标,指出宪法解释应该转向实践法哲学指导下的多元主义。对理论问题的分析和讨论,使呈现在读者面前的这本佳作具有鲜明的法理学色彩:以现实的问题意识为指向,以严谨的规范分析为方法,以宏观的理论思辨为追求。

　　王云清博士在厦门大学法学院曾度过了三年的硕士生活,并于 2015—2018 年回到曾经的母校从事博士后研究,由我担任合作导师。王云清博士一直坚持不懈,在司法裁判和法学方法论领域用力颇深。这本书的雏形是他的硕士学位论文,此后历经多年沉淀终于成文,由此可见作者对这个话题的执着。本书的出版不仅仅是对过去学习阶段的总结,同时也具有学术成年礼的意义。我很高兴看到这样一位青年才俊,在这样一部具有特殊纪念意义的作品中展现出扎实的学理功底。希望他继续沉潜学问、博学慎思,也期待他在学术道路上走得更远、更宽。

　　是为序。

序二　宪法解释理论的功用

刘连泰[*]

宪法学作为屠龙之术有什么用？这是来自宪法学之外的追问；宪法解释理论有什么用？这是来自宪法学内部的追问。对于前者，大体上不用较真，追问者也并不觉得宪法学无用，只是认为当下宪法学的研究过于虚空，调侃两句而已。对于后者，宪法学人却必须较真了。宪法解释理论林林总总，有人拿着这些物什按图索骥吗？宪法解释理论如果不能成为宪法解释的理论武器，研究宪法解释理论就连"纸上谈兵"都不是了。

宪法解释理论当然是事后的，不可能先想好一种宪法解释理论，再开始宪法解释之旅。但这种"马后炮"式的宪法解释理论依然不可或缺——是我们鸟瞰宪法解释万千景象，并将之体系化的可能坐标，这种理论也使得宪法解释的"技艺"可以经由学习传承，是黑夜赐予我们的黑眼睛，我们可以用它寻找宪法解释的光明之境。

---

[*]　厦门大学法学院教授，博士生导师。

一

宪法学研究可以有多种方法,研究方法的多元性和开放性也标志着宪法学的成熟,但在最根本的意义上,解释是最基本的方法。我们法律人要对作为研究对象的宪法文本保持一颗谦卑之心、忠诚之心。现行宪法明确了"国家尊重和保障人权",构筑了当下的国家结构,扮演着高级法和根本法的角色。从规范意义走向经验意义,现行宪法成为我们人民的法律的最佳途径,只能是宪法解释。然而,宪法解释供给不足却是我们不得不正视的现状。其他部门法看宪法犹如雾里看花,宪法学人无法抱怨民法学界时刻警惕陷入"宪法陷阱",无法愤懑《物权法》的狂妄与《民法总则》的献媚。

宪法解释质料不足,中国宪法解释理论难以生成,宪法学人将目光转向域外,遍寻宪法解释理论的他山之石。国内宪法解释理论的主流研究分执德美两端。德国宪法解释理论的介绍与移植如火如荼,国内对美国宪法解释理论的研究稍显乏力。原因之一在于美国宪法解释围绕一部存在两百多年的文件展开,争议焦点尤以"死人之手"问题最为突出,这对于中国宪法学几乎是个伪问题——中国现行宪法文本历时不长,且经历数次修改。原因之二在于美国宪法解释理论纷繁复杂,形式上有原旨主义与非原旨主义分裂割据,两种理论内部门派林立,甚至相互杂糅,这与教义学在德国法上的王者地位相比,真是"乱花渐欲迷人眼"。以国人的慧眼,看个"清清楚楚明明白白"尚且不易,遑论移植。

但这是否意味着,我们必须一起转向德国法上的教义学? 当然不是。美国法上的原旨主义,就极具中国意义——教义学无法覆盖原旨主义,原旨主义不是类释义学。宪法教义学偏重技术与体系,更像一种裁判理论,指导我们如何适用宪法;原旨主义不提供精致的适用方法,而是以理念和价值立身,更像一种解释理论,指引我们如何对待宪法。不论历史如何"三十年河东,三十年河西",忠于宪法是原旨主义矢志不渝的追求,发挥宪法作为高级法、根本法与"我们的法律"的三重功能是原旨主义的价值皈依。这样的理念与价值,正是当下中国及其宪法学研究所缺乏的营养。

二

本书是美国宪法解释理论研究的又一努力。作者选取了原旨主义、活的宪法、动态解释、文本主义四种解释理论,关照困境,探寻出路,力图勾勒美国宪法解释理论的基本图景。

动态解释理论与文本主义理论部分其实是在原旨主义与非原旨主义论争框架下展开的。解释理论千姿百态,但依据其对待1787年美国宪法的态度,可以分别归入原旨主义与非原旨主义的阵营。在各自阵营内部,呈现由狭隘的基础主义版本渐进到宽泛的实用主义版本的理论光谱。原旨主义主张宪法解释应当围绕原初宪法文本展开,非原旨主义则看重宪法文本之外的资源。原旨主义尽管也有正当性证立的困境,但与非原旨主义不正视 1787 年宪法文本客观存在这一现实相比,更容易在修正中获得支持,公然反对原旨主义的法官和学者并不多见,以致出现了"我们都是原旨主义者"的幻象。

非原旨主义以活的宪法理论为代表,大卫·斯特劳斯希望法官能够拥有伯克式保守主义的谦逊美德,通过普通法判例实现宪法的自我更新,以适应不断变化的社会现实。公允地说,活的宪法理论只是对法院解决宪法问题方法的描述。活的宪法理论将判例与宪法文本等量齐观,宪法教义很可能化身为墙头草一般,在法官的照拂下,左右摇摆。法官身处不断变化的社会现实旋涡之中,难说比制宪者或批准者更为中立公正。活的宪法理论其实是一种没有理论的理论,一种缴械的理论,将宪法解释交托给变动不居的现实和人的任性。

原旨主义正式发端于对沃伦法院能动主义的反制,在 20 世纪 80 年代里根政府时期渐成主流话语。原旨主义的早期建构围绕原初意图、原初理解、原初被期待适用等关键词展开。因其寄托于制宪者或批准者对宪法适用的理解,主观性难以否认,加之缺乏一种连接过去、现在与未来的叙事,必然招致质疑。在大卫·斯特劳斯看来,原旨主义至少面临如下问题：一是原初理解不可得——宪法学者并非历史学家，甚至制宪者意图或批准者的理解是否存在也有疑问；二是即使承认原初理解，也面临如何转化适用到当下的难题；三是死人之手问题——我们为什么要遵循早已逝去之人的决定。[1] 原旨主义者成了那个年代的愁容骑士，斯卡利亚法官也因此被贴上"怯懦的原旨主义者"的标签。[2]

　　原旨主义在与活的宪法理论论争中，开始涅槃重生。20世纪 90 年代以来，原旨主义进入自我修正阶段，逐渐形成名为"新原旨主义"的理论谱系。新原旨主义区别了含义与适用、宪法解释与宪法阐释，不再将原初意图/理解等同于原初含义，反而回归宪法文本自身，关注原初公共含义。区别宪法解释与宪法阐释的重要意义在于由宪法解释守护原初宪法的稳定性，由宪法阐释提供社会变迁适应宪法的空间，两者相合，时空相接，引入"我们人民"这一集合性主体，1787 年宪法成为连接过去、现在与未来的共识基础，作为"我们的法律"，死人之手问题在理论上迎刃而解。

　　新原旨主义借助宪法阐释概念，将原旨主义与活的宪法塑造为一枚硬币的两面。宪法阐释受限于宪法解释，宪法变迁发生于宪法文本含义射程内，因此仍然忠于宪法文本，这

---

　　〔1〕　［美］戴维·施特劳斯：《活的宪法》，毕洪海译，16 页，北京，中国政法大学出版社，2012。

　　〔2〕　Randy Barnett, Scalia's Infidelity: A Critique Of "Faint-Hearted" Originalism, 75 U. Cin. L. Rev. 7, 13 (2006).

就摆脱了遭遇的正当性质疑。原旨主义一度被认为是保守主义者的专利，但新原旨主义承认宪法变迁的正当性，悄然穿上了时髦的外衣，成为新时代的宠儿，巴尔金、巴尼特这些曾经的非原旨主义者也纷纷拜倒在新原旨主义的石榴裙下。[3]

三

　　解释是法律人对这个贫弱社会的反哺。如果没有生活于既定法律体系之下的觉悟，动辄诉诸修改既有法律、制定新的法律，法律人失去的不仅仅是谋生的工具，更是同时滋养自由、平等、民主、法治、安定等普世价值的土壤。法律人应该有匠人的气质，解释应当是最重要甚至唯一得心应手的工具。宪法不是任人打扮的小姑娘，法律人也不是时尚大魔头。宪法解释的前提必然是忠于宪法文本，忠于宪法所确立的自由、平等、法治等基本原则。法律人有变化万千的解释理论，但宪法的气质已经锚定在宪法文本中，不能改变。

　　宪法解释发生于宪法制定之后，宪法解释理论又在宪法解释之后，是对造就宪法解释的过程的归纳与升华。宪法解释是宪法生命力的显现，宪法解释理论则赋予个案中的宪法

---

　　〔3〕　参见［美］杰克·M.巴尔金：《活的原旨主义》，刘连泰、刘玉姿译，厦门，厦门大学出版社，2015；Randy E. Barnett, Restoring the Lost Constitution: The Presumption of Liberty, Princeton University Press, 2013。

解释以质感,将宪法解释体系化。根据宪法解释理论形成的体系也可能因为新的判例被刷新,为宪法解释与社会环境互动提供适应性框架,并在此基础上雕琢宪法解释的细节。

"法律必须稳定,但又不能静止不变。因此,所有的法律思想都力图协调稳定必要性与变化必要性这两种彼此冲突的要求。"[4]宪法解释理论必须在稳定必要性与变化必要性之间寻找生长点与平衡点。作者对原旨主义、活的宪法等的论述淋漓尽致地展现了这种生长与平衡技艺,为我们更微观地观察美国宪法解释理论打开了一扇窗:风景宜人,却并未让人因醉氧而眩晕,这是一幅"浓妆淡抹总相宜"的春日图景。

---

〔4〕 〔美〕罗斯科·庞德:《法律史解释》,邓正来译,2页,北京,中国法制出版社,2002。

目　录

绪论

一、波斯纳的戏谑与伯克的愤慨

从古希腊哲学家提出理论理性与实践理性的分野以来,理论与实践之间的关系一直都是各个学科绕不开的一个话题。其中,对于所有理论工作者来说,最为尴尬的一种指责就是"理论是没有用的"——如果你想要学会开车,你不需要学习物理学中深奥的摩擦力理论,也不需要学习关于发动机的理论。一些法律理论家也不得不承认,法律理论本身对于法律实践而言几乎是没有任何影响的,[1]当代宪法学者同样非常敏感地意识到,宪法理论正处在危机时刻,因为对理论的追求总是带有很强的自我怀疑的意味。[2]

无独有偶,宪法解释学界正在对理论提出尖锐的批评。波斯纳在《反对宪法理论》一文中对就曾经用戏谑的口吻对宪法解释的宏大理论提出尖锐的批评意见:"宪法理论家们是规范主义者;他们的理论意在影响法官们对疑难案件的裁判;如果这些理论家还受过法律训练,他们就忍不住要告诉读者他们认为哪些案件的判决是符合或者违反他们的理论的……尽管他们所撰写的理论可能在法学界内部圈子当中流传甚广,但是对于司法实务来说却没有多大的影响。"[3]波斯纳的观点包含两种不同性质的主张:从描述性的意义上来讲,宪法解释理论不能很好地描述法官是如何解释宪法的,越好的宪法解释理论经常越偏离宪法解释实

---

〔1〕 理论与实践之间的冲突与关联,最集中的讨论莫过于学界过去十数年间对于"法理学"究竟是一门什么样的学问的检讨,其中一种比较有代表性的观点是,理论相对实践而言保持一种超然的地位,正是理论的"哲学批判性"所要求的。这种观点认为,理论无法对实践具有具体的指导意义,并不是问题所在。关于"法理论"能够为法律实践提供什么样的知识以及为何作为一种法理论的法理学不是"知识冗余",一个相对较新的综合以及批判性检讨可以参见陈景辉:《法理论为什么是重要的——法学的知识框架及法理学在其中的位置》,载《法学》,2014(3)。

〔2〕 See Robert Fishman. The Futility of Theory? University of Colorado Law Review, 1992, Vol. 63, p. 206.

〔3〕 Richard A. Posner, Against Constitutional Theory, New York University Law Review, 1998, Vol. 73, p. 2.

践;从规范性的意义上来讲,任何一种宪法解释理论都无法自圆其说。

对宪法解释进行去理论化,往往意味着法官对宪法条文的解释没有定式、章法,因此很容易被诟病为司法恣意。原旨主义的支持者罗伯特·伯克曾经对"宪法解释没有唯一正确的理论"这一说辞表达了愤慨,在《美国的诱惑:政治对法律的诱拐》一书中指出了宪法理论对于宪法裁判的必要性。他引用德沃金的口吻指出:"如果我们对于这个问题没有坚实的答案,我们就没有办法知道,或者甚至理性地讨论,司法决定是不是在可以接受的范畴之内……我们需要一套能够称为'正确的'宪法裁判理论来界定多数派和个人的范畴。如果不存在正确的解决方式,那也就没有能够被解决的疑难问题;没有办法评价法院的工作……因此理论必须能够让我们说清楚,什么是法官的正当权威的界限。"[4]

公允地说,从事宪法解释学研究的人都无法避免在终极意义上思考如下问题:我们究竟应该如何解释宪法? 有没有一种最好的解释宪法的方法? 对这些问题的思忖,不可能完全停留在方法论的层面上,还必须要深入政治哲学层面上关于"何为良善的宪法"的反思。当法官开始追问什么样的解释才是正确的解释时,这就意味着他拥有着一套

---

〔4〕 Robert H. Bork, The Tempting of America: The Political Seduction of the Law, New York: Simon and Schuster Inc. , 1990, pp. 140-141.

可以用来评价解释正确性的原则化体系。而对于原则问题的思考,必定要求法官形成一种理论化的思维方式。据此,以德沃金为代表的一些学者认为,这就意味着法官肯定有着一套理论,或者说,司法裁判本质上是一种"理论内置型"的实践活动,即使是体现在个别化的实践中的原则,也必须要能够为更为广泛的领域内更具一般性的法律实践给出最佳的辩护。[5] 而且,任何一种解构理论的努力其实都没有办法真正抛弃理论化的努力。正如同解构主义最终没有办法解构自身一样,反对法律解释理论最终也没有办法反对自身观点,因而一种理论的残余物始终还是会保留下来。正如一句俏皮话所说的:"'你不是理论化的'这个主张只会让你变得更加理论化,因为拒斥理论这个主张本身就是一个理论性的立场。"[6]也正因如此,波斯纳也不得不承认,他的"反对宪法理论"也可以说成是"反对宪法理论的理论",因为实用主义本身也可以看作一种理论。[7]

从这些论述中,我们可以大胆地推断,宪法解释理论对于宪法解释实践依然至关重要。没有了宪法解释理论作为

---

〔5〕 〔美〕罗纳德·德沃金:《身披法袍的正义》,周林刚、翟志勇译,60页,北京,北京大学出版社,2010。

〔6〕 Miller, But are Things as We Think They are? Times Lit. Supp., Aug. 9, 1987, p. 1104, cited from Michael J. Perry. Why Constitutional Theory Matters to Constitutional Practice (And Vice Versa), *Constitutional Commentary*, 1989, Vol. 6, p. 231.

〔7〕 Richard A. Posner, Against Constitutional Theory, *New York University Law Review*, 1998, Vol. 73, p. 9.

基石,那么宪法解释就会变得碎片化。美国法官霍姆斯说得好:"理论是法律当中最重要的部分,就好像建筑师对房屋的建造而言至关重要一样。"[8]任何一个宪法解释的背后都必须要经得起宪法解释理论的检验,才不至于引起社会公众的合理怀疑。尽管当前宪法解释学界正在面临去理论化的浪潮,但越是在这股浪潮之前,我们就越有必要检讨宪法解释理论的功过是非,越是需要检讨宪法解释实践当中已经存在的共识性基础。

二、为何是美国的宪法解释

"法律必须稳定,但又不能静止不变。因此,所有的法律思想都力图协调稳定必要性与变化必要性这两种彼此冲突的要求。"[9]罗斯科·庞德在《法律史解释》中以这样一句稍显平淡,却又饱含思辨哲学的话提起了整本书的论述。宪法解释同样也面临着上述两种价值取向的冲突。从逻辑上讲,"解释"的目的是将已包含在文字之中,却被遮掩住的意义进行说明,[10]也就是说法律的意义并不是司法机关建

---

[8] O. W. Holmes, Collected Legal Papers, New York: Harcourt Brace and Co., 1921, p. 3.

[9] [美]罗斯科·庞德:《法律史解释》,邓正来译,2 页,北京,中国法制出版社,2002。

[10] [德]卡尔·拉伦茨:《法学方法论》,陈爱娥译,194 页,北京,商务印书馆,2005。

构出来的，而毋宁说是被"发现"的，否则司法机关就不是在解释法律，而是在"诠释"法律。[11] 然而，法律语言本身是具有"开放结构"的，它的"意义射程"往往会超出立法者的原本预期。特别是在法律制定出来之后，法律自身就暴露在不断变动的社会生活之下，因此，要求法律在立法之时就预见到未来的一切变化似乎是一种奢望，因此，法官造法似乎成了无法回避的现象。越来越多的学者着力于论证法官造法的正当性，[12] 但是，即便论证了法律解释的变动性一面，庞德所提出的那一问题依旧摆在我们面前，甚至正因如此，才显得更加迫切。

---

〔11〕　注意到法律解释与法律诠释之间的区分或联系的学者，大多受到了伽达默尔哲学解释学的影响。例如，戚渊：《论法律科学中的解释与诠释》，载《法学家》，2008(6)；徐亚文，伍德志：《诠释学与法律科学的内在逻辑》，载《社会科学辑刊》，2011(5)；解永照、王彬：《论解释学的重心转移与范式转换——兼论解释学对法律解释研究的意义》，载《齐鲁学刊》，2010(5)；谢晖、陈金钊：《法律：诠释与应用——法律诠释学》，上海，上海译文出版社，2002，第二章相关内容。当德沃金主张法律是一个"阐释性概念"时，他也承认他的观点受到了伽达默尔的哲学解释学的影响，参见［美］罗纳德·德沃金：《法律帝国》，李长青译，51 页，北京，中国大百科全书出版社，1996。

〔12〕　这样的论证，可参见诸借用哲学解释学的观点论证法律解释本身就是一种创造性的阐释的文章，还散见于讨论能动司法的文章中。在这些文章中，虽然有一些学者注意到了中美语境下能动司法概念上的差异，但都不同程度地接受了法官造法。代表性的文章主要有：范进学、冯静：《司法能动主义在中国：司法哲学之可能走向》，载《云南大学学报》，2009(2)；张志铭：《中国司法的功能形态：能动司法还是积极司法?》，载《中国人民大学学报》，2009(6)；徐亚文、邓珊珊：《中国语境下的"能动司法"：语义与实践》，载《湖北社会科学》，2010(11)；周赟：《司法能动性与司法能动主义》，载《政法论坛》，2011(1)；李龙、陈阳：《中国视域下能动司法的内涵辨析》，载《武汉大学学报》(哲学社会科学版)，2011(5)。

本书的讨论可以看作一种比较法的研究成果。或许有读者会对本书的选题提出一个常见的质疑：为何检讨的是美国的宪法解释？应该说明的是，本书之所以只检讨美国的宪法解释理论与实践，正是因为美国宪法解释学界的争论，恰恰折射出了上述横亘在学人面前的庞德问题。对应于稳定性和变动性两种价值选择，在美国宪法学界中出现了原旨主义解释方法与非原旨主义解释方法的论争。这一论争提出了许多宪法解释的问题：宪法解释是否存在原初的理解？如果存在的话，是否应该成为当下的宪法解释的唯一来源？如果原初的理解不能适应当下的社会环境，司法机关是否有权做出不同的解释？这些问题不单单涉及法律解释的方法论，同时也涉及法律解释的价值取向的哲学思辨。发生在美国宪法学界的争论无疑提供了一个深入理解法律解释的价值两难问题的切入点。虽然有部分学者已经注意到美国宪法学界原旨主义和非原旨主义之间的争论，但大多只是介绍或简单褒贬其中一种解释理论，关于美国宪法解释方法论的系统研究无论在数量还是深度上仍然需要补充。[13]

---

〔13〕 就目前笔者收集的资料来看，目前相关的资料主要有：徐振东：《宪法解释的哲学》，北京，法律出版社，2006；范进学：《美国宪法解释方法论》，北京，法律出版社，2010；刘国：《宪法解释方法的变革——宪法解释的法理分析》，北京，中国政法大学出版社，2008；范进学：《宪法解释的理论建构》，济南，

（转下页）

本书的研究选择了美国,而在司法行为上则选择了宪法司法。在国别上选择美国,并不意味着日本、德国等西方国家就没有类似的理论关怀。比如日本学者牧野英一在《法律上之进化与进步》一书中,就强调法律是社会公共生活的产物,必须服务于公共生活的目的,在法律解释问题上,他也主张"法律解释之解放",即按照新社会的理想来运

—————————— (接上页注)

山东人民出版社,2004。相关的论文主要有:赵晓力:《美国宪法的原旨解释》,载赵晓力主编:《宪法与公民》,380 页,上海,上海人民出版社,2004;崔雪丽:《美国宪法解释的新转向——非原旨主义方法探究》,载《湘潭大学学报》(哲学社会科学版),2011(11);范进学:《斯卡利亚宪法解释方法论及其评析》,载《学习与探索》,2007(1);范进学:《美国宪法解释方法论之辩思》,载《现代法学》,2006(5);顾爱平:《宪法解释的方法论辩证——兼论社会学解释方法应当作为宪法解释的首选方法》,载《江海学刊》,2010(2);黄利红:《美国宪法的社会学解释方法及其理论源流》,载《社会科学家》,2009(10);侯学宾:《美国宪法解释中的不同民主观——原旨主义与能动主义之比较》,载《当代法学》,2010(1);侯学宾:《含义、原初性与宪法忠诚——原旨主义的三种基本共识性命题》,载《法制与社会发展》,2010(6);刘国:《原旨主义方法的困境与出路》,载《浙江社会科学》,2009(9);郑维炜:《论诠释学意义上的原旨主义——反思惠廷顿〈宪法解释〉中的认识论困境》,载《法制与社会发展》,2012(1)。虽然笔者未必穷尽了所有的文献资料,但就手头拥有的资料看,可以做出的判断是,相比较美国学界浩如烟海的文献资料,国内学者(不单单是法理学者,也包括专门研究宪法学的学者)似乎并没有太多关注原旨主义及其理论对手。

用法律。[14] 欧陆的自由法运动主张法律科学的目的在于
服务社会的需要,而支持法官自由地发现法律。作为这场
运动的主要代表人物,埃利希甚至提出"法发展的重心不在
立法、不在法学、也不在司法判决,而在于社会本身",由此
提出了"活法"这个社会学法学的重大概念。[15] 不同国别
的学者对类似问题的讨论,恰恰证明了法律解释的稳定性
与变动性之间的关系是法律科学的永恒话题。而在美国宪
法学界,原旨主义和非原旨主义之间的争论尤为激烈,而且
也形成了较为厚实的学理阵营,这无疑为研究者提供了丰
富的文献资源。

　　而之所以特别强调是在"宪法司法"的领域之内进行讨
论,并不是意味着本文的研究不能适用于一般的法律解释,
而是因为直接将本文的研究结论一般化会带来几个难以解
决的问题:第一,从目前收集到的资料来看,原旨主义和非
原旨主义的争议主要还是围绕宪法条文的解释进行的;第
二,因为相比较制定法,宪法的历史更为悠久,当初制定宪
法的人早已作古,在这种情况下,如何追求制宪者的"原意"
变得更加困难,而且在美国人的现代思维中,宪法已经成为
人民仰以保护权利、促进社会公平的神圣存在,对于宪法的

---

〔14〕 [日]牧野英一:《法律之进化与进步》,朱广文译,60页,北京,中国
政法大学出版社,2003。

〔15〕 关于欧陆自由法运动的情况,可以参见张文显:《20世纪西方法哲
学思潮研究》,110页及其下,北京,法律出版社,2006。

这些期许,导致美国人民希望宪法能够积极地回应社会变迁。这些现实情况决定了宪法解释的方法论争议势必比制定法解释要激烈得多。第三,宪法究竟能否与制定法(statutes)等量齐观,本就是一个有疑义的问题,宪法司法与一般的司法是否适用统一的解释理论,可能还需要更进一步的分析与讨论。宪法条文与制定法条文存在相当大的差异,例如宪法具有至上性、持久性、严格性、道德内容、一般性和抽象性。[16] 也正因如此,对宪法的解释经常比对一般制定法的解释有更大的选择自由,[17]适用于一般制定法的解释方法无法直接套用在宪法解释上。[18] 基于以上理

---

〔16〕 参见[美]安德雷·马默:《解释与法律理论》,程朝阳译,210～213页,北京,中国政法大学出版社,2012。

〔17〕 [美]本杰明·卡多佐:《司法过程的性质》,苏力译,43页,北京,商务印书馆,1998。

〔18〕 当然,这种差异程度是否是"根本性"的,存在不同的观点。有的学者认为:"尽管宪法解释问题自二十世纪初以来即被视为法律解释中的特殊问题,但其与一般法律解释之间除了受政治的影响程度不同之外,在适用解释规则方面并无根本差异。"刘飞:《宪法解释的规则综合模式与结果取向——以德国联邦宪法法院为中心的宪法解释方法考察》,载《中国法学》,2011(2),73页。台湾学者吴庚则认为,"宪法与法律确有性质上的差别,特别是有关基本权的诠释,与一般法律解释颇有不同",他还指出专用于宪法解释的规则,比如以宪法解释宪法规则、政治问题不予解释规则、合宪性解释规则。参见吴庚:《宪法的解释与适用》,576页以下,台北,三民书局,2004。甚至在德国,有学者就认为宪法条文的解释严格说并不是解释,而是"实现"(aktualisiert)或者"具体化"(konkretisiert)。对这个观点的介绍,请参见 Winfried Brugger, Legal Interpretation, Schools of Jurisprudence, and Anthropology: Some Remarks from A German Point of View, *The American Journal of Comparative Law*, 1994, Vol. 42, p. 398。

由,本书的讨论主要局限在美国的宪法司法行为,即美国法院适用宪法条文作为裁判依据的行为。

　　本书的讨论并没有涉及中国问题,因此也许缺乏明显的"中国问题意识",但这并不代表所讨论的问题对于当下中国的法律解释学毫无意义。出于众所周知的原因,我国的宪法条文并不具有直接的可司法性,法官在个案裁判中不能直接以宪法条文作为裁判依据。这个事实当然会限制法官对宪法条文的解释,因此对中国宪法解释方法论的检讨始终只能在学理上展开。当前我国学者正在积极探讨中国宪法的司法适用问题,相关的解释问题将接踵而来。作为实践的基础和知识储备,我们需要从域外国家中吸取有益的经验。

第一章
原旨主义解释方法

一、原旨主义：概念梳理与核心命题

"原旨主义"究竟是一种什么样的理论，美国学术界对此颇有争议。何种原旨？如何探究？初窥这一领域的读者或许会感觉身临"语言动物园"，因为学者使用形形色色的概念术语来指称"原旨主义"，比如"原初意图"(original intent)、"原初理解"(original understanding)、"文本的原初公共意义"(the original public

meaning of the text)、"原初含义"(original meaning)等等。
有的时候学者还会将之和"解释主义"(来自托马斯·格雷
的一篇论文的术语)、"历史主义"(来自罗纳德·德沃金)、
司法保守主义(或称司法谦抑主义)乃至政治意识形态中的
"保守主义"相混淆。原旨主义似乎是一个具有家族相似性
的概念群,这就难怪有人会说:"当原旨主义已经成为宪法
解释中占据主流地位的方法时,原旨主义这个概念也变得
越来越不确定,不同学者主张的原旨主义可能只是相同标
签下的不同立场和观点。"[1]为多数学者所承认的是,原意
解释方法发端于英美普通法的解释方法,但作为一种规范
的解释理论则始于 20 世纪 80 年代。一种共识是,虽然原
旨主义的论辩早在 20 世纪 70 年代就已经在学术界中悄然
展开,但公众对这一学派的认知与 20 世纪 80 年代里根政
府果决而单一的司法哲学的政治主张分不开。[2]因此,我
们不妨以这一阶段不同学者对原旨主义的定义来阐释原旨
主义的基本含义。

　　"原旨主义"(originalism)这个术语最早出现在保
罗·布雷斯特发表在 1981 年《耶鲁大学法律评论》中的一
篇文章《基本权利的争议:规范宪法学的主要矛盾》中。不

---

　　〔1〕 侯学宾:《含义、原初性与宪法忠诚:原旨主义的三种基本共识性命
题》,载《法制与社会发展》,2010(6),68 页。
　　〔2〕 Dennis Goldford, *The American Constitution and the Debate over
Originalism*, New York: Cambridge University Press, 2005, p. 1.

过,在 1980 年一篇《原初理解的错误追求》的文章中,他就已经使用过"原旨主义"和"原旨主义者"这样的称谓了。他对原旨主义的定义是这样的:"我用'原旨主义'所指的是宪法裁判的一般进路,这种进路认为宪法文本或其批准者的意图具有约束力的权威。"[3] 同时,布雷斯特按照广义和狭义,将原旨主义区分为"严格文本主义或字面主义"(strict textualism or literalism) 与 "严格意图主义" (strict intentionalism) 和相对柔性的"适度的原意主义"(moderate originalism),他将除此以外的宪法解释方法一概称为"非原意主义"(nonoriginalism)。布雷斯特提出的"原旨主义"和"非原旨主义"的范畴,较之于 20 世纪 70 年代中期到 80 年代中期托马斯·格雷在《我们有不成文的宪法吗?》(Do We Have Unwritten Constitution)一文中提出并为参与宪法解释之争论的学者争相援用的"解释主义"和"非解释主义"之区分更为精当,因为解释主义和非解释主义的划分方法具有极大的误导性。解释主义强调的是基于权威的法律文本的解释,而非解释主义则强调超越文本,借助于其他的资源的解释。但这其实是一对错误的二分法,[4] 因为法官不可能完全脱离文本寻求法律的意义,本质上而言,所有人

---

[3] Paul Brest, Misconceived Quest for the Original Understanding, *Boston University Law Review*, 1980, Vol. 60, p. 204.

[4] 参见[美]约翰·哈特·伊利:《民主与不信任:司法审查的一种理论》,张卓明译,前言 1 页,北京,法律出版社,2011。

都是解释主义者。我们不应该惊讶,学术研究的范式转化往往蕴含于特定概念术语的厘定、转用乃至全新创造,原旨主义无疑就是这种语词创造。

　　不久之后,原旨主义这一概念及其所代表的解释学派就染上了来自法国政治学家伯克的保守主义色彩,这似乎一点不奇怪,因为一旦强调"原来"或者"本真",就意味着"向后看"(looking backward)。科罗拉多大学法律教授史蒂芬·D.史密斯在《无需法律的心智》一文中,将原旨主义所代表的"过去导向"(past-oriented)的解释方法和实用主义所代表的"当下导向"(present-oriented)的解释方法进行对比,他是这样解读原旨主义的:"原旨主义,德沃金更喜欢叫它'历史主义'(historicism)或者'说话者的意思'(speaker's meaning)的解释,阿列尼科夫则称之为'考古学'进路。'原旨主义'有多种版本,但是它的基本论点是,法官在解释制定法或者宪法条文时,应该试图辨明法律制定时所表达的意思或者意图表示什么。"[5]史密斯教授点明了原旨主义与实用主义在基本观点上的分歧,即原旨主义强调解释方法的保守性,而实用主义强调的是解释方法的灵活性。

　　虽然原旨主义论者极力摆脱这种容易让人厌恶的立

---

〔5〕 Steven D. Smith, Law without Mind, *Michigan Law Review*, 1989, Vol. 88, p. 105.

场,但构成原旨主义之所是的无疑正是这种时间维度的区
分,但在"原旨"的内容上则企图另作它解。美国联邦最高
法院大法官安东宁·斯卡利亚(Antonin Scalia)认为,宪法
文本的含义可以从时间维度上区分为原初含义和当下含
义,所谓原初含义指的应该是文本的原初含义,而不是原来
立法者的意图。[6] 因此,原旨主义对文本的关注与文本主
义有所交叉,但和文本主义不同的地方在于,原旨主义首重
法律文本在制定时的含义,而不是解释时的含义。斯卡利
亚的原旨主义准确地说是一种文本论原旨主义,但和文本
主义的不同之处在于,原旨主义虽然是基于文本的,但原旨
主义将文本含义定位在过去的理解,而不是当下语言学的
解读。

　　纵观 20 世纪 80 年代,原旨主义内部的学术论辩一直
围绕"什么是原意的最佳判准"展开争论。尽管原旨主义阵
营内部存在不同版本的原旨主义,但是我们还是可以从他
们的主张中梳理出原旨主义的基本命题,即"过去的理解应

---

〔6〕 Antonin Scalia, Common-Law Courts in A Civil-Law System: The
Role of United States Federal Courts in Interpreting the Constitution and
Laws, in Amy Gutmann ed., *A Matter of Interpretation*, Princeton:
Princeton University Press, 1997, p. 38.

该控制当下"。[7] 金福特(Goldford)也指出,原旨主义的基本命题就是,如果没有原初理解的控制,宪法文本就变成了每一个读者认为它应该具有的意义。[8] 因此,原旨主义者强调的是宪法过去的意义。在这种高度概括的意义上,原旨主义是作为一种统一的解释理论进入司法裁判的学术视野中的。当然,如果仔细考究,原旨主义可以表征不同的解释理论。例如,在"原意"的规范来源上,原旨主义可以区分为"文本论原旨主义""原初公共理解的原旨主义""原初意图的原旨主义",而在规范来源中是首重其中一种抑或兼容其他,又可以区分为温和的原旨主义和严格的原旨主义。

二、原旨主义的历史演变

(一)原旨主义的早期理解与应用

作为一种宪法解释方法,原旨主义有着非常悠久的历

---

〔7〕 关于"基本命题"的说法,侯学宾先生在《含义、原初性与宪法忠诚——原旨主义的三种基本共识性命题》一文中,认为原旨主义有三个"基本共识性命题",分别是含义命题(认为宪法的原旨是客观存在的,并且内涵于宪法文本的条款之中保持稳定)、原初命题(宪法的含义应当从过去寻找),以及忠诚命题(宪法解释中应当坚持宪法原旨)。从内容来看,我完全同意侯学宾的论说,但是我认为从形式上看,侯学宾先生所说的三个基本共识性命题其实不过是分解了原初命题而已,因而我认为,原旨主义的基本命题可以归纳为原初命题。

〔8〕 Dennis Goldford, *The American Constitution and the Debate over Originalism*, New York: Cambridge University Press, 2005, p. 142.

史,甚至可以一直追溯到普通法。现代原旨主义者一般提倡解释者必须探究立法者的"原初的理解"(original understanding),这种解释方法与文学理论的"作者意图论"暗合,因此乍看之下似乎毫无争议:作品是由作者所创作的,假如不能弄清楚作者的意图,那么我们如何能够准确地理解作品呢? 在美国宪法司法早期,探求"原意"的解释方法也是非常常见的。但以批评沃伦法院的能动司法为基础建立起来的"原旨主义"已经超越了从技术上要求法官探求原意,而是强调"原意"是唯一正确的宪法解释方法。约翰·奥尼尔(Johnathan O'Neill)指出:"原初法理学,或者'原旨主义',是 20 世纪最后 25 年美国宪政最为激烈的辩论主题。美国宪法的原初意义,如果有的话,应该扮演什么样的角色,这个问题是沃伦和伯格法院下 1960 年和 1970 年间最为重要的问题。"[9]詹姆斯·弗莱明(James E. Fleming)也认为:"原旨主义是一种主义,一种出现在对沃伦法院的回应中的保守主义意识形态。在理查德·尼克松和罗伯特·伯克攻击沃伦法院之前,我们所知的原旨主义是不存在的。"[10]这些论述提醒我们必须区分早期"原意"

---

〔9〕 Johnathan O'Neill, *Originalism in American Law and Politic: A Constitutional History*, Baltimore: Johns Hopkins University Press, 2005, p. 1.

〔10〕 James Fleming, Response: Original Meaning without Originalism, *Georgetown Law Journal*, 1997, Vol. 85, p. 1856.

的使用与基于对沃伦法院的批判而形成的"原旨主义"学派
所指的"原意"。

在现代司法权取得胜利之前,宪法解释一直被理解为
发现并适用存在于成文宪法当中固定不变的意义。[11] 美
国国父们也主张在解释宪法的时候,必须尊重宪法的原意。
汉密尔顿很清楚宪法与人民的意向可能会发生矛盾,但是
他坚持临时的公众意见不能取代宪法的含义,法院不能用
自己的喜好取代议会按宪法立法的原意。[12] 麦迪逊在
1824 年写给亨利·李(Henry Lee)的信中也指出:"如果要
在语词不断变动的意义当中寻找文本的意义,那么显然,政
府的结构和性质就必须随着所有活的语言的语词和短语的
变动而变动。若是以现代的意义来理解法典过去的术语,

---

〔11〕 Johnathan O'Neill, *Originalism in American Law and Politic*: *A Constitutional History*, Baltimore: Johns Hopkins University Press, 2005, p. 12.

〔12〕 汉密尔顿在《联邦党人文集》第 78 篇当中指出:"说法庭可以借口两条法律相互矛盾,用自己的喜好,取代议会按宪法立法的原意,这种说法,没有什么分量。""在人民通过某些神圣的、权威的行动废止或改变现有的形式之前,法律对他们,不论是集体,还是个人,仍具有约束力……它需要法官有不同寻常的勇气,作为宪法的忠实拥护者,在立法已被社会的主要声浪挑起,违反宪法时,法官要尽他们的责任。"参见[美]亚历山大·汉密尔顿,詹姆斯·麦迪逊,约翰·杰伊:《联邦党人文集》,尹宣译,538~539 页,南京,译林出版社,2010。

那么法典会产生什么样的怪胎呢?"〔13〕

虽然美国通过独立运动从政治上脱离了英国的统治,但是在法律解释规则上依旧沿袭英国法的解释规则,不少法律人甚至以在英国接受正统的法律教育为荣。〔14〕当时宪法被视为是特殊的制定法,因而在解释宪法时,英式规则同样是适用的。〔15〕在制定和批准宪法期间,与会者还一再诉诸英美法系的法律资源来界定词语的含义。例如在大陆会议上,代表们还讨论了普通法是如何界定"重罪"和"溯及既往"等术语的。〔16〕英式的法律解释规则是,在解释的时候,首先看文件用语的通常含义,然后再通过上下文解释他们,上下文包括某条文的其他用词,然后扩展到整个文件更大范围的语境,尤其是文件的结构和主题以及其显然要达

---

〔13〕 9 the Writing of James Madison,191(G. Hunt,ed.,1900-10)转引自 Dennis Goldford, *The American Constitution and the Debate over Originalism*,New York:Cambridge University Press,2005,p.63.

〔14〕 英国普通法的思维方式并未因为北美独立而消亡,这一判断,可参见任东来等:《在宪政舞台上——美国最高法院的历史轨迹》,2~3页,北京,中国法制出版社,2007。

〔15〕 [美]克里斯托弗·沃尔夫:《司法能动主义——自由的保障还是安全的威胁?》(修订版),黄金荣译,15页,北京,中国政法大学出版社,2004。

〔16〕 Robert Nelson, The Founders' Hermeneutic:The Real Original Understanding of Original Intent, *Ohio State Law Journal*,2007,Vol. 68,p.1247.

到的目的。[17] 这一解释方法直接来源于英国法学家布莱
克斯通的《英国法释义》。布莱克斯通在《英国法释义》中规
定了"解释立法者的意愿最公平、最理性的方法是探究立法
者在立法时的意图",乍看之下,这种解释方法是原初意图
论的原旨主义,不过布莱克斯通紧接着又指出,解释者可以
通盘考量字词、上下文、主题、影响及后果、法律的精神或者
理性以及"促使立法者制定法律的原因"来确定立法者的意
图。总体上来说,布莱克斯通虽然强调立法者的意图是解
释所要追求的最终目的,却认为立法者意图的探究必须以
文本作为出发点。受此影响,早期宪法解释主要是以宪法
的文本作为起点,只有在极少数情况下才会援引诸如《联邦
党人文集》谈到的会议辩论作为外部资源。[18] 虽然 18 世
纪晚期到 19 世纪晚期,美国的宪法解释经常会参考制宪
者、批准者以及宪法的"意图""目的",但他们通常是从宪法
文本当中获知的。在奥尼尔看来,这样的实践方式更接近
于现代文本论原旨主义。[19]

---

〔17〕 [美]克里斯托弗·沃尔夫:《司法能动主义——自由的保障还是安
全的威胁?》(修订版),黄金荣译,15~16 页,北京,中国政法大学出版社,
2004。

〔18〕 Johnathan O'Neill, *Originalism in American Law and Politic: A
Constitutional History*, Baltimore: Johns Hopkins University Press, 2005,
p. 13.

〔19〕 Johnathan O'Neill, *Originalism in American Law and Politic: A
Constitutional History*, Baltimore: Johns Hopkins University Press, 2005,
p. 15.

建国初期法院也将这种方法运用于宪法解释案件。在1819 年的"马卡洛诉马里兰州案"(McCulloch v. Maryland)中代表马里兰州的辩护律师曾经参加过制宪会议,他大谈必须遵从"宪法制定者当时的解释"。该律师还特别指出,各州在批准讨论宪法时已经明确表示"除了关税之外,州的征税权绝对不受限制",因此否认联邦享有任何"默许权力"。据说这位律师的辩护曾使得支持扩大联邦权力的约翰·马歇尔法官吓出一身冷汗。[20] 后来,马歇尔在判决辩护理由中不得不重申"法官在解释规范性法律文件时的神圣职责是遵从制定者的意图"。在 1827 年"奥格登诉桑德斯案"(Ogden v. Saunders)中,马歇尔法官又重申了布莱克斯通的观点"制度的意图才是最重要的;这一意图必须要通过其用语寻找;它的用语必须通过这一制度所针对的人的一般用法来理解;它的条文不能被限缩解释甚至完全忽视,也不能扩张到原本就不包括在它们当中、也没有被它的制定者所考虑到的对象。"[21] 在涉及联邦与州的权力划分问题的宪法案件中,美国建国时期的裁判表现出了极为惊人的原旨主义风格。

---

〔20〕 关于该案,可以参见任东来等:《在宪政舞台上——美国最高法院的历史轨迹》,82 页,北京,中国法制出版社,2007。

〔21〕 Johnathan O'Neill, *Originalism in American Law and Politic: A Constitutional History*, Baltimore: Johns Hopkins University Press, 2005, p. 19.

在著名的"斯科特案"(Dred Scott v. Sandford)中,以坦尼法官为首的法院多数以探究原旨的方式进行推理。坦尼说:"法院的责任是,根据我们所发现的宪法的真实意图和它通过时的意义适用宪法……现在对它的解释必须和它通过时的理解一致。"大法官本杰明·柯蒂斯虽然实际上反对坦尼的历史论据,但他非常同意法治依赖于解释的传统进路:"根据统治法律的解释的固定规则,如果放弃宪法的严格解释,个人的假设意见被允许控制宪法的意义,那么我们就不再拥有宪法;我们就是在个人的统治之下。"〔22〕因此,在"斯科特案"中,法院多数意见认为"我们合众国人民"并不包括黑人,因为当时社会的理解"原来也没打算把他们包括在宪法中'人民'一词之内"。虽然现在看来,坦尼法官的裁判在结果上存在非常严重的"政治正确"问题,并直接引发了美国南北内战,但从方法论上而言,坦尼法院的裁判至少是可以自圆其说的。

美国建国初期到内战之前的法律注释者都坚持文本论原旨主义是正统的法律解释方法。内战前的宪法著作也承认宪法的含义只能是它原本试图要表示的意义。整个 19世纪宪法解释的主要基调是文本论原旨主义,虽然有的时候外部的证据也会被用来表明宪法的原本意图表示的含

---

〔22〕 Johnathan O'Neill, *Originalism in American Law and Politic：A Constitutional History*, Baltimore：Johns Hopkins University Press, 2005, pp. 20-21.

义,但是大法官和注释者并不认为这会颠覆建立在长期形
成的布莱克斯通准则的基础上的谨慎的文本解释。[23] 传
统文本论原旨主义的进路以及外部证据的偶尔使用在重建
修正案的起草和早期解释的阶段仍在持续。例如,在 1873
年的"屠宰场组系列案"中,以米勒大法官为首的多数派意
见,在第十四修正案的"目的""精神"和"试图要补救的罪
恶"的基础上,推理出第十四修正案的原初意图并没有将
《权利法案》所保护的基本权利,从针对联邦政府的行为,扩
张到针对州政府的行为。因此,该案中屠户的权利诉求不
属于联邦公民的"特权或豁免权",仍属于各州自行调控
范围。

在 19 世纪的最后几十年中,私法领域内的司法哲学开
始走向系统化,裁判风格也走向了范畴化、演绎性的形式主
义,政府在新型工业化经济中的角色也开始受到质疑,在这
一背景下,文本论原旨主义自然也受到了影响。19 世纪晚
以及 20 世纪早期的法官严格区分了联邦权力和州权力、政
治与法律、立法性的推理和司法性的推理。他们秉持兰德
尔案例教学法所崇尚的系统化分析进路,试图以三段论的
逻辑分析,将案件的事实涵摄于预先存在的范畴之中,而这
些范畴应该严格地由判决导出。这种司法哲学被称为"法

〔23〕 Johnathan O'Neill, *Originalism in American Law and Politic: A Constitutional History*, Baltimore: Johns Hopkins University Press, 2005, p. 23.

律形式主义"或者"经典法律思想"。洛克纳时期的最高法
院越来越强调立法的公共目的,反映在判例当中,就是最高
法院从第九修正案和第十四修正案中解读出"契约自由"作
为审查立法规制的工具。标志洛克纳时代的最典型的案件
莫过于 1905 年的"洛克纳诉纽约州案"。在这个案件中,最
高法院以违反第十四修正案所保护的契约自由为理由,推
翻了纽约州 1895 年通过的《面包坊法》对工作时间的限制。
洛克纳案虽然在一定程度上承认"警察权"(police power)
的重要性,但反映的依旧是自由放任的古典自由主义经济
学主导下的司法理念。需要强调的是,尽管洛克纳时期的
司法审查的一般进路是讨论规制是否存在于立法者原本所
意图的范畴之中,因为"意图"的出现频率颇高,但是这段时
期对于历史的调查仍然借力有限。由于法官确信他们知道
宪法原本的意图,解释是通过文本中记载的法律范畴和法
律关系适用这一意图的最佳策略,因此他们很少会刻意对
原旨主义进行自觉的理论化或者历史调查。[24]

(二)现代司法权的崛起与原旨主义的整体式微

如果说对宪法解释和司法审查的传统理解根源于对宪
法的忠诚,以及通过对文本的平实阅读所推导出的原初意

---

〔24〕 Johnathan O'Neill, *Originalism in American Law and Politic*: *A Constitutional History*, Baltimore: Johns Hopkins University Press, 2005, pp. 25-27.

图,那么现代理解或许就在于它试图从宪法和原初意图中
解放出来。[25] 现代司法权力的兴起伴随着对法律形式主
义的抨击。从 19 世纪晚期到 20 世纪早期,哲学中的反基
础主义、实用主义,自然科学中的达尔文进化论以及政治哲
学中的"福利国家"学说,对美国法学思想和宪法思想产生
了深远的影响。由此产生的结果,反映在美国法院的司法
哲学上,就是在霍姆斯"法律的生命从来就不是逻辑,而是
经验"的名言的指引下,对法律形式主义和文本论原旨主义
予以适当的突破。其中,尤以美国法律现实主义运动的影
响最为深远。现实主义者做出的一个大有价值的贡献,在
于强调书本上的法与实践中的法之间的区别,即法律制度
所说与所做之间的区别。[26] 在经过"法院重组危机"之后,
美国最高法院对罗斯福政府全面屈从,并使美国进入了新
政时代,从而标志着现代司法权的崛起。这表现在新政法
院强调活的宪法、司法自我克制、准立法式地平衡相互冲突
的社会利益。

　　假如原旨主义的理论吸引力来自对宪法的信心,那么
在新政时期,对于宪法的不满意所导致的原旨主义的整体

---

　　[25]　Christopher Wolfe, *The Rise of Modern Judicial Review: From
Constitutional Interpretation to Judge-Made Law (Revised Edition)*,
Littlefield Adams Quality Paperbacks,1994, p. 205.
　　[26]　[美]伯纳德·施瓦茨:《美国法律史》,王军等译,228 页,北京,法律
出版社,2007。

式微,就是可以理解的。受到"紧迫的社会需要"的推动,法官即便非常尊重宪法,也经常希望保存宪法当中的一些重要原则,当借助原初的理解无法持存这些原则时,法官就会对原意解释方法产生怀疑。这样的例子并不鲜见。在1934年的"房屋建设与贷款商会诉布兰代斯案"中,因大萧条期间许多房屋经常以低价出售,以致原房屋所有者经济利益受损。1933年有一法律规定,在法律所规定的紧急状态期间,抵押品的赎回权和执行贩卖应该再行推迟,由法院设定公正、衡平的期间。但是该案的情况是否属于紧急状态呢?休斯大法官认为"这样的争论没有答案,即认为这种公共的需要在一个世纪之前未被觉察到,或坚持认为宪法条文在那时的看法必须意味着我们现在的看法。假如宪法在通过时的意义就是其今天的意义这一陈述,意味着宪法的重大条款的解释,仅仅限于制宪者在他们的时代的条件和视野下希望这些条款如何解释,这种陈述是自相矛盾的。"在援引了"密苏里诉霍兰德案"中马歇尔大法官说的"我们永远不要忘记我们在解释的是这部宪法(the constitution),一部意在持续到未来的世代,并因此适应于人类事务的各种危机"之后,休斯大法官紧接着说,"宪法的本质内容和精神得以保存,"因为宪法越来越承认"州保护它们的重大利益的能力"是"国父们种下的种子的结果"。

在上述案件中,虽然休斯法官诉诸"立法的精神",但事实上却是对原初立法意图的违背,因为早在100多年前,制宪者就已经明确表露过禁止违反契约自由才是保护经济稳定的恰当方式。因此,从宽泛的立法目的出发,法院其实是在另开炉灶。几年之后,法院立刻抓起了这一魔术棒,向新政政府的政策靠拢。1941 年首席大法官斯通在"合众国诉经典案"中明确说道:"在确定宪法条文是否适用于全新事物方面,制宪者对之一无所知并不能说明什么。为了建立持久的政府架构,制宪者制定那些由制宪文件所揭示的根本目的,以应对变幻莫测的未来和变化无常的人类事务。因此我们在阅读这一作品时,并不是在读随着事态变化的过程而持续修订的立法符号,而是从中读出意在使得宪法成为持续性的政府文件的伟大目的。"[27]

　　从上述两个案件的判决书中可以看出,新政时期的"活的宪法"观并不是为扩大司法权辩护的,进步主义者是为了区分制宪者较为抽象的目标及具体的意图、目的才诉诸"活的宪法"观的,而且他们要求法院在适用宪法的开放条款时,必须更加遵从立法机关的判断,因为法院无法为当下的宪法问题提供明确的答案。[28] 新政时期的司法哲学的第二个特点就是法院开始把玩上了"平衡检验分析方法"作为更新宪法的基本策略。诞生于早期州法院的经济规制法律

---

　　[27]　United States v. Classic,313 U. S. 299,316(1941).

　　[28]　Miguel Schor, Foreword: Contextualizing The Debate between Originalism and the Living Constitution,*Drake Law Review*,2011,Vol. 59,p. 966.

是否合乎宪法的这一平衡检验方法,如今则在庞德和卡多佐等法律现实主义所标明的道路上,作为法官分析司法判决对社会总体利益的影响而发挥作用。总体上来说,美国经济的大萧条和罗斯福新政推进了活的宪法的渐进趋势,此后的几十年里,现代司法权力逐渐成为了沃伦法院和早期伯格法院的判决特色,而宪法的文本和原初意思也逐渐退居幕后。

当然,这并不是说在现代司法权力的崛起过程中原意解释方法就没有提出任何的批判。在针对言论自由、公民权系列判决,特别是以"吸纳学说"为代表的宪法性判决的批判中,到处可见原意解释的口吻。早在1934年,萨瑟兰大法官就在"布莱斯代尔案"中斥责多数意见混淆了宪法解释与普通法裁判的空隙立法之间的区分,他坚持认为"宪法的条文……不可能一会表示一个意思,一会又表示另一个完全不同的意思。"原意解释方法似乎和保守主义的思想之间存在天然的联系,这种联系一向不相信制宪者所说的,司法机关是"无权又无财"的说辞。至少,在原意解释方法不断边缘化的过程中,原意解释方法仍旧发挥着不小的作用。这种批判力尤其表现在1973年"罗伊诉韦德案"之中。在那个案件中,伯格法院赋予怀孕的妇女以宪法保护的堕胎权,但堕胎权却是最高法院从宪法的文本当中解读出的没有明示的权利。

但是,就像对"罗伊案"判决的批判乃至推翻的努力事实上并没有产生重大的政治风浪一样,随着原初理解的不断边缘化,与现代司法权的崛起相伴的似乎是原意解释方法的全面式微。这样的趋势,一直持续到了 20 世纪 80 年代里根政府提名罗伯特·伯克担任美国最高法院大法官所引起的"原旨主义审判",甚至一直延续到了现在。

(三) 原旨主义的复苏

很多人都以为,因为 20 世纪 80 年代罗伯特法官和保罗·布雷斯特的批判,加之罗伯特·伯克提名联邦最高法院的失败,原旨主义已经大势已去。但从那以后,原旨主义已经有了长足的发展。[29] 20 世纪 60 年代末,统治了美国主流政治思潮 30 年的新政制度开始日趋保守,并逐渐解体。在沃伦大法官退休之后,美国联邦最高法院似乎面临新一轮的重组。因为针对越南战争的国内舆论分歧、小石城暴动以及黑人、妇女争取平等公民权的努力,加之新一轮的经济衰退,美国的政治风向标也发生了重大的改变,政党实力对比的天平也开始逐渐趋向于保守派政党。共和党人理查德·尼克松于 1968 年当选美国总统,促进了原旨主义的复苏。

理查德·尼克松承诺上任后将只指派"严格解释主义

〔29〕 Grant Huscroft and Bradley W. Miller ed. , *The Challenge of Originalism: Theories of Constitutional Interpretation*, Cambridge: Cambridge University Press, 2011, p. 1.

者"进入联邦最高法院,所谓的严格解释主义者认为他们的
义务应该是解释法律而不是创造法律。[30] 1969 年沃伦大
法官退休之后,尼克松终于得到了一次提名大法官的机会。
他任命威廉·伦奎斯特担任最高法院的大法官,虽然伦奎
斯特法官在他的提名听证会中一再声称,司法解释应该基
于制宪者的原初意图,但是他的观点从来就没有成为最高
法院的主流意见。事实上,早期的伯格法院的组成主要是
以布伦南、马歇尔以及道格拉斯等为首的自由主义者,而布
莱克门、鲍威尔以及之后的史蒂文斯对于伦奎斯特所主张
的原旨主义及其相关的形式主义限制并没有多大的兴趣。
反倒是被尼克松任命为美国司法部副部长的罗伯特·博克
的原意解释理论更受学术界的关注。

　　博克对原旨主义的阐发主要是在 1971 年发表的《中立
原则与关于第一修正案的若干问题》一文,这篇文章是对原
旨主义的经典阐述,不久即成为最著名且受到最多引用的
法律期刊论文(就笔者撰写此部分材料之时,其引用数已经
超过了 2800)。博克的文章秉承了比克尔等法律过程学派
的思想。在博克看来,自比克尔已降,宪法理论的传统(而
且大多数的宪法理论经常会忽略)的基本问题是"反多数难
题",即法院在多大程度上可以无视民选代表所选择的价

---

[30]　Keith Whittington, New Originalism, *George Journal of Law and Public Policy*, 2004, Vol. 2, p. 600.

值？博克的文章的核心在于论证"没有融贯的、合理的论据可以用来支持最高法院选择基本价值，因为一个创造而非贯彻价值诉求的最高法院与民主社会的预设是不相吻合的。"[31]然而，与比克尔和约翰·哈特·伊利等法律过程学派不同的是，博克认为，法律过程学派没有认真地对待法官的"中立性"。在博克看来，"如果法院要避免将他们自己的价值强加给我们，那么他们在原则的界定和偏离上都必须是中立的"，"如果法院必须将他的原则适用于所有的案件，但却可以自由地创设他自己的原则，法官的统治权并不会因此变得更加正当"。博克对非原旨主义的民主正当性问题的诘难，试图澄清基本权利的选择权问题，在对这一问题的回答方式上，博克可以说是比克尔的忠实继承者。博克认为，基本价值选择并不适合由法院作出，而是民主社会中特定时刻的多数，"声称自由的少数派与声称规制权力的多数派之间的冲突涉及两个群体满意感之间的选择。当宪法没有说明时，最高法院除了自身的价值偏好之外找不到标尺来衡量各自的愉悦要求。并没有什么首要的方法来判断某个人的满意度比另一个人的更值得尊重。除了参考道德价值体系或伦理价值体系之外，别无判断此类事物的方法，而道德价值体系或伦理价值体系本身并没有客观的或内在

---

〔31〕 Robert H. Bork, Neutral principles and Some First Amendment Problems, *Indiana Law Journal*, 1971, Vol. 47, p. 6.

的有效性。在宪法没有体现道德或伦理选择的地方,法官除了其他准则只可能依靠自己的价值观并以此抛弃了体现于制定法中的公众判断。这就是司法至上性不适当之处。法官必须紧密地坚守文本与历史及其公正的含义,而不是建构新的权利。"[32]博克之所以推崇原旨主义,是因为法律过程学派的传统并没有有效地遏阻法律自由主义,但同时,在民主正当性、程序主义和法律推理的中立性方面,博克和法律过程学派又是如出一辙。不过博克的原旨主义总体上比法律过程学派更加形式主义、实证主义,因为他认为原旨主义更能够限制法官的裁量权和法律自由主义的不精确,并为立法性的决策留下更加宽泛的空间。

　　博克的文章使原旨主义逐渐成为宪法论辩的焦点。从概念层面上来说,博克对原旨主义的讨论涉及"法律是什么"的问题。至少,当博克试图站在法律实证主义的立场将相对概括的解释排除在法律之外时,博克已然触及了迄今为止宪法解释领域中的歌迪亚之结:如何区分严格解释与宽泛解释? 参与这一讨论的学者在现代原旨主义与非原旨主义的概念区分提出之前,各自用自己所熟悉的术语来重申类似的观点。例如托马斯·格雷在《我们是否有不成文的宪法?》一文中提出的"解释主义"与"非解释主义"的区

---

〔32〕　Robert H. Bork, Neutral principles and Some First Amendment Problems, *Indiana Law Journal*, 1971, Vol. 47, pp. 8-10.

分,以及罗纳德·德沃金在《认真对待权利》的"宪法性案件"一章中批评尼克松的严格解释时,对抽象的"概念"(concept)和"观念"(conception)的区分。

博克对原旨主义的再阐释使得原意解释方法在 20 世纪 70 年代末再次激起了学者的关注。以劳尔·伯格、1986年担任最高法院大法官的斯卡利亚为代表,原旨主义又一次获得了长足的发展。罗伯特·麦克罗斯基曾经在 20 世纪 80 年代写下这样一段话:"在过去十年左右的时间里,就综合的宪法理论写得最多的可能是所谓的'原旨主义',部分原因看来是'原旨主义'显然是里根当局及其提名的司法人员的官方理论。"[33]伴随着保守主义的卷土重来,原意解释方法在经历了一段时间的沉迷之后,再次得登宪法解释理论的殿堂。

三、学术批判中的原旨主义

(一)原旨主义:基本理论与正当性证成

在沃伦法院期间,以沃伦法官为首的自由派法官为了追求社会公平正义,扩大了宪法保护的范围,由此引发了美国宪法的革命。在对自由派的批评中,保守派很自然地援

---

[33] [美]罗伯特·麦克罗斯基:《美国最高法院》(第三版),任东来等译,336 页,北京,中国政法大学出版社,2005。

用了"原意",并形成了"原旨主义"解释学派。有论者指出，
原旨主义如今已经成为保守派对联邦法院的司法决定最为
前沿的批评。[34] 作为一种体系化的宪法理论，原旨主义兴
起于 20 世纪六七十年代，经过 1985 年美国联邦政府司法
部长埃德温·米斯（Edwin Meese）和威廉姆·布伦南
（William Brennen）大法官之间的论战，以及 1987 年围绕罗
伯特·伯克（Robert Bork）的提名展开的"对原旨主义的审
判"，到如今原旨主义阵营内部已经形成了多种流派。[35]
一般而言，原旨主义围绕原意的来源可以区分为以下四种
类别。

1. 埃德温·米斯的"原初意图法理学"

卡拉布雷西指出，在过去的四分之一个世纪，原旨主义
一直都是许多讨论的主题，那一辩论过去一直是在美国法
学院当中悄然展开的，后来在 1985 年 7 月，因当时司法总
检察长埃德温·米斯在美国律师协会上发表的、呼吁原初
意图法理学的演说，这一论辩突然变得热烈起来，并且进入
到公众的视野当中。[36] 米斯的观点主要表现在《解释宪
法》一文中。在这篇文章中，米斯认为，美国宪法是一部成

---

〔34〕 Dennis Goldford, *The American Constitution and the Debate over Originalism*, New York: Cambridge University Press, 2005, p. 23.
〔35〕 侯学宾:《含义、原初性与宪法忠诚——原旨主义的三个基本共识性命题》,载《法制与社会发展》,2010(6),67 页。
〔36〕 Steven Calabresi, A Critical Introduction to the Originalism Debate, *Harvard Journal of Law and Public Policy*, 2008, Vol. 31, p. 875.

文宪法这一事实表明，宪法必定是传达某种意义的。制宪者对每一个用语都是精挑细选的、经过长期论辩的，因此他们所选择的语言也具有特定的含义。制宪者不单单是在为他们的时代立法，也是为后世立法，这就是他们总是采用一些概括性的词汇的原因。宪法"这份文件的文本以及制定它的那些人的原初意图必须成为衡量宪法实际效果的司法标准"。宪法是为了确立起特定的政治制度而建立起来的，这个制度的目的在于保护美国人民的自由，因此宪法本身也表达出特定的一般原则。而宪法语言的意义和原则是可以通过对历史的探究获得的，对宪法的忠诚要求我们必须尊重"原初的意图"，这就是"原初意图的法理学"。米斯虽然认为通过历史可以探明"原初意图"，但米斯也承认不是每一位法官都能够很好地做好这个工作。有一些法官，比如斯科特案中的法官，就误用了历史，而布朗案的法官则是重新恢复了"宪法的原初原则"。[37] 米斯进一步对司法能动发起了批评，他认为司法能动"缺乏可证明的文本和历史

---

〔37〕 Edwim Meese III, Interpreting the Constitution, in Jack N. Rakove ed. , *Interpreting the Constitution*：*The Debate over Original Intent*，Boston：Northeastern University Press，1990，p. 18.

证据",[38]最后必定是"将法官的良心作为宪法意义的全部",[39]这是一种"变色龙法理学"。[40]米斯的演讲将宪法解释置于"对宪法的忠诚"之中,并主张"原初意图的法理学",由此引发了学界对原旨主义的讨论。

2. 劳尔·博格(Raoul Berger)的"制宪者的客观意图型"原旨主义

和米斯同样坚持"制宪者的意图"的还有劳尔·博格。博格在《通过司法的治理:第十四修正案的转变》一书中对第十四修正案的历史进行了重新解读。为了分析第十四修正案的"原意",博格援引了第39届国会上代表们的陈述以及经由速记、汇编形成的历史文件。博格的历史研究表明,第十四修正案所针对的目标在当时制定这一修正案的人看来是非常有限的,仅限于民权法案以及"特权与豁免条款"所规定的基本权利,这些权利包括财产权、自由权以及非经正当程序不得剥夺生命权,而且第十四修正案的目标在于确保州不会歧视黑人。法院在布朗案中的裁判、"吸纳"理

〔38〕 Edwim Meese III, Interpreting the Constitution, in Jack N. Rakove ed. , *Interpreting the Constitution : The Debate over Original Intent*, Boston: Northeastern University Press, 1990, p. 18.

〔39〕 Edwim Meese III, Interpreting the Constitution, in Jack N. Rakove ed. , *Interpreting the Constitution : The Debate over Original Intent*, Boston: Northeastern University Press, 1990, p. 20.

〔40〕 Edwim Meese III, Interpreting the Constitution, in Jack N. Rakove ed. , *Interpreting the Constitution : The Debate over Original Intent*, Boston: Northeastern University Press, 1990, p. . 20.

论、堕胎权等案件中扩张适用第十四修正案是对制宪者原意的忽略。博格认为，所谓的"原初意图"是制宪者通过宪法及其修正案所使用的语词所附加其上的意义。[41] 博格认为，按照原初意图来解释宪法正是制宪者原本的想法，因为宪法制定的背景充斥着对司法机关的不信任，他们希望他们的设计能够真正起到作用，希望司法机关的裁量权必须受到约束。[42] 但如何获得"原初意图"呢？博格在历史研究的过程中大量援引了会议记录，虽然其中涉及制宪者个人的观点，但这并不代表制宪者个人的主观心理状态就决定了原初意图的内容，博格认为原初意图来自于法律文本的普通法的传统意义，除非有具体的证据表明制宪者或批准宪法者在批准宪法或者在公共论辩中明确赋予了文本不同的意义。

3. 罗伯特·伯克的"公共理解型"原旨主义

曾经被里根总统提名为最高法院大法官的罗伯特·伯克也是原旨主义的支持者，他对原旨主义的讨论集中在《美国的诱惑：政治对法律的诱拐》一书中。伯克曾经担心法学缺少自己的理论，而容易被其他的理论（例如政治道德学

---

〔41〕 Raoul Berger, *Government by Judiciary*: *The Transformation of the Fourteenth Amendment* (2nd edition), Indianapolis: Liberty Fund, Inc., 1997, p. 402.

〔42〕 Raoul Berger, *Government by Judiciary*: *The Transformation of the Fourteenth Amendment* (2nd edition), Indianapolis: Liberty Fund, Inc., 1997, p. 404.

说)所"俘获",因此主张法律有必要提出自己的理论,而这个理论,伯克认为就是原旨主义。他认为:"事实上,任何宪法司法的理论想要获得的民主正当性,只有原初理解这一进路才能真正提供。只有这一进路才与美国共和国的设计相一致。"[43]伯克认为,对法律的一般理解就是一经制定,就不能随意地变动,这是一种常识性的理解。不过,伯克所理解的原旨主义却是"公众理解型"的原旨主义。他曾经试图为自己的早期论述做一番澄清,他说:"虽然我曾写过对宪法批准者的理解,因为他们制定了宪法并将之变为法律,但那实际上是一种经过简化的阐释,因为宪法批准者如何理解他们所制定的东西,应视当时公众可能会如何理解这些单词的意义而定。"[44]要探究的不是主观的意图,[45]因为"法律是一种公共行为,神秘的保留或意图是没有意义的"。[46]他认为美国宪法是最高级别的法,其权威源于人民主权与共识。原旨主义试图解释一个法律文本制定时的

〔43〕 Robert Bork, *The Tempting of America*: *The Political Seduction of the Law*, New York: Simon and Schuster Inc., 1990, p. 143.

〔44〕 Robert Bork, *The Tempting of America*: *The Political Seduction of the Law*, New York: Simon and Schuster Inc., 1990, p. 144.

〔45〕 Robert Bork, *The Tempting of America*: *The Political Seduction of the Law*, New York: Simon and Schuster Inc., 1990, p. 144.

〔46〕 Robert Bork, *The Tempting of America*: *The Political Seduction of the Law*, New York: Simon and Schuster Inc., 1990, p. 144.

"公众理解",而不是某个制宪者或批准者的"主观意图"。[47] 宪法是法律,而"如果宪法是法律的话,那么按照推定它的意义和所有其他法律一样,就是立法者被认为意图打算的意义。如果宪法是法律的话,那么按照推定,和所有其他法律一样,立法者被认为所预期的意义就应该约束法官,正像它也约束立法机关和行政机关一样。否则的话宪法就不能是第六条所称的是'法'"。[48]

4. 安东宁·斯卡利亚的新文本论原旨主义

提供了原旨主义另一种形态的是美国联邦最高法院现任大法官安东宁·斯卡利亚。斯卡利亚提出了文本论的原旨主义。斯卡利亚对原旨主义的讨论,较为经典的文章是《原旨主义:较小的恶》和《制定法制度下的普通法法院:美国联邦法院在解释宪法与法律中的角色》,[49]前者试图为原旨主义辩护;后者则更多地表现出斯卡利亚本人的学术性格。在《制定法制度下的普通法法院》一文中,斯卡利亚着力论证的是一种被埃斯克里奇称为新文本主义的原旨主

---

〔47〕 Robert Bork, *The Tempting of America：The Political Seduction of the Law*, New York：Simon and Schuster Inc. , 1990, p. 144.

〔48〕 Robert Bork, *The Tempting of America：The Political Seduction of the Law*, New York：Simon and Schuster Inc. , 1990, p. 145.

〔49〕 Antonin Scalia, Originalism：The Lesser Evil, *University of Cincinnati Law Review*, 1989, Vol. 57；Antonin Scalia, Common-Law Courts in A Civil-Law System：The Role of United States Federal Courts in Interpreting the Constitution and Laws, in Amy Gutmann ed. , *A Matter of Interpretation*, Princeton：Princeton University Press, 1997.

义。斯卡利亚认为脱离文本讨论立法机关的意图是一种遁词。[50] 因为寻找立法机关的意图这种方法存在理论和实践上的问题。斯卡利亚认为,被未经明确表达的意图所控制是一种暴政,因为是法律在统治,而不是立法者在统治。[51] 实践中的问题是,在追求未明确表达的立法机关的意图这一掩盖甚至是自我欺骗下,普通法的法官实际上追求的是他们自己的目的或者偏好。因此斯卡利亚主张从文本出发,去探求文本的意图。这种解释方法与文本主义(textualist)非常接近,但却又不是文义主义(literalist)。斯卡利亚指出"好的文本主义者并不是文义主义者,也不是虚无主义者",[52] 语词只有有限的意义,任何超越了那一语义范围的解释都是不可允许的。如果支持其他解释方法"就是放弃了文本主义,并将民主通过的文本看作是司法决策

---

〔50〕　Antonin Scalia, Common-Law Courts in A Civil-Law System: The Role of United States Federal Courts in Interpreting the Constitution and Laws, in Amy Gutmann ed., *A Matter of Interpretation*, Princeton: Princeton University Press, 1997, p. 22.

〔51〕　Antonin Scalia, Common-Law Courts in A Civil-Law System: The Role of United States Federal Courts in Interpreting the Constitution and Laws, in Amy Gutmann ed., *A Matter of Interpretation*, Princeton: Princeton University Press, 1997, p. 17.

〔52〕　Antonin Scalia, Common-Law Courts in A Civil-Law System: The Role of United States Federal Courts in Interpreting the Constitution and Laws, in Amy Gutmann ed., *A Matter of Interpretation*, Princeton: Princeton University Press, 1997, p. 24.

的跳板"。[53]

（二）原旨主义遭遇的批判

原旨主义者为了证明"原意"是宪法解释的唯一正确的解释方法，提出了许多论据，这些论据包括：1. 存在论依据：认为宪法的意义在宪法制定之初就已经确定，因为：(1)宪法是成文的，成文语词必定有着具体的意义；(2)制宪者对语词的使用不是随意的，而是经过仔细的考虑、对话、论辩的。2. 认识论依据：宪法的意义是可知的，可以通过历史研究方法追溯：(1)当时制宪者、批准者以及人民对于宪法意义的理解；(2)对历史记录的分析。3. 正当性依据：原初理解应该控制当下宪法争议的解决，因为：(1)这是制宪者的希望；(2)原初理解才是符合民主的唯一解释方法，因为人民希望的不是人治，而是法治；(3)这才是对宪法的真正"忠诚"。非原旨主义者在这三个方面对原旨主义展开了批判。

1. 对存在论的批判

原初意图的存在论认为，原初意图是真实存在的，因为宪法作为一种特定的成文文本，所使用的语言必定承载着特定的含义，而且作为一种有目的的事业，宪法的制定必定

---

[53] Antonin Scalia, Common-Law Courts in A Civil-Law System: The Role of United States Federal Courts in Interpreting the Constitution and Laws, in Amy Gutmann ed., *A Matter of Interpretation*, Princeton: Princeton University Press, 1997, p. 25.

承载着制宪者对语词的拣选。[54] 里根政府的宣传作品《原初意义：资料汇编》（*Original Meaning：A Sourcebook*）就指出："宪法之所以以成文形式写就，并且精挑细选其用语，目的就在于确立作为我们的基本法的特定规则和观念。因此，我们可以认为，宪法的语言必定含有固定的且可辩明的意义。建国者们并不打算让未来的法院向他们的语词中灌输不同的意义，而是打算要让未来的法院发现并适用原本所理解的且反映在文本当中的意义。"[55]

在这里，原旨主义预设了宪法文本背后存在人类心智活动的痕迹。但是，在制定宪法的时候，制宪者的心中是否有着特定的想法却是一个有待争议的问题。布鲁斯·阿克曼对这种把制宪者夸大为神的存在的做法提出了质疑，他说：[56]

> 事实上，［制宪者］（原文如此。下文若无特别说明，皆系原文所有——引者注）怎么可能始终抱有一种为几代之后的治理撰写一份宪章的意图？在当时怎么可能希望它一直延伸到遥远的未来？假如是那样的

〔54〕 这种观点，可以参见 Michael Paulsen, Symposium：Original Ideas on Originalism：Does the Constitution Prescribe Rules for Its Own Interpretation？ *Northwestern University Law Review*，2009，Vol. 103，p. 859。

〔55〕 Dennis Goldford，*The American Constitution and the Debate over Originalism*，New York：Cambridge University Press，2005，p. 66.

〔56〕 ［美］亚历山大·M. 比克尔：《最小危险部门——政治法庭上的最高法院》，姚中秋译，109 页，北京，北京大学出版社，2007。

话,这些人在那个炎热的夏天,在费城,必须得付出多么巨大的全面的努力,为了能够完成这一企图,他们也必须具备多少先见之明?他们必须对自己想象未来时代的物质条件之变化的能力具有多大信心,更不要说想象人类知识与前景的能力?需要记住,这些人都是些强有力的、充满希望的人,他们生活在一个知识探索方兴未艾的时代,当时,人类中最优秀者都欢迎变化,并且在寻找它。他们不相信世界是稳定不变的。他们自己就是变化的工具,是创新者、修补者和发明家;他们不可能相信,他们就是他们这一种群的最后一批。

针对原旨主义者将宪法视为特定语言的合成物的做法,一些学者认为,美国宪法并不单单是语言文字的集合体,同时也代表了某些道德观念、价值选择。[57] 托马斯·C.格雷(Thomas C. Grey)以及米歇尔·J.佩里(Michael J. Perry)均在美国宪法与圣经的类比当中看到了解读美国宪法的另一种途径。格雷指出,将宪法比作圣经的推动力源于美国人的宪法崇拜。几乎从宪法制定之时起,美国人就不仅仅将合众国宪法看作是一部法律制度,同

---

〔57〕 〔美〕爱德华·S.考文《美国宪法的"高级法"背景》,强世功译,北京,生活·读书·新知三联书店,1996。这种观点在现代宪法解释理论中得到了复兴,例如德沃金的对宪法进行"道德解读"的观点。参见〔美〕罗纳德·德沃金《自由的法:对美国宪法的道德解读》,刘丽君译,上海,上海人民出版社,2001。

时也把它看作是神圣的标志。[58] 佩里认为,宪法—圣经的类比也许比文本—文学的类比更好。佩里在分析圣经的解读时,说道:"我们要怎么理解在本身就是活生生的传统之一部分的宗教共同体的生活当中,对于一个神圣文本的解释活动呢? 文本——被理解为(仅仅是)过去规范性判断的语言性表现的文本——的所指,在某种意义上是在文本'之后'的。如果我们要理解文本的话,我们必须在文本之后去寻找原初的意义。但是,神圣文本的所指却不是'在之后的',而是'在之前的'。我们必须对文本的持续不断的先知般的召唤做出回应——我们必须回想并且聆听文本象征的热望——然后创造总是暂时性的、总是可以改造的意义并将此意义赋予文本。"[59]格雷和佩里从这一类比当中看到了美国宪法实际上代表着美国人对宪法特有的情感,这样的情感赋予了宪法自我更新的力量。

除了宪法并不是语言文字的单独构造物的反对意见之外,还有一些学者从语义学的角度反思语词是否能够准确地表达特定的意图。德沃金指出,语词的概念并不是固定的,解释者个人的主观理解会影响他对语词的理解,德沃金

---

〔58〕 Thomas Grey, The Constitution as Scripture, *Stanford Law Review*, 1984, Vol. 37, p. 17.

〔59〕 Michael Perry, The Authority of Text, Tradition, and Reason: A Theory of Constitutional "Interpretation", *Southern California Law Review*, 1985, Vol. 58, p. 560.

举了一个例子,假设一个公司老板向经理说:"你给我招聘一个最优秀的职员,顺便一提,我的儿子非常优秀。"作为经理,他也许明知如果是老板来选择的话,他出于真心相信自己的儿子是最优秀的,可能会雇用他的儿子,但是经理在自行判断后却认为另一个人更优秀,结果他雇用了另一个人。从原则上看,这位经理并没有违背老板的指示。[60]

而且,制宪者明知语词的含义并不是固定的,在《联邦党人文集》第 37 篇中,麦迪逊很清楚地说明了这一点:[61]

所有新的立法,不论笔法技巧多么高明,通过了最充分和最成熟的辩论,依然被认为或多或少晦暗不明、时常语义双关,直到通过系列讨论辩理,其含义才能逐渐澄清、准确无误。除了对象复杂外,人类官能的不完善,传递概念的中介引起的含义不明,增加一种新的尴尬。使用词语,是为了表达思想。因此,语言的清楚明晰,不仅要求思想形成过程独特,还要求用独特的词语表达;某些词语,只适合用在这里,不适合用在别处。但是,没有一门语言的词汇如此丰富,有足够的单词和短语,足以表达任何复杂观念;或如此正确,在表达不同观念时,不包含许多歧义。因此,势必发生这样的情

---

〔60〕 Ronald Dworkin, The Arduous Virtue of Fidelity: Originalism, Scalia, Tribe, and Nerve, *Fordham Law Review*, 1997, Vol. 65, p. 1255.

〔61〕 [美]亚历山大·汉密尔顿、詹姆斯·麦迪逊、约翰·杰伊:《联邦党人文集》,尹宣译,245 页,北京,译林出版社,2010。

况:不论对象本身的区别多么准确,不论这些区别得到多么准确的思考,由于用以表达的术语不准确,它们的定义还是不准确。这种不可避免的不准确,根据被定义的对象的复杂新颖程度,多少总会出现。全能之神,屈尊用人类的语言对他们讲话时,他的意思,本当明白易懂,具启示性,由于神所使用的语言中介,充满疑云,变得晦暗不明,疑意丛生。语义模糊、不正确的定义,有三种原因:对象模糊,思维器官不完善,表达概念的载体不够用。三者之一中的任何一种,都会造成一定程度的模糊。制宪会议,在划分联邦政府与各邦政府的权力界限时,经历了上述所有三重困扰。

而且,"投票悖论"的存在可能也会证否原初制宪者意图。"投票悖论"是这样的:假设存在三个投票者,以及三个待选偏好,如果立法者 1 在选项 A、B 之间选择了 A,在 B、C 之间选择 B,立法者 2 在 A、C 之间选择 C,在 A、B 之间选择 A,立法者 3 在 B、C 之间选择 B,在 A、C 之间选择 C(如图 1 所示),那么通过运用多数意见规则,我们会发现无法得出最终结果。因此,立法者或者制宪者的意图是不存在的。[62]

---

〔62〕 关于"投票悖论"对制宪者原意的反动,可以参见[美]杰瑞弗·A. 西格尔、哈罗德·J. 斯皮斯,莎拉·C. 蓓娜莎:《美国司法体系中的最高法院》,刘哲玮、杨微波译,27~28 页,北京,北京大学出版社,2011。埃斯克里奇也提到了投票悖论,参见 William Eskridge, *Dynamic Statutory Interpretation*, Harvard University Press, 1994, p. 35。只是埃斯克里奇称之为"多数循环"(majority cycles)。

2. 对认识论提出的批评意见

在认识论问题上,非原旨主义针对认识对象以及认识可能性提出了质疑:原初含义的来源是谁? 在确定了认识的对象之后,是否可能通过科学的方法确认原初含义?

首先,假如认为原初含义的来源是制宪者的话,那么谁属于制宪者呢? 一般的看法是将联邦党人看作制宪者的主体,但是拉卡夫(Jack N. Rakove)认为:"反联邦党人的担忧是宪法原初理解的一部分,这不仅仅是他们自身的权利,也是因为他们影响了为了支持宪法所发起的论辩。"[63]抛开制宪者主体上的争议,就算真的能够判断清楚谁是制宪者,是否可以指望他们拥有一个具体的共同目的呢? 埃斯克里奇凭借公共选择学派的研究结果,质疑这一目的的存在,他指出虽然立法有可能追求公共目的,但是作为政治过程,这些目的同样面临妥协与互投赞成票的问题,这种妥协

---

〔63〕 Jack Rakove, *Original Meanings: Political and Ideas in the Making of the Constitution*, New York: Alfred Knopf, Inc. , 1996, p. 17.

决定了立法很难提炼出一个最重要的公共目的。[64]

　　从认识可能性的角度上看,原旨主义者实际上要求司法者必须具备历史学家的技巧。D. A. 斯特劳斯(David A. Strauss)对法官的"业余历史学家"的工作提出了质疑,他认为原旨主义要求从过去发现宪法的意义,这种工作的性质无疑要求法官必须成为历史学家,甚至可能要比历史学家做得更好,因为对法官而言,重要的是解决当下的案件争议,这是他们无法回避选择的,而历史学家可以选择自己的研究对象,斯特劳斯担心法官没有足够的素质进行历史学家的工作,除了历史研究会出错之外,当历史材料并不充分、模糊甚至混乱时,法官总会以自己的主观见解替代客观的历史。[65] 身为原旨主义者,斯卡利亚也承认这种历史研究对法官造成的负担,他看到了历史资料的浩如烟海、资料

---

　　[64] "就算立法者努力追求公共目的,政治过程也几乎总是带有复杂的一堆目的,这些目的没有一个是不顾任何代价一定要达成的,所有这些目的都会做出妥协,有一些可能会因较低的价格而胜过其他目标。政治过程中犹如痼疾般的妥协行为说明立法机关经常是不同的,有时甚至是相互冲突的目的的聚合体。要制定一部法律必须获得许多政治官员、政党和利益集团的接受。因此,法律的支持者通常都会诉诸不止一个公共目的,以便尽可能地获得政治上的支持。而且,因为他们可能会在政治过程中遭遇拦路虎,他们会放弃一些目标以便缓和反对意见或取悦犹疑不定的立法者。从这种一连串的妥协和放弃的过程中诞生的制定法可能充斥着复杂的妥协,这些妥协很难轻易地提炼为一个最重要的公共目的。"参见 William Eskridge, *Dynamic Statutory Interpretation*, Harvard University Press, 1994, p. 27。

　　[65] David Strauss, *The Living Constitution*, New York: Oxford University Press, 2010, pp. 18-20.

可信度评价的困难以及作为研究者设身处地地站在历史的角度看待这些资料的困难,结果,斯卡利亚不得不无奈地表示"总之,它是一个有时更加适合历史学家而不是法律人的工作"。[66] 在没有准确的历史证据可以支持解释者的情况下,原旨主义者认为解释者应该设想制宪者身处当前情况时可能会给出什么样的回答。布莱斯特(Paul Brest)对这种浪漫主义的诠释学提出了批判意见,他认为当解释者进行这种行为时,他就是在进行"将批准者的概念和态度投射到他们很可能并未预见到的未来",这是一种"反事实的、想象性的行为","当解释者参与了这种投射时,他毋宁说是身处一个她自己的虚幻世界,而不是批准者所创造的世界"。[67] 德沃金也对这种浪漫诠释学的观点提出了批评,他认为,试图从历史资料的故纸堆当中爬梳出制宪者的意图"是一个严重的共同错误,因为即使从理论上讲也不存在有待于人们去发现的'制宪者'意图之类的事情,存在的只是有待于人们杜撰的莫须有的东西"。[68]

---

〔66〕 Antonin Scalia, Originalism: The Lesser Evil, *University of Cincinnati Law Review*, 1989, Vol. 57, p. 857.

〔67〕 Paul Brest, The Misconceived Quest for the Original Understanding, in Jack Rakove ed., *Interpreting the Constitution: The Debates over Original Intent*, Boston: Northeastern University Press, 1990, p. 240.

〔68〕 [美]罗纳德·德沃金:《原则问题》,张国清译,41 页,南京,江苏人民出版社,2008。

3. 对正当性的批判

首先,原旨主义者提出的一个辩护意见是,制宪者希望
让他们的设计控制当下。拉卡夫反驳道:"没有理由相信,
制宪者们希望他们的意图应该引导之后对宪法的解释。虽
然关于他们的讨论文件可能会给那些充满好奇心的公众提
供这一文本之演变的大致历史,但他们从未考虑过要出版
这些文件。麦迪逊也不允许在他生前出版他自己对费城制
宪会议论辩的笔记——即便新政府于 1789 年组建起来之
后对宪法之意义存在争议。"[69]拉卡夫认为,如果制宪者希
望让他们的宪法设计控制未来的话,他们就应该公开会议
文件,但是既然制宪者们并不希望公开这些文件,甚至采取
了严密的保密措施,这就说明制宪者只是提供了一个基本
的蓝图,而不是一个完整的设计。而且,考虑到制宪者们所
处时代复杂的政治背景,他们的宪法设计实际上并不是完
美的。他们也许希望让未来的一代人代替他们完成这项伟

---

〔69〕 Jack Rakove, Mr. Meese, Meet Mr. Madison, in Jack Rakove
ed., *Interpreting the Constitution*: *The Debates over Original Intent*,
Boston: Northeastern University Press, 1990, p. 183.

大的工作。[70]

其次,原旨主义者认为原初理解才是符合民主的唯一解释方法,因为人民希望的不是人治,而是法治。这种观点将宪法解释的正当性与人民主权和代议制政府联系起来,认为宪法是人民制定的治理框架,这一治理框架体现的是立法机关的价值选择,而司法机关无权进行这种价值选择,否则就是对民主的背叛。针对这一说辞,布伦南法官指出:"对民主的忠诚是一回事,但盲目的忠诚则是另一回事。起草了我们的宪法的人深知这两者之间的差别。如果不承认宪法文本体现了某些重大的价值选择,我们就无法阅读这一文本;宪法文本设置了某些价值,这些价值超出了任何立

[70] 伯克对拉卡夫的这一观点提出了反驳,尽管并没有指名道姓。他认为这一批评意见是"不着边际的"(off the mark),因为麦迪逊的实际观点是,制宪者的主观意图是不重要的,真正重要的是批准宪法者对宪法的理解。伯克认为,宪法的变革必须要根据宪法第五条所设定的程序实现。参见 Robert Bork, *The Tempting of America: The Political Seduction of the Law*, New York: Simon and Schuster Inc., 1990, pp. 143-144. 不过,布鲁斯·阿克曼在《我们人民:宪法的变革》一书中指出,美国宪法从建国、内战到新政三次宪法秩序的建构并不是严格地遵照美国宪法第五条关于修宪程序的规定的,而是通过不同的政治势力借由"我们人民"的代表者身份,通过非常规的宪法变革过程实现宪法变革。参见[美]布鲁斯·阿克曼:《我们人民:宪法的变革》,孙文恺译,北京,法律出版社,2009. 阿克曼的观点可以视为是对伯克的反批评。

法机关的权力。"[71]因此,布伦南法官认为,要维持对宪法
内容的忠实,一种解释宪法文本的方法必须考虑到这些重
大价值选择的存在,并且接受将这些价值选择适用于现代
环境存在的模糊情况。

最后,关于原旨主义是对宪法的真正"忠诚"。塔拉·
斯密斯(Tara Smith)认为,原旨主义首先假定对宪法的忠
诚要求原初的公共理解,但是这一假定恰恰说明原旨主义
没有准确理解宪法含义的客观性。他说:[72]

> "原初公共理解是正确的解释方法"这个结论假
> 定,任何客观的意义都是不可能的。(如果他们是的
> 话,我们可以进行调查。相反,原旨主义认为,参考过
> 去的信念是我们所能做的最好的事情了。)同时,支持
> 那一结论的论据也假定,客观意义是可能的,因为那正
> 是"人民的意志"以及"成文宪法的意义"所指的。换句
> 话说,如果这两个论点的前提都是真的,那么它们恰恰
> 说明这两个论据的结论是错误的。意义不能既是客观
> 的又是非客观的。这两个前提要是真的,意义就必须

〔71〕 William Brennan, The Constitution of the United States: Contemporary Ratification, in Jack Rakove ed. , *Interpreting the Constitution: The Debates over Original Intent*, Boston: Northeastern University Press, 1990, pp. 26-27.

〔72〕 Tara Smith, Originalism's Misplaced Fidelity: "Original" Meaning is Not Objective, *Constitutional Commentary*, 2009, Vol. 26, p. 55.

是客观的。但是如果意义是客观的，那么结论——原旨主义解释方法（这一方法承认客观意义的可能性）的正确性——就是错误的。

事实上，他的观点与丹尼斯·J.金福特的如下论述如出一辙：[73]

> 宪法的目的也许正是为了将所有的一切写入白纸黑字当中，以便约束未来的一代，但是原旨主义者对原初理解的注意——即作者的意图或者批准者的理解——实际上说明他们根本就不相信语言的约束能力。我们可以从原旨主义对原初理解的注意当中推断，虽然它强调宪法文本，但是约束我们的并不是这一文本的语言，而是那些撰写或者批准了这一文本之用语的人的理解。此处的悖论在于，如果原旨主义真诚地相信它所推崇的语言的约束力的话，它反倒会失去它存在的正当性：原旨主义只有在否认语言的约束能力时才能够主张它是宪法解释的必要指导，但是语言的约束力恰好是它所推崇的。

---

[73]　Dennis Goldford, *The American Constitution and the Debate over Originalism*, New York: Cambridge University Press, 2005, p.12.

四、原旨主义的转向

(一)新原旨主义:原旨主义的自我转向

在最近几年中,一些宪法学者开始在"新原旨主义"的修辞下拥簇一种不同的原旨主义解释理论。其中,以兰迪·巴内特(Randy Barnett)、凯斯·威廷顿(Keith Whittiongton)以及劳伦斯·B.索兰(Lawrence B. Solum)为代表,他们提出了一种全新的、更为复杂的原旨主义,并声称新原旨主义不仅仅对针对老的原旨主义的批判作出了有效的回应,还为法院应该遵循宪法的原初意义这一主张提供了更加有力的证明。新原旨主义诞生于20世纪90年代后期,这个术语是由兰迪·巴内特教授所创造的。将新原旨主义和原旨主义关联起来的要素是,新原旨主义打从一开始所走的路线就是原旨主义式的。新原旨主义理论对原旨主义所提出的正当性证明包括宪法的成文性和人民主权。尽管新原旨主义是一个相当复杂的理论阵营,而且也不是所有的理论家对于新原旨主义的理论旨趣都有共同的理解,因此,本书此处的分析只能就新原旨主义内部比较典型的代表人物进行分析,以期促进对新旧原旨主义之分裂与共识的认识。

兰迪·巴内特在《非原旨主义者也能接受的原旨主义》(*An Originalism for Nonoriginalism*)一文中,试图挽救原旨主义事业。在巴内特看来,尽管学者们对旧原旨主义的批判大有将原旨主义打入冷宫之势,但原旨主义的一些核心主张是无法从根本上被抛弃的。非原旨主义者不管对原旨主义如何不齿,最后也要回归到原旨主义所提倡的某些核心要素当中,因此讨论非原旨主义者在多大程度上愿意接受原旨主义,或许是一种更加有建设性意义的学术努力。巴内特指出其中一个核心要素就是文本或者"成文性","一旦被迫承认文本或者'成文性'的重要性,那么某种版本的原旨主义就会变得非常难以抵制。因为……文本为何重要的理由,同时也是支持某些适度版本的原旨主义,并对许多非原旨主义者也会接受的原旨主义进行证立的理由。"[74]非原旨主义者之所以只能被称为"非"原旨主义者,恰恰就在于除了原旨主义之外,非原旨主义无法提出和原旨主义一样足够强大的解释理论,这恰恰说明原旨主义是具有顽强的生命力的。新原旨主义和旧原旨主义之间的区别就在于,新原旨主义不再强调对制宪者的主观意图的探寻,而是去讨论宪法的"原初意义"。宪法条文的成文性和宪法的原初意义之间的关联,就在于成文性能够起到原初意义的证据、警告、疏导和澄清的功能。巴内特紧接着又以现代契约论的口吻指出了服从成文宪法的原初含义背后的

---

〔74〕 Randy E. Barnett, An Originalis for Nonoriginalism, *Loyola Law Review*, 1999, Vol. 45, p. 617.

人民主权正当性。他指出,我们之所以受到文本的约束,并不是因为我们必须要尊重过去的死者之手所制定的文本,而是因为今天的人民对成文宪法表示了遵从的承诺,原初意义的解释就是从那种承诺之中推导出来的。[75]

威廷顿则放弃了将原旨主义作为"唯一正确"的解释方法,他认为"解释方法的正当性需要得到证明,而这种证明并不同于方法本身",[76]他也放弃了诉诸制宪者的原意或纯粹历史探究,同时,他还放弃将成文宪法作为唯一的论据,他说"原旨主义基于成文宪法的性质,这个有关原旨主义的证立理由通常回避了问题的实质",[77]但是"宪法文本使原旨主义成为必要,这一论点并不等同于宪法只是原旨主义的宪法这一天真的断言",[78]宪法是法律,"原初意图法理学就是以这个假设为出发点。我们作为一个国家是否应当接受这个出发点——也就是说,我们是否应该继续接受一部成文宪法的统治——则是另一个问题"。[79]威廷顿注意到,原旨主义的民主正当性来源于人民主权理论,这是不能放弃的;但是,威廷顿同样注意到,人民主权理论无法

---

〔75〕 Randy E. Barnett, An Originalis for Nonoriginalism, *Loyola Law Review*, 1999, Vol. 45, p. 636.

〔76〕 [美]基恩·E.威廷顿:《宪法解释:文本含义,原初意图与司法审查》,杜强强等译,3页,北京,中国人民大学出版社,2006。

〔77〕 同上书,43页。

〔78〕 同上书,45页。

〔79〕 同上。

有力地回应"死手"(dead hand)的批判意见。[80] 因此,威廷
顿提出了隐含的人民主权理论或者说可回复的人民主权理
论。这一理论认为,当下的人民同样是"人民主权"当中的
人民。原旨主义的主张是,宪法的含义只有人民才能控制,
宪法是人民共同创建的,"宪法并不是从地里冒出来的,也
不是从天上掉下来的,而是真真切切的人在特定的时间制
定的。人们共同缔造了政府,而宪法表达了人们之间的共
识。在制宪之时,人们也创造了自己本身,并为了公共福利
而选定了政府的结构。经过慎重的协商,独立的个人同意
成为公民的一员,生活在'本宪法'而非其他宪法之下"。[81]

　　除了对原初意图的全面抛弃,以及对原旨主义的政治
正当性问题的暧昧回答之外,许多新原旨主义者试图将原
旨主义还原成纯粹的解释理论。其中最突出的代表莫过于
加里·劳尔森(Gary Lawson),他在 1997 年撰写的一篇文
章中痛责所有的宪法理论没有"区分解释理论和裁判理
论"。[82] 劳尔森主张"解释宪法和应用宪法是完全不同的

----

　　[80]　所谓的死手难题,是非原旨主义者对原旨主义者提出的一个挑战,
即为什么当下的人必须受到前代已死之人的手的控制?

　　[81]　[美]基恩·E.威廷顿:《宪法解释:文本含义,原初意图与司法审
查》,杜强强等译,201 页,北京,中国人民大学出版社,2006。

　　[82]　Gary Lawson, On Reading Recipes... and Constitutions, *Georgetown Law Journal*, 1996, Vol. 85, p. 1823.

两回事",〔83〕解释宪法和用宪法来裁判的区别就在于"解释理论允许我们确定宪法的真实含义,而裁判理论则允许我们判断宪法的含义在特定的决定中应该扮演什么样的角色"。〔84〕 两者之间的差异还表现在先后关系和逻辑关系上,"我们必须首先通过解释来判断宪法的意思是什么。然后,而且只有这样做了之后,我们才能够判断正确解释的宪法是否会产生任何政治上的义务……"〔85〕那么,在解释宪法和适用宪法方面,原旨主义关注的是哪一方面呢?劳尔森认为,原旨主义只需要关心第一步就够了,即怎么解释宪法,而不需要关注怎么应用宪法。继而,这种减法运算可以让原旨主义无须承当政治正当性(甚至道德正当性)证成的沉重负担,"作为一种解释理论,原旨主义的价值和社会契约理论或者其他任何政治正当性理论是没有关系的。我们可以是一个严格解释的原旨主义者,并且有力地否认宪法具有任何政治正当性。"〔86〕

这种区分方式事实上使得原旨主义朝着语义原旨主义跨出了一大步,而其中的主要代表人物,首推劳伦斯·索兰。劳伦斯·索兰运用语言哲学重申并完善了这一新旧原

---

〔83〕 Gary Lawson, On Reading Recipes... and Constitutions, *Georgetown Law Journal*, 1996, Vol. 85, p. 1835.

〔84〕 Ibid, p. 1824.

〔85〕 Ibid, p. 1823.

〔86〕 Ibid, p. 1825.

旨主义的区分。索兰的核心观点是:"词语表达什么意思是
一回事;我们应该怎么处理它们的意义又是另一回事。"[87]
这样的界定方式在实然和应然层面区分了宪法条文的解读
方式。索兰认为,语义学原旨主义的核心主张是,宪法条文
的内容端视文本的"原初的公共意义"而定,即"在当时的语
境中,语词和短语的传统语义"。这一核心主张可以分解为
四个命题。第一,固化命题,即宪法的语义内容在宪法通过
时就确定下来了;第二,限定命题,即宪法的语义内容即它
的原初公共意义;第三,贡献命题,即宪法的语义内容造就
了法律的内容;第四,忠诚命题,即因为宪法的语义内容是
高级法的组成部分,所有我们有义务服从它,除非有与之相
反的更重要的道德理由。[88]

　　正如威廷顿所言,从原初意图转向客观的原初意义大
致上标志了旧原旨主义到新原旨主义的过渡。[89] 托马
斯·科尔比(Thomas B. Colby)指出,在从旧原旨主义向新
原旨主义的理论转向中,新原旨主义之"新"表现在以下几
个方面:(1)从原初意图到原初意义;(2)从主观的意义到客

---

[87]　See Lawrence B. Solum, Semantic Originalism 75 (Univ. of Ill. Coll.
of Law Ill. Pub. Law & Legal Theory Research Paper Series, No. 07-24, 2008),
available at http://papers. ssrn. com/sol3/papers. cfm? abstract_id = 1120244,
p. 30.

[88]　Ibid, p. 2.

[89]　Keith E. Whittington, The New Originalism, *George Journal of
Law and Public Policy*, 2004, Vol. 2, pp. 602-610.

观的意义;(3)从实际的理解到假设性的理解;(4)将标准和一般的原则也包括进来;(5)包括高度的概括性;(6)从原初预想的适用到原初的客观的原则;(7)区分解释和阐释;(8)区分规范原旨主义和语义原旨主义。[90] 可以看出,相比旧原旨主义更重视对其他宪法解释方法的批判和对法官的约束,新原旨主义所关心的更多的是对宪法的忠诚。尽管今天原旨主义大势已去,但相比旧原旨主义,新原旨主义在宪法论辩中却具有更为强大的说服力。原旨主义的自我转向使得原旨主义的理论更为复杂,也更难进行卓有成效的回应,因为原本许多的批判是针对旧原旨主义的,对于新原旨主义来说却是无的之矢。比如,"集体意图"是一个虚构对于旧原旨主义来说是一个很有力的批判,说历史资料相互矛盾、无法证明原初意图也是正确的,但因为新原旨主义已经抛弃了原初意图,这些论辩就不再有吸引力了。就此而言,鲍威尔在 1987 年所做的预言,似乎就是原旨主义之困境的出路:如果原旨主义要站得住脚,它就必须要放弃对原初意图的关注,并围绕客观的原初意义这个概念进行自我重塑。[91]

---

〔90〕 Thomas B. Colby, The Sacrifice of the New Originalism, *Georgetown Law Journal*, 2011, Vol. 99, pp. 719-720.

〔91〕 H. Jefferson Powell, Rules for Originalists, *Virginia Law Review*, 1987, Vol. 73, pp. 659-660.

（二）新原旨主义再批判

当原旨主义从原初意图转向原初意义之后，新原旨主义者面临来自两个方面的批判意见，一方是旧版本的原旨主义；另一方则是非原旨主义。

马克·图什内特（Mark Tushnet）认为，如果将个人意图整合成集体意图和历史记录不完整这两个困难，将使得旧原旨主义的下列主张落空：只有原旨主义才是能够避免法官主观性的宪法解释方法。虽然新旧原旨主义之间的关注点不同，但是新原旨主义同样无法使上述主张成真。他认为，对同样的关于宪法第二修正案的材料的语法、句法和用法进行分析，会得出和斯卡利亚在 Heller 案中不同的结论。此时，法官需要在不同的原初公意之间进行选择，因此新原旨主义同样无法避免法官在宪法解释过程中的主观性。[92]

皮特·史密斯（Peter J. Smith）则认为，当新原旨主义主张在高度概括水准上确认宪法条文的意义时，不管是在理论还是在实践上，新原旨主义和非原旨主义之间的区分将进一步模糊。这是因为，大多数非原旨主义者都承认原初含义是解释的起点，但还是愿意在文本模糊或者不确定

---

　〔92〕　Mark Tushnet，Heller and the New Originalism, *Ohio Law Journal*，2008，Vol. 69, pp. 609-618. 转引自马洪伦：《论原旨主义内部的理论分支——以美国联邦最高法院 Heller 案为例》，载《当代法学》，2011（4），22 页。

的时候,求助其他资源(比如历史、先例、结构、政策等)来阐
释宪法问题。一旦在较高概括度上解读宪法的原初公共含
义,原旨主义者可以从中抽象出较为概括的原则性的规定,
并借此包容非原旨主义的结果。如此一来,新原旨主义所
赖以为基础的客观性就丧失殆尽了。[93]

马修·邦克(Matthew D. Bunker)认为,新原旨主义
将解释的重点转向于原初的公共目的,但这种做法有的时
候说起来容易做起来难。因为在时过境迁之后,要再回头
去讨论原初的公共含义,仍旧难逃布莱斯特曾经对原旨主
义提出的指责:这是一种"反事实的"的重构。新原旨主义
者认为可以用"理性人测试"来推导原初的公共含义,即看
当时一个理性的美国人可能会有什么样的理解,但在不同
的法官看来,"理性人"的标准是不同的。这一标准至少会
面临不确定性、制度能力等旧原旨主义也会遭遇到的批判。
除此之外,新原旨主义同样无法回避"考古学"批判,因为新
旧原旨主义事实上都将眼光放在遥远的过去。新原旨主义
者将制宪者的原初意图一概舍弃,但制宪者的原初意图有
的时候也是权威的,因此与之相关的历史证据并没有完全
地从解释事业中被清除出去。这些证据会成为辨别原初公
共意义的线索,进而,这些证据事实上就成为通向宪法解释

---

[93] Peter J. Smith, How Different are Originalism and Non-Originalism?, *Hastings Law Journal*, 2011, Vol. 62, p. 707.

的后门的钥匙。一旦我们承认制宪者意图的重要性,另一个相关的制度能力难题就出现了:假如制宪者那代人自己也不清楚宪法文本的原初公共意义为何,当下的法官会做得更好这样的想法就是有问题的,更遑论是在将文本适用于制宪者那一代人可能压根就没有考虑过的、当下的事实情节。[94]

托马斯·科尔比(Thomas B. Colby)意识到,约束力和知识界的尊重对新原旨主义来说可谓是鱼和熊掌不可兼得,为了获得知识界的尊重,新原旨主义者不得不牺牲约束力,而这种牺牲连带着也使得界定新原旨主义的特征变得更加模糊。[95] 按照凯斯·威廷顿的说法,旧的原旨主义是一种旨在限制法官的自由裁量权的解释理论。但是,主张解释理论应该具有更为宽泛的概括程度的,恰恰是原旨主义的批判者而不是原旨主义自身。比如,罗纳德·德沃金就曾经主张过要对美国宪法进行道德解读。对旧原旨主义者而言,宪法解释的形式要素和民主正当性难题才是关键。而一旦新原旨主义将论辩的重点转向于如何在高度概括程度上解读宪法,那么新原旨主义事实上就已经接受了非原

[94] Matthew D. Bunker, Originalism 2.0 Meets The First Amendment: The "New Originalism", Interpretive Methodology, and Freedom of Expression, *Communication Law & Policy*, 2012, Vol. 17, pp. 337-342.

[95] Thomas B. Colby, The Sacrifice of the New Originalism, *Georgetown Law Journal*, 2011, Vol. 99, p. 745.

旨主义者的反驳意见,并进而消解了原旨主义的核心理念。
除此之外,新原旨主义是否比其他的宪法解释更加具有约
束力是可以质疑的。无论是针对正当程序条款,还是针对
第一修正案,对原初公共意义的忠诚并没有告诉法官应该
怎么解读宪法文本。[96]

　　综观上述学者对新原旨主义的批评,我们可以总结出
新原旨主义的几点"硬伤":第一,新原旨主义和旧原旨主义
之间的实质区分何在? 新原旨主义在何种意义上仍旧是原
旨主义? 第二,从第一个批评意见中衍生出来的另一个批
评是,新原旨主义如何处理宪法解释的灵活性与约束性之
平衡问题? 第三,新原旨主义如何解释既往的宪法解释实
践? 在这些问题上,新原旨主义给出的回应都不够彻底,以
至于尽管新原旨主义回避了不少针对旧原旨主义的批评,
但却将给原旨主义带来了更多的伤口,而其中不少针对旧
原旨主义,实则是所有的原旨主义理论都无法回避的核心
问题,也借此暴露了出来。

---

〔96〕　Thomas B. Colby, The Sacrifice of the New Originalism, *Georgetown
Law Journal*, 2011, Vol. 99, pp. 745-765.

五、原旨主义解释方法评析

（一）原旨主义方法论的正面意义

从马歇尔大法官在马布里诉麦迪逊一案中实现"伟大的篡权"以来，[97]美国宪法之意义的方法论论辩一直都是美国宪法学界的兵家之地。尽管学术界提出了各种各样的解释理论，[98]但没有一种解释理论像原旨主义及其对手那样如此具有生命力。可以预见，在后比克尔的时代中，如何维持宪法审查权的正当性以及如何解释宪法，还将成为美国宪法学界中具有持久的魅力的话题。尽管非原旨主义者一直在说原旨主义已经在这场论战中败北，但事实上，原旨

---

〔97〕　〔美〕威廉·特里克特：《伟大的篡权》，载〔美〕查尔斯·比尔德、爱德华·考文、路易斯·布丁等：《伟大的篡权》，李松峰译，110～130 页，北京，上海三联书店，2009。

〔98〕　在美国，宪法解释方法可以区分为许多种类。范进学指出，目前美国宪法解释学的方法大致上可以区分为解释主义与非解释主义、原意主义与非原意主义、积极主义和消极主义、历史主义、德沃金主义和基础主义等。参见范进学：《美国宪法解释方法论之辨思》，载《现代法学》，2006(5)。后来范进学将这篇文章进行补充后作为另一本书的组成部分，在该书第二章"美国宪法解释方法论之辩思"中，范进学在宪法解释流派的划分中删去了德沃金的"整全法"，而新增加了"自由主义与保守主义"，参见范进学：《美国宪法解释方法论》，北京，法律出版社，2010。徐振东则将宪法解释的方法区分为原意主义、文本解释理论、社会学解释理论、利益衡量理论。参见徐振东：《宪法解释的哲学》，北京，法律出版社，2006。学者们的区分标准虽说不尽相同，但也足可见美国宪法解释方法之纷繁复杂。

主义并没有因为非原旨主义的各种指摘就销声匿迹。从
20 世纪 90 年代以来的新发展来看,原旨主义已经从非原
旨主义那里汲取了不少的合理成分,其理论体系更为完善,
立场也更加鲜明。

新旧原旨主义的交替对原旨主义进行了一次巨大的
"减法运算",在原初含义的诸多标准中,只保留下了"原初
的公共含义",进而也使得原本针对旧原旨主义的批判必须
要重新审视。凯斯·威廷顿认为,新原旨主义的这次立场
转换其实是在提炼"原旨主义是什么,以及绝对不是什么"。
在氏看来,将原旨主义与臭名昭著的"意图论"区别看来,至
少能够保证"原旨主义不是拟人主义""原旨主义不是解释
主义""原旨主义并不拘泥于条款""原旨主义不是保守主
义、不是司法谦抑""原旨主义并非不尊重先例""原旨主义
不是历史的终结""原旨主义不是对文本的脱离"等限定性
的理解。[99] 在这些减法运算之后,剩下的到底还是不是原
旨主义,学者们当然会有不同的看法。不过,不管是新旧原
旨主义,其实都是在回答如下问题:"我们的宪法是一份可
以适应环境变化的活的文件,抑或我们应该根据原初含义

<hr>

〔99〕 参见[美]基思·E.惠廷顿:《宪法解释:文本含义、原初意图与司法
审查》,杜强强、刘国、柳建龙译,146 页及其下,北京,中国人民大学出版社,
2006。

来解释它?"[100]在对这个问题的回答上,不管是新旧原旨主义,都认为"过去的理解应该控制当下",他们所持的基本命题是:如果没有原初理解的控制,每个读者都可以揉捏宪法的意义。[101] 因此,坚持过去式的理解,区分了原旨主义和非原旨主义。

公允地说,原旨主义提出的诸多论据,是许多非原旨主义者无法完美地回应的。据学者总结,原旨主义者的最佳论据可以非常直接、有力:

(1)和其他的法律一样,宪法必定具有某种意义,这些意义是先在于司法解释的。

(2)法律的意义是法律实际所是的一部分(甚至是全部);因此,改变法律的意义就意味着改变法律。

(3)宪法的原初意义既不是原初的字面意义,而不是原本意图的意义(originally intended meaning),而是"言说的意义",是由许多范围受到限制的证据所决定的,这些证

[100]　Jack M. Balkin, *Living Originalism*, Cambridge: The Belknap of Harvard University Press, 2011, p. 3.

[101]　Dennis Goldford, *The American Constitution and the Debate over Originalism*, New York: Cambridge University Press, 2005, p. 142. 侯学宾认为原旨主义有三个"基本共识性命题",它们分别是含义命题(认为宪法的原旨是客观存在的,并且内涵于宪法文本的条款之中保持稳定)、原初命题(宪法的含义应当从过去寻找)以及忠诚命题(宪法解释应当坚持宪法的原旨)。参见侯学宾:《含义、原初性与宪法忠诚——原旨主义的三种基本共识性命题》,载《法制与社会发展》,2010(6),73~74 页。这三个命题其实是对原初命题的分解。

据既包括超文本的,也包括文本的。

（4）当宪法本身要求宪法的改变只能通过某些特殊的民主程序时,这既法官产生了约束,也对其他的官员产生了约束。法官不应该通过解释宪法来改变宪法。

（5）任何法官一旦违反该要求,就可能会贬低宪法本身、法治、民主原则,以及联邦制原则。

（6）当解释这样一部宪法时,法官的主要义务是揭示并澄清它之前就存在的意义。当那一意义因为不够确定而无法解决当下案件时,他们的次级义务才是创造性地行动,并补充它。而补充宪法的意义并不是改变宪法。

（7）虽然法官不应该故意改变宪法,宪法性法律至少有四种方法可以并且确实正当地随着时间的改变而进化。在那种程度上,原旨主义和"普通法的宪法主义"以及"活的宪法主义"是完全一致的。

（8）任何宪法理论的连贯一致的适用,包括原旨主义,都可能会在特定的案件中产生巨大的不正义。因此,法官有道德上的义务不遵守宪法,同时又假装遵从宪法。但是,能够证成偶尔的"高贵谎言"的、关于宪法之意义的理论所表示的,并不是宪法之真实含义的理论。[102]

如果用更加简洁明了的表述,原旨主义事实上区分了

---

〔102〕 Grant Huscroft and Bradley W. Miller ed. , *The Challenge of Originalism: Theories of Constitutional Interpretation* , Cambridge: Cambridge University Press, 2011, pp. 42-44.

宪法的"解释"和宪法的"阐释",并且以人民主权、三权分立的政治理念,推导出了法官的有限守法的义务。作为一种法律解释理论,原旨主义站在了后比克尔时代下的民主难题的制高点。非原旨主义之所以能够站在挑战者的地位,而不是被挑战者的地位,就在于原旨主义所提出的上述论辩,不仅仅直接触及了宪法解释的正当性来源,同时也触及了法官的宪法解释权限如何具有约束力的问题。虽然不同的学者对于原旨主义和非原旨主义之间在规范力问题上有不同的评价,但不可否认的是,原旨主义在规范问题上的回答,比非原旨主义者所提出的答案要更为明确:宪法解释要遵循原初的理解。这就难怪斯卡利亚大法官会说,就算原旨主义本身确实有不少问题,但对比非原旨主义,原旨主义不过是"较小的恶"。

原旨主义也具有一种直觉上的吸引力,不管法官如何解释宪法,法官都无法避免对宪法文本曾经表示过什么意思进行历史性的探究。这不仅仅是因为美国宪法是一份承载了美国 200 多年历史的文化沉淀物,同时也是因为挖掘宪法的"真意"是法官不可推脱的义务。普通法下的法官具有十分浓厚的"路径依赖"情结,宪法过去所表示的含义对于当下的法官仍然具有强大的约束力。法官如果准备对宪法进行革新性的解释,不首先探明宪法原初意义及其与当下社会现实的契合状态,就不可能做到这一点。这就好比是你在海上航行,你想重建航船,但又不能掉头回到船坞,所以你不能把所有甲板都拆掉,你得先有立足之地。同样的,原旨主义具有直觉吸引力的另一个事实来源,是美国宪法中确实存在必须要用原初的理解来加以解释的条文。比如,针对美国总统任职的年龄要求的规定,没有人会认为宪法所规定的总统候选人必须年满35岁的规定指的是心理年龄,并让一个少年老成的人参加总统竞选。针对联邦与州的基本权力分配和政府架构的条款(比如各州议员人数分配和参众两院的议席分配),也没有人主张要用一种现代精神来曲解原初的宪法设计。原旨主义的解释方法,能够保证原初宪法设计的基本稳定性,避免没有经过审慎的民主政治过程的随意变动导致社会动荡和政治分歧。

如此一来,一旦接受原旨主义的政治价值,以及原旨主义对成文性和制宪者意图、目的的描述,那么所有的人在一定程度上都可以说是原旨主义者。

(二)原旨主义的困境

任何宪法解释方法都不可能完美无缺,原旨主义解释理论亦不能例外。原旨主义在规范性和描述性问题上依然存在不少局限性。

首先,原旨主义过于强调法律的确定性,并将宪法意义固定在过去的理解之中,从而忽视了宪法解释的灵活性。宪法解释的确定性和灵活性是宪法理论中的一对矛盾命题。20世纪二三十年代,在受到欧陆法哲学的影响下,社会学法学和现实主义法学的代表学者均注意到了这一矛盾问题。庞德在《法律史解释》中即以一句稍显平淡、却又包含思辨哲学的话提起了整本书的论述："法律必须稳定,但又不能静止不变。"[103]尽管从逻辑上来说,"解释"的目的是将已包含在文字之中、却被遮掩住的意义进行说明,[104]但是法律语言本身是具有"开放结构"的,它的"意义射程"往往会超出立法者原本的预期。特别是在法律制定出来之后,法律自身就暴露在不断变动的社会生活之下,而要求立法者在立法之时就已经预见到未来的一切变化显然只是一种奢望,如此一来,法官的"空隙立法"似乎就成为了不可回避的选择。原旨主义试图将宪法解释与宪法阐释区分开,这种学术努力自然是值得尊重的,但是当原旨主义在解释的标准固化在原初理解上时,原旨主义就很难回避"死手难题",只能一步步退却。新政革命以及沃伦民主权利革新以来,美国的主流价值观念已经越来越接受进步主义的社会达尔文理念,原旨主义的吸引力也越来越不及"活的宪法"。这是因为原旨主义的解释方法固守传统,无法对时下紧迫

〔103〕　[美]罗斯科·庞德:《法律史解释》,邓正来译,2页,北京,中国法制出版社,2002。

〔104〕　[德]卡尔·拉伦茨:《法学方法论》,陈爱娥译,194页,北京,商务印书馆,2005。"诠释学"的希腊语 hermeios 本身就意味着使人类理解原本不能理解的东西,即对已经说出的东西的意义进行"开显"。参见[美]理查德·E.帕尔默:《诠释学》,潘德荣译,25页以下,商务印书馆,2012,对"诠释学"的词源考证。

的利益格局做出合理的回应,并使得宪法的政治理性局限在过去的经验当中。

其次,原旨主义试图区分宪法的解释与宪法的裁判,进而将法官的角色仅限于"忠实代理人",杜绝主观价值影响宪法裁判,这种做法无异于水中捞月。从理论上讲,宪法解释与宪法裁判是无法根本上区分的。正如欧文·费斯所言:"裁判就是解释:裁判是法官理解并表达权威的法律文本的意义以及该文本所体现的价值的过程。"[105]现代哲学解释学的研究已经表明,解释是读者与文本之间的互动过程,是"视域融合"的过程,解释既不是单纯的机械的活动,也不是完全自由的。即便在理论上可以将"解释"和"阐释"进行划分并加以分别讨论,实践中的解释与阐释却是不可能完全区别开来的。如此一来,解释必定就会带有个人的主观因素。法律是不可能彻底实现价值中立的,正如庞德所言:"价值问题虽然是一个困难的问题,但它是法律科学所不能回避的。即使是最粗糙的、最草率的或最繁复无常的关系调整或行为安排,在其背后总有对各种互相冲突和互相重叠的利益进行评价的某种准则。"[106]卡多佐大法官则更进一步地说:"法官作为社会中的法律和秩序之含义的

---

[105] Owen M. Fiss, Objectivity and Interpretation, *Stanford Law Review*, 1982, Vol. 34, p. 739.

[106] [美]罗斯科·庞德:《通过法律的社会控制》,沈宗灵译,50页,北京,商务印书馆,2008。

解释者,就必须提供那些被忽略的因素,纠正那些不确定性,并通过自由决定的方法,使审判结果与正义相互和谐。"[107]但解释者并不是完全自由、能够将任何意义赋予文本的。解释者受到文本解释准则、历史、意图、后果等等各种解释性要素的限制的。

最后,原旨主义对于某些已有公论的宪法实践无法提供融贯一致的解释。在规范意义上,原旨主义认为法官最好采取原旨主义的解释方法来解释宪法,不是用原旨主义来解释宪法会产生错误。这种论断直接产生的一种后果,就是原旨主义对于美国宪法史上被公认为"正确"的案件,要么认为这些案件是错误的,但如今再推翻已经不可能,只能"将错就错",要么认为这些案件是对原旨主义解释方法的"误用"。例如,对于臭名昭著的"斯科特案",博克的辩护逻辑是当时判案的法官误用了原旨主义,没有从抽象的公共理解中抽象出美国政治文化的精神。再如,博克认为1954年的"Bolling 诉 Sharpe 案"本质上是违反法律的,但他又向美国司法部承诺,一旦他进入美国联邦最高法院,他不会投票推翻这个案件,他的理由是"如今要推翻这些宣布某些新政和伟大社会的计划有效的决定……已经太晚了",而且推翻这些判例"将会推翻大多数现代的政府举措并让

---

[107] [美]本杰明·卡多佐:《司法过程的性质》,苏力译,5~6页,北京,商务印书馆,2000。

我们陷入混乱"。[108] 无论原旨主义在规范维度上多么有效,原旨主义都无法在描述层面上解释一些非原旨主义、但却获得大众接受的案件,而只能以错误解释或者误用原旨主义来搪塞。

正如格雷教授曾经说过的:"我们都是解释主义者,真正的争论不是法官是否应该坚持解释,而是他们应该解释什么和应该采取什么样的解释态度。"[109]问题并不在于我们是否需要"原旨主义",因为我们其实都是原旨主义论者,[110]关键是"我们需要什么样的原旨主义"。

(三) 原旨主义的可能出路

任何一种宪法解释方法都具有一定的合理性,同时也不可避免地带有自身的局限。在经历哲学上的反基础主义之后,宪法学界的学者也越来越意识到没有一种宪法解释

---

[108]　Standford Levinson, The Limited Relevance of Originalism in the Actual Performance of Legal Roles, *Harvard Journal of Law and Public Policy*, 1995, Vol. 19, p. 500.

[109]　Thomas C. Grey, The Constitution as Scripture, *Stanford Law Review*, 1984, Vol. 37, p. 1. 同样的观点亦可以参见[美]约翰・哈特・伊利:《民主与不信任:司法审查的一个理论》,张卓明译,前言 1 页,北京,法律出版社,2011."当代的宪法论辩被一种错误的二分法支配着。"

[110]　桑斯坦认为,"在一种相对合宜的抽象程度上说,至少在某种有限的意义上,几乎所有的人都是原旨主义者"。参见 Standford Levinson, The Limited Relevance of Originalism in the Actual Performance of Legal Roles, *Harvard Journal of Law and Public Policy*, 1995, Vol. 19, p. 495。

理论能够完整地说明宪法解释实践,甚至宪法理论本身对于宪法解释实践并没有太大的相关性。理论虚无主义当然有点过激,但这也促使我们思考另一种可能:任何一种宪法解释理论或许都会有两种版本,一种版本是"硬核"的;另一种版本是相对包容的"柔性的"。近几年来原旨主义的新发展,或许就表明了原旨主义正在试图从一种"主义",向更加重视实践的(或"实用的")方向转变。在经历这些转变之后,原旨主义是否还能够称为"原旨主义"自然是可以质疑的,不过,如果原旨主义的核心关切能够继续保存下来,那么原旨主义的称谓其实并不是特别重要。反过来说,这也就意味着,原旨主义必须要抛弃一些常见的论断。

　　首先,民主正当性的论辩策略对原旨主义而言并不是充分必要条件。这是因为,尽管美国宪法看似是经过民主程序通过的,但宪法本身其实也存在不少"不民主"的地方(比如联邦制、总统制、选举人团等),对于美国人来说,宪法的神圣性并不是因为美国"有"一部宪法,而是这部宪法背后的公民社会背景。[111] 如此一来,民主正当性的论辩,在原旨主义和非原旨主义那里都能够寻找到偏向性的答案。对于原旨主义者而言,他们可以主张宪法批准者的多数才是民主的代表和正当性源泉,而非原旨主义者论者可以援

---

〔111〕　美国学者罗伯特·达尔在这方面的论述值得注意。参见〔美〕罗伯特·达尔:《美国宪法的民主批判》,佟德志译,北京,东方出版社,2007。

引当下的人民作为反驳,其中最明显的就是伊利的"代议制强化"理论。不同宪法解释理论在"反多数难题"上所持的立场事实上已经超出了解释范畴,而进入了政治哲学的领域,而这个问题注定不会有千篇一律的回答方式。[112]

当然,这并不意味着原旨主义就要放弃对民主正当性问题的探讨。民主正当性问题归根到底属于社会政治文化的塑造问题,在不同的社会实践环境下,对于"谁在坚持民主""谁能促进民主"始终是存在一种相对共识性的解答的。当代宪法学认为,宪法的核心在于保障公民的权利,例如,芦部信喜教授在宪法的组织功能和保障人权的功能之间,认为"宪法并非以这种组织规范和授权规范为核心,其存在目的也只在于更基本的规范,亦即匡辅自由规范的人权规范。"[113]布伦南法官亦认为,宪法解释应该以尊重和保障"人的尊严"为实质准则。无论是在制宪时代还是在释宪时期,尽管存在社会的变迁及其引发的人们观念的变化,但与时代同步的人的权利与价值始终存在,任何宪法解释者都不得对宪法作出与这一首要价值相背离的解释,对它们进行保护是每一宪法解释主体的神圣使命。[114]

---

〔112〕 对此问题的深入讨论,可以参见侯学宾:《美国宪法解释中的不同民主观——原旨主义和能动主义之比较》,载《当代法学》,2010(1)。

〔113〕 [日]芦部信喜:《宪法》,李鸿禧译,35页,东京,月旦出版股份有限公司,1995。

〔114〕 刘国:《原旨主义方法的困境与出路》,载《浙江社会科学》,2009(9),34页。

　　其次,原旨主义应该放弃解释与阐释之间的机械划分。正如前文所述,宪法解释只有在宪法适用的过程中才有意义,区分解释与阐释即使在理论上可能,在实践中也是不可能的。传统的原旨主义论者试图将原旨主义解释方法作为宪法解释的正统方法,并排除其他解释方法,这种基础主义的做法违反了美国普通法的传统。早在布莱克斯通时期,布莱克斯通对于英式解释规则的阐述就明确地指出,法律解释应该以寻求立法者的意图为标杆,对法律文本、立法目的、解释准则、衡平观念等进行综合的考量。在经历数个世纪的解释实践之后,如今这些解释规约已经成为普通法、司法的基本准则。原旨主义解释方法试图排除异己,是不可能做到的。

　　因此,原旨主义解释方法如果要寻求自我救赎,首先就要坦诚地接受宪法解释是由诸多解释标准杂糅在一起的构成物,而不是单一的化合物。进而,宪法宽泛的文本、概括的语言和松散的结构,决定了往往会有多种同等合理的宪法解读方式,而法官的选择往往是"对特定法律语词赋予此意义或彼意义的各种理由进行衡量的过程"。[115] 在这个过程中,原意解释方法应该作为解释的起点而不是终点,[116]

---

　　〔115〕　[德]齐佩利乌斯:《法学方法论》,金振豹译,68 页,北京,法律出版社,2009。

　　〔116〕　马洪伦:《论原旨主义的内部理论分支——以美国联邦最高法院 Heller 案为例》,载《当代法学》,2011(4),25 页。

具体应该如何操作,端视宪法实践的经验总结。就目前而言,美国联邦最高法院正在逐渐形成"两步走"的分析方式,首先看宪法文本是否具有显明的含义,如果存在显明含义,则解释过程即告结束;如果没有显明含义,则法院可以诉诸立法史、立法目的以及解释性准则来加以确定。当然,具体的解释位阶的排序是可以商榷的,并且还应该结合具体案件的情况加以判断。

原则上来说,当需要法官进行宪法解释的案件涉及联邦政府的权力分配乃至整体国家的政治架构时,从维持政治安定性的角度来说,原意解释方法比非原意解释方法优先适用;当法官面临公民权利的保护时,原则上以非原意解释方法对公民权利进行扩张性的保护为宜,但不得超出宪法文本的意义射程。对于制宪者没有考虑过,但可以从宪法的结构、精神、目的、原则、文义射程中合理地推导出来的事项,在经过理性论辩的基础上,原旨主义的解释方法应该让位于非原旨主义解释方法。

第二章
"活生生的宪法"

　　　　　与原旨主义的解释方法针锋相对
的,是"活生生的宪法主义"(living
constitutionalism)。顾名思义,"活生生
的宪法"认为,宪法应该随着时代的发展
而不断进化、改变,并且适应新的环境,
而无须正式修订。[1] 在对原旨主义的
批评中,"活生生的宪法"逐渐成长起来,
成为与原旨主义分庭抗礼的宪法解释理
论。斯卡利亚也承认:"在宪法解释方面
的严重分裂并不是制宪者的意图与客观

　　〔1〕 David Strauss, *The Living Constitution*, New York: Oxford
University Press, 2010, p. 1.

意义,而是原初的意义(不管是不是来自制宪者的意图)以及当下的含义。"[2]虽然有一些学者认为,"活生生的宪法"在原旨主义与非原旨主义之间"划出了一条错误的分界线",[3]"活生生的宪法"这一比喻方式可能会使人们误以为除此之外的理论都是"死气沉沉的宪法",[4]但是,这一解释哲学将宪法解释的"时间之锚"置于未来,强调宪法解释应该根据社会变化而有所调整,从这个方面看,可以成为与原旨主义并列的另一种解释哲学。

一、概念起源与含义阐释

(一)"活生生的宪法"概念起源

"活生生的宪法"(living constitution)一词,最早出现在哥伦比亚大学法学院麦克培恩教授(H. McBain)1927 年出版的《活生生的宪法》(*The living Constitution*)一书,[5]

---

〔2〕　Antonin Scalia, Common-Law Courts in a Civil-Law System: The Role of United States Federal Courts in Interpreting the Constitution and Laws, in Amy Gutmann ed. , *A Matter of Interpretation*, Princeton: Princeton University Press, 1997, p. 38.

〔3〕　Dennis Goldford, *The American Constitution and the Debate over Originalism*, New York: Cambridge University Press, 2005, p. 56.

〔4〕　Robert Bork, *The Tempting of America: The Political Seduction of the Law*,New York: Simon and Schuster Inc. , 1990, p. 167.

〔5〕　崔雪丽:《美国宪法解释的新转向——非原旨主义方法探究》,载《湘潭大学学报》,2011(1),73 页。

到如今,已经成为一个非常时尚的词汇,许多学者的书名、论文都直接援引这个书名,比如大卫·斯特劳斯(David Strauss)教授 2010 年出版的书,以及布鲁斯·阿克曼(Bruce Ackerman)勋爵在 2006 年温德尔·霍姆斯讲座上所作的报告。[6] 这个词汇所反映的概念与美国人对宪法的崇拜心理是一致的:美国宪法不仅确立了建国初期的宪政模式,而且在后世的发展中,这一宪法在没有对原文进行字词修改的情况下,继续建构着美国的宪政模式和宪政文化。

然而,需要注意的是,现代宪法论辩语境中所说的"活生生的宪法"至少包含了多重意思,而与现代司法权(以司法审查权为代表)紧密关联的那部分着重强调的并不是宪法文本存在"开放的结构",能够因应时代的进步而"进化",而是这种"进化"是法院系统主导下的司法革新和创造。就学术意义而言,"活生生的宪法"并不是一个严谨的范畴,因而,"活生生的宪法"也会与主流宪法论辩语境中所使用的经典概念发生重叠。在讨论"活生生的宪法"这一概念所指涉的具体含义之前,我们不妨先分析理论界常见的一些术语及其含义,以求理解这一概念所产生的学术脉络。

尽管研究美国宪法发展历程的学者很轻易就可以得出

---

〔6〕 David Strauss, *The Living Constitution*, New York: Oxford University Press, 2010. 以及 Bruce Ackerman, 2006 Oliver Wendell Holmes Lecture: The Living Constitution, *Harvard Law Review*, 2007, Vol. 120。

美国宪法是一部"活生生的文件"或者是"活生生的大树"
(living tree)这样的结论,但是在宪法学者眼中,"活生生的
宪法"所代表的似乎并不仅仅是宪法文件本身,而是在这份
文件背后所隐含的基本价值观念。较早"揭秘"宪法文本背
后的价值观的学者,当属爱德华 • S. 考文(Edward S.
Corwin)教授的"高级法"论。考文的观点最初在1928年发
表于《哈佛法律评论》,其后作为《美国宪法的"高级法"背
景》(The " Higher Law " Background of American
Constitutional Law)一书出版,他将古典自然法中的"高级
法"观念引入美国宪法学者的讨论中。考文教授指出美国
人对宪法的尊崇简直到了偶像崇拜的地步,这一方面是因
为美国宪法的诞生是由诸多传奇般的人物推动的,更为重
要的原因在于美国宪法的背后存在"高级法"的背景。这种
"高级法"背景来源于欧洲古典的法律文化,并通过英国传
入美国,其核心是对于某种超越了人类理性设计的法律制
度之限定、因其内在的性质而值得追求的特定原则的肯
认。[7] 尽管考文教授主要是从历史学的角度讨论美国宪
法的性状与美国宪法制度的产生历程,而没有触及现当代
宪法问题,但考文教授提出的"高级法"概念却对美国学者
有着深远的影响。

---

〔7〕 考文教授的观点请参见[美]爱德华 • S. 考文:《美国宪法的"高
级法"背景》,强世功译,北京,生活 • 读书 • 新知三联书店,1996。

　　引起 20 世纪七八十年代中期的宪法解释学者更多关注的,当属与解释主义相对而言的"非解释主义"。托马斯·格雷教授在《我们有不成文的宪法吗?》一文中,试图讨论在"纯粹的解释模式"之外,是否还存在其他的解释模式。格雷提出了一个困扰其后学者多年的问题:"在审查法律的合宪性时,我们的法官应该只限于确定哪些法律是否与来自成文宪法的规范相矛盾吗? 或者他们也可以实施自由和正义的原则,哪怕那些原则的规范内容在我们的立国文件中完全找不到?"[8]受到平等保护原则的司法扩张等实践的触动,格雷试图讨论,在"成文的宪法"之外,是否存在"不成文的宪法"(unwritten constitution),以及法院依赖这些"不成文的宪法"所做的价值判断,是否属于正当的司法审查。格雷认为法院在"纯粹的解释模式"之外,必定而且最好涉入更为宽泛的价值选择,这就是格雷说的"不成文的宪法",这种解释模式"接受法院还有着作为个人自由和平等待遇这一基本的国家理念的阐释者的角色,即便这些理念的内容并没有以成文宪法的实证法的形式表达出来"。[9]

　　格雷教授开创的"纯粹解释模式"与超越纯粹解释的模式,后来进一步发展为"解释主义"与"非解释主义"。约

---

　　[8] Thomas C. Grey, Do We Have an Unwritten Constitution, *Standford Law Review*, 1975, Vol. 27, p. 703.
　　[9] Thomas C. Grey, Do We Have an Unwritten Constitution, *Standford Law Review*, 1975, Vol. 27, p. 706.

翰·哈特·伊利在《民主与不信任:司法审查的一种理论》继续沿用了"解释主义"和"非解释主义"这对二分法。他说非解释主义和解释主义指的就是"法官在解决宪法争议时,应该把自己所扮演的角色,严格限定在适用和执行成文宪法所明确规定或明确隐含的规范上,与此相反,后者主张,法院不应拘泥于宪法文本,而应该适用和执行那些单从宪法文本中找是不可能被发现的规范。"[10]

而在围绕原旨主义展开的学术讨论中,与"活生生的宪法"最具有亲缘关系的或许就是保罗·布莱斯特(Paul Brest)在1980年发表的《对原初理解的错误探求》一文中所提出的原旨主义与非原旨主义(non-originalism)的宪法解释范畴。布莱斯特对原旨主义这个术语的界定是"文本解释与原初历史的解释,有别于判例与社会价值的解释"。[11]布莱斯特放弃了将文本和原初理解作为宪法决策的试金石的做法,他认为,"宪法决策的实践必须实施对我们的社会极为重要的那些价值,但又不仅仅局限于此。"[12]换言之,作为原旨主义的对立面,非原旨主义代表的是判例与社会价值的解释。在舍弃原旨主义对过去含义的追求之

---

〔10〕 [美]约翰·哈特·伊利:《民主与不信任:司法审查的一种理论》,张卓明译,1页,北京,法律出版社,2011。

〔11〕 Brest, The Misconceived Quest for the Original Understanding, Boston University Law Review, 1980, Vol. 60, pp. 226-227.

〔12〕 Brest, The Misconceived Quest for the Original Understanding, Boston University Law Review, 1980, Vol. 60, pp. 226-227.

后,非原旨主义与"活生生的宪法"因为追求宪法对时代的
回应,因此有的时候也被学者们混用。有的时候,学者们为
了讨论的方便,也会将非原旨主义做广义和狭义分解,狭义
的非原旨主义指的就是"活生生的宪法"。[13]

晚近与"活生生的宪法"最为接近的学术概念也许是
"看不见的宪法"(the invisible constitution),由美国学者劳
伦斯·却伯提出。根据却伯所述,"看不见的宪法"试图讨
论的问题并不是在美国宪法以外是否存在"不成文宪法",
而是讨论作为美国宪法的一部分、存在于美国宪法之中的
不可见物质(却伯称为"暗物质"),并试图就宪法本身"说了
些什么",而不是法院"说了些什么"进行视角的转换。[14]
在却伯看来,这些"看不见的宪法"至少包括了现代民主政
治理念。

从上述对学术界所使用的相关概念和术语的粗略梳理
中,我们能够看到"活生生的宪法"与高级法、不成文宪法、
非解释主义、非原旨主义、看不见的宪法等术语的"家族相
似性",即都强调拘泥于宪法文本的纯粹解释主义的进路是
不可能的,法官应该更为积极地探索在宪法文本"背后"的
基本价值。

---

〔13〕 参见范进学、施嵩:《美国宪法原意主义方法论》,258 页,北京,法律
出版社,2012。
〔14〕 [美]劳伦斯·却伯:《看不见的宪法》,田雷译,12 页,北京,法律出
版社,2011。

(二)"活生生的宪法"含义阐释

"活生生的宪法"与学术界惯常使用的诸多概念存在亲缘关系,因而在宪法解释方法论方面存在不少共通之处。不过,因为从来就没有学者对"活生生的宪法"这个概念进行细致的解释,因此这个概念的外延和内涵是什么并不清楚。不少法官也只是用这个概念来解释为什么要推翻先例、改变长期以来的原则,进而赋予宪法条文一种新的解释而已。[15] 概念使用上的含混不清,确实会导致"活生生的宪法"成为一种万花筒——随着观察角度的变换,不同的人能够从中看到不同的东西。但这并不代表它是一个可以随意填充的概念,至少,在围绕原旨主义的论辩中,"活生生的宪法"是有特定的含义的。下面,本节/书将从一些常见的学者论述中整理"活生生的宪法"的基本含义。

(1)亚瑟·米勒(Arthur Selwyn Miller):"活生生的宪法"的主旨是,宪法是一份可以进化的制度,美国联邦最高法院的决定的实际效果是,能够更新在不同的时期、因为不同的问题而起草的文件。更进一步说,它表明了,以一种可进化的方式看待宪法的后果是,法院并没有一套完全可以

---

〔15〕 Arthur Selwyn Miller, Notes on the Concept of the "Living" Constitution, *The Geroge Washington Law Review*, 1963, Vol. 31, p. 884.

辨识的标准,能够据之作出或者预测具体的决定。[16]

（2）米格尔·肖尔（Miguel Schor）:"当代最为重要的宪法论辩之一是,宪法的意义是否应该根据当下的环境而进化,还是宪法应该根据批准它的公众原本对文本的理解来解释。这场论辩,反过来说,也反映了美国人对两种不同的道德观点的严重分歧。传统主义者认为过去是当下问题的解决之道的依据,而进步主义者则强调实验和革新的需要。在我们的社会中大行其道的这一错误的分界线,在当下的宪法学中也非少见。"活生生的宪法"的支持者担心原旨主义将宪法束之18世纪,无法应对当代美国的问题;而原旨主义的支持者则主张,宪法变革唯一可以允许的方式就是修正案,因此司法审查必须受到原本颁布和理解的宪法的约束。"[17]

（3）杰克·巴尔金则指出,尽管如今"活生生的宪法"与司法机关的决定联系在一起,但事实上政治机构产出了绝大多数可以称得上是"活生生的宪法"的实践,法院不过是对政治机构所做出的宪法实践进行解释、正当化,并从中梳理出宪法原则而已。"（总而言之）,'活生生的宪法'主义主要是一种关于宪法发展过程的理论,这些宪法的发展是

[16] Arthur Selwyn Miller, Notes on the Concept of the "Living" Constitution, *The Geroge Washington Law Review*, 1963, Vol. 31, p. 881.

[17] Miguel Schor, Contextualizing the Debate Between Originalism and the Living Constitution, *Drake Law Review*, 2011, Vol. 59, pp. 961-962.

由法院和政治机构的互动所产生的。它是一种宪法建构过程的描述性理论和规范性理论。它解释了变化是如何产生的,并说明了为什么这个过程具有民主正当性,或者至少更为正当。因此,要理解'活生生的宪法'主义,我们就必须要理解宪法的建构。因此,我们就不能从法院开始——它通常只是回应而已——而是要从人民选择的代议机构的宪法建构开始。"[18]巴尔金认为,"活生生的宪法"的制度性力量并不是司法机关,而是政治机关,因此,"活生生的宪法"所代表的宪法发展过程,是在很长一段时间内政治机构内部对于宪法的渐进发展在宪法中的累积效应。

(4)大卫·斯特劳斯则将"活生生的宪法"等价于普通法下的宪法。他指出"我们是否有活生生的宪法?我们是否想要活生生的宪法?一部'活生生的宪法'是一部能够随着时间而进化、改变,并应新的环境而调整,无须正式修订的宪法。一方面,对这个问题的回答是肯定的。"[19]那么,这部"活生生的宪法"指的又是什么样的宪法呢?斯特劳斯直指普通法。他说:"普通法的宪法是一部'活生生的宪法',但也是一部能够保护基本原则不受短暂的公众意见左

---

〔18〕 Jack M. Balkin, Framework Originalism and The Living Constitution, *Northwestern University Law Review*, 2009, Vol. 103, p. 566.

〔19〕 David Strauss, *The Living Constitution*, New York: Oxford University Press, 2010, p. 1.

右的宪法。"[20]在普通法的机制下,"'活生生的宪法'是通过先例的积累和演变而发展起来的,并在某种程度上因为公平和良好的政策这样的观念的影响。"[21]

上述这些学者关于"活生生的宪法"概念的理解与界定明显突出了宪法解释中的灵活性因素。他们都强调"活生生的宪法"的核心理念就是宪法应该因应时代的发展而在一定程度上做出灵活的回应。不过,如果仔细地注意不同学者的论述,我们也可以发现其中不同的侧重点。大致而言,学者们都将"活生生的宪法"视为一种宪法解释理论,但这种解释权力应该由法院还是政府机构来实施,学者们存在不少分歧。另外,"活生生的宪法"究竟是一种描述性的宪法解释理论,抑或是一种规范性的宪法解释理论,也是有分歧的,米勒、巴尔金和斯特劳斯更注重的是描述性层面的"活生生的宪法",其中又以巴尔金和斯特劳斯最具代表,而肖尔因为一开始所问的就是"应然"层面的问题,因此也更加侧重应然层面。无论是在描述性意义上,还是在规范性意义上,"活生生的宪法"的支持者都没有提出一种类似原旨主义解释方法那般相对具体、明确的解释方法论,更多的是作为一种司法哲学提出的。这种方法论上的模糊,也导

---

〔20〕 David Strauss, *The Living Constitution*, New York: Oxford University Press, 2010, p. 3.

〔21〕 David Strauss, *The Living Constitution*, New York: Oxford University Press, 2010, p. 35.

致了不少学者的批判。

二、"活生生的宪法"的产生与发展

（一）建国初期到美国内战期间

伦奎斯特正确地指出，"活生生的宪法"这个短语在 19 世纪和 20 世纪前半叶还没有被用到。[22] 但在美国早期的司法实践中，"活生生的宪法"作为一种司法裁判的价值标杆已经初现端倪，并一直延续到现代美国的司法实践当中。到了后沃伦法院时代，在学界的论争旋涡中，"活生生的宪法"逐渐成为非原旨主义阵营内部最为强大的呼声。

"活生生的宪法"的起源可以追溯到美国建国初期扩张联邦权力的司法实践。在 1819 年的"马卡洛诉马里兰州案"中，马歇尔大法官的判决书就表现出了这种倾向。在这个案件中，联邦最高法院需要处理的问题是，宪法是否授权国会建立合众国银行以及州政府是否有权对联邦设立的银行征税。在这个案件中，联邦最高法院直接遭遇了原旨主义的反驳意见。当时马里兰州的辩护律师马丁大谈必须遵从"宪法制定者当时的解释"，而这个解释就是制定者反对"默示权力"，因此国会无权建立宪法没有授权的合众国银

---

〔22〕 William H. Rehnquist, In Memoriam: William H. Rehnquist: The Notion of A Living Constitution, *Harvard Journal of Law & Public Policy*, 2006, Vol. 29, p. 409.

行。他进一步指出,退一步说,即使国会有权这样做,各州"也可以在自己的版图"内对其行使征税权。尽管马丁承认制宪会议对于征税主体存疑未决,但各州在批准讨论宪法时,都明确表示"除了关税以外,州的征税权是绝对没有任何限制的"。马歇尔大法官认为,宪法第十修正案"宪法未授予合众国、也未禁止各州行使的权力,由各州人民保留"一句中,省略了"明确地"的字样,合理的解释是它允许联邦政府拥有"附带的或默许的各种权力"。马歇尔进一步认为,联邦政府不是依据一部试图解决一切问题的、包罗万象的法典所建立的,相反,宪法只是给出了联邦政府结构及权力的总纲,列举了其最重要的职责,而它的其他权力则可以"根据这些职责的本质来推导出来"。最后,他得出掷地有声的结论:"在考虑这个问题时,我们不要忘记,我们在解释的是这部宪法。"[23]

虽然有学者指出,后世人在援引这句话为"活生生的宪法"辩护时,曲解了马歇尔大法官所处时代的宪法解释方

---

[23] McCulloch v. Maryland, 17 U. S. 406(1819).关于该案,可参见任东来等:《在宪政舞台上——美国最高法院的历史轨迹》,82～85 页,北京,中国法制出版社,2006。关于该案的情况梳理,本文重点参考了该书。就"我们在解释的是这部宪法",本文结合马歇尔表达的前后文另行翻译。

法,这句格言实际上反映的是原旨主义的解释方法,[24]但是,当时麦迪逊批评这个裁判时认为,假如当时宪法在批准时对国会设置了这样一个灵活的授权,那么宪法肯定是不会通过的。[25] 换言之,当时的宪法肯定没有包括"默许权力"这一神秘的魔术棒。麦迪逊实际上批评的是马歇尔运用了宪法宽泛的语言,实现了对宪法的"修改"。那么,从作为制宪者之一的麦迪逊的角度来看,马歇尔法官的裁判似乎并不是原旨主义的。

在对支持蓄奴制度的"斯科特案"发起的攻击中,也可以见到"活生生的宪法"的影子。尽管《独立宣言》声称"每一个人生来平等",但是原初的宪法设计并不包括法律平等

---

〔24〕 例如,罗伯特·克林顿就认为,马歇尔大法官的这句格言最好理解成具有双重含义,一方面认为,解释应该是可以进化的;但另一方面又认为,解释应该忠实于宪法语言与原本的历史,并进而维持政治上的稳定。参见 Robert Clinton, Original Understanding, Legal Realism, and the Interpretation of "This Constitution", *Iowa Law Review*, 1987, Vol. 72, p. 1185. 斯卡利亚法官也指出在批评原旨主义时,论者"经常会搬出马歇尔法官在第一国家银行案中所说的那句话:'我们永远不要忘记,我们在解释的是这部宪法。'——就好像说,那一阐述的暗示是,我们解释必须随着时间而改变。但是那是一个谎言。那句话的真实意思恰恰相反:马歇尔是在说,宪法必须要概括地解释,因为根据宪法授予国会的权力必须要进行宽泛地解释,目的不仅仅是为了当时所关心的联邦政府的需要,同时也是为了未来可能会出现的需要。"参见 Antonin Scalia, Originalism: The Lesser Evil, *University of Cincinnati Law Review*, 1989, Vol. 57, pp. 852-853。

〔25〕 David Strauss, *The Living Constitution*, New York: Oxford University Press, 2010, p. 123.

保护的一般保障,而是承认奴隶制的存在。虽然在宪法制定之时,制宪者们确实对奴隶制有过一番激烈的争辩,但为了争取南方州参与到宪法的制定过程当中,大多数制宪者们尽力地避免直接触及奴隶制这一烫手山芋。[26] 坦尼法院在面对斯科特案时,参考了当时美国社会对黑人的歧视情绪,认为美国宪法中的"人民"并不包括黑人。从其解释方法来看,是一种原旨主义的解释方法。斯科特案引发了美国内战,而美国内战又是一个重新缔造美国联邦政府的过程,在这场战争中,"我们美国人"(We American)的概念逐渐具备了民族国家的意味,而不再仅仅局限于肤色,这对于美国宪政精神也是一个巨大的改变。乔治•弗莱彻(George P. Fletcher)甚至认为,美国内战后通过的宪法修正案"导致了一个新的宪政秩序","这个新法律体制的诸原则,跟1787年起草的第一部宪法截然不同,可称之为第二

---

〔26〕 关于制宪者论辩的过程,可以参见[美]戴维•O. 斯图尔特:《1787年之夏:缔造美国宪法的人们》,顾元译,北京,中国政法大学出版社,2011,该书第六章、第七章等相关内容。在制宪会议上,制宪者们对怎样计算黑人的投票有过一番激烈的争辩。制宪者们对奴隶制的讨论是与众议院的代表人数的计算方法挂钩的。为了击败小州,并实现以人口为基础的代表分配权,以威尔逊为首的制宪者提出"五分之三"条款才缓和了制宪会议的分裂局势,这一条款规定,黑人的代表权相当于白人代表权的五分之三。虽然麦迪逊、富兰克林等人确实在会议过程中反对奴隶制,但最后这些"疾言厉色"并没有反映在宪法文本当中。相反的,除了宪法中的"五分之三"条款之外,在第一条第九款第一项中还规定了"奴隶贸易条款",规定在1808年以前,国会不得禁止奴隶进口,但对此种人的入境,每人可征不少于10美元的税。

部美国宪法"。[27] 重建修正案的确立,从事实上表明了美国宪法是一部"活生生的宪法",可以随着时间的推移而对宪法进行修订。

纵观建国初期到 19 世纪末,美国宪法解释很少明确提及宪法的革新问题。这或许是因为,相比较而言,宪法制定的经验对于美国人来说仿若昨天,制宪者们设计的宪法框架还是"够用"的。这就难怪没有人提出"活生生的宪法"这个概念并用它来为扩张司法权做辩护。

(二) 20 世纪初期至沃伦法院之前

进入 20 世纪之后,"活生生的宪法"的类似理念开始为学者所注意。尽管此前美国法学思想中就存在"活生生的法律"(living law)这个概念,但是在达尔文之前"活生生的宪法"这个类比并没有出现。崇尚生物体随着环境的自然选择而优胜劣汰的达尔文主义,对于美国学界产生了深远的影响。进步主义的政治科学与达尔文主义一拍即合,其中最具有代表性的是美国著名的政治学家伍德罗·威尔逊(Woodrow Wilson)。受到达尔文的启发,他将政府和宪法比作有生命的组织体(organ),他说:"政府不是一个机器,而是一个活生生的事物。它并不归宇宙理论,而归组织体

---

[27]　[美]乔治·P.弗莱彻:《隐藏的宪法——林肯如何重新铸定美国民主》,陈旭纲译,2 页,北京,北京大学出版社,2009。

的生命的理论。它应按达尔文解释,而非牛顿。它由它的环境所修正,据其任务而视为必须,任生活压力塑造其功能……活的政治宪法在结构和实践上都必须是达尔文主义的。"[28]

但在法学界,这种动态解释的呼声要在几年之后才会出现。1905 年"南卡罗莱纳诉合众国案"(South Carolina v United States)中,法院还信誓旦旦地宣称:"宪法是一部成文的制度。因此,它的意义并不会改变。这就是说,它在通过时所表示的意义就是现在所表示的意义。"将近十年过去了,霍姆斯法官在 1914 年的"戈博斯诉合众国案"

---

〔28〕 Woodrow Wilson, Constitutional Government in the United States, 1908, pp. 56-57, cited from Arthur Miller, Notes on the Concept of the "Living" Constitution, *George Washington Law Review*, 1963, Vol. 31, p. 881. 将宪法视为"牛顿式的"抑或是"达尔文式的",实际上就涉及原旨主义与"活生生的宪法"之争。据丹尼斯·金福特介绍,法史学家莫顿·J. 霍维茨也提到了这对二分式的类比。霍维茨认为,这一争论在于"18 世纪牛顿主义的宪法以及 19 世纪达尔文主义的宪法之间。宇宙的牛顿式观点是将宇宙视为太初时期,由自然神赋予第一推动力后形成的完美机器。之后万物都由物理规律的运作所决定,这些物理规律在鸿蒙之初已然存在,从未改变。牛顿式的宪法观点对应这些规律,和它们一样,宪法将永久持续。制宪者们的牛顿式世界观显然鼓励这种图景。相反,19 世纪的达尔文主义,即进化论,则主张宪法存在逐渐的、不可避免的改变。一旦社会发生改变,宪法也应改变,以适应它本应在其中发挥功用的环境。"参见 Dennis Goldford, *The American Constitution and the Debate over Originalism*, New York: Cambridge University Press, 2005, p. 56。这些论述提示我们,两种宪法解释的观点可能与当时流行的物理学、生物学观点有直接的关系,由于缺少更进一步的材料,这些说法只能在此引介。

(Gompers v. United States)中才首次大胆地使用"活生生的组织体"(living organ)这样的修辞方式。在该案中,戈博斯因为违反了州法院发布的禁制令,而被控蔑视法庭罪。霍姆斯法官这样说道:"首先需要指出的是,首先需要指出的是,蔑视法庭不是犯罪。蔑视法庭虽然可能会被处以监禁并且(如果构成犯罪)褫夺公权,但这类行为却不享有宪法及其修正案的保护,因为宪法和修正案规定被指控犯罪的人有权接受陪审团的审判。但是,宪法的条文并不是将它们的本质内涵于形式的数学公式;它们是组织体般活生生的制度,这些制度是从英国的土壤中移植过来的。它们的意义是至关重要但并不局限于形式的;要理解它们的意义,不能只是看语词或者检索词典,还要考虑它们的起源和它们的发展脉络。"[29]

　　在 1920 年"密苏里诉霍兰德案"(Missouri v. Holland)的裁决意见中,霍姆斯法官继续沿用这种修辞方式。他说:"当我们在处理涉及组织法的语词时,比如说美国宪法,我们必须意识到这些语词在发展中才能获得生命,而这些发展变化往往是最初的立法者也无法预见到的。对于最初的立法者而言,意识到或者希望看到他们创作出了雏形就已经足够了;事实上,在经历了一个世纪的漫长时间和后来者所付出

---

〔29〕　Gompers v. United States, 233 U. S. 610 -611(1914).

的汗水和鲜血之后,才最终证明他们创造了一个国家。"[30]

在法学界,"活生生的宪法"也引起了学术界的共鸣,尤其是 20 世纪二三十年代兴起的法律社会学和现实主义法学。20 世纪 20 年代末 30 年代初,在美国产生的现实主义法学针对凸显的各种社会问题,通过司法行为主义的学说主张,表达了他们要求对法律秩序进行重新调整以适应不断变化的社会生活条件的心声,与之相应,宪法的裁判及其解释将目光更多地转向社会现实而不是文本或原意。[31]卡多佐法官就认为,法律规则的含义体现在"社会生活的迫切需要之中","当需要填补法律的空白之际,我们应当向它寻求解决办法的对象并不是逻辑演绎,而更多的是社会需求",[32]"司法过程的最高境界并不是发现法律,而是创造法律"。[33]深受欧陆埃利希"活法论"以及自由法运动的影响现实主义法学强调"行动中的法",强调法的社会目的性,强调法和社会的不断变化,强调必须把"实然"和"应然"分开。[34]这一运动的主要代表者卢埃林主张将法律区分为

---

〔30〕 Missouri v. Holland, 252 U. S. 433(1920).

〔31〕 黄丽红:《美国宪法的社会学解释方法及其理论源流》,载《社会科学家》,2009(10),87~88 页。

〔32〕 [美]本杰明·卡多佐:《司法过程的性质》,苏力译,76 页,北京,商务印书馆,1998。

〔33〕 [美]本杰明·卡多佐:《司法过程的性质》,苏力译,105 页,北京,商务印书馆,1998。

〔34〕 张文显:《二十世纪西方法哲学思潮研究》,114 页,北京,法律出版社,2006。

"纸上的法"或"死法"以及"实际的法"或"活法",并强调指出,只有"实际的法"才是真正的法。[35] 其实,在卢埃林之前,庞德就已经提出"书本上的法"与"行动中的法"的区分了,他说"如果我们仔细观察,就会发现,书本上的法与行动中的法,那些标榜调整人与人之间关系的法律规则与实际上调整人与人之间关系的规则之间存在巨大的差异,而且我们现在的法学理论与司法裁决之间常常出现一个现实的巨大鸿沟。"[36]特别是在《作为制度的宪法》一文中,卢埃林对法教义学所倡导的文本意图发起了挑战。卢埃林认为,法教义学的文本意图论企图捏造一种幻象,仿佛语言的意图对人类行为有着清楚、正确的指导。但事实上,意图并不能完全控制一切,因为有一些意图从未经过讨论。当我们诉诸语言的意图时,实际上我们只是在诉诸"明显的"意图而非真正的意图。[37] 因此,宪法的变革并不是完全依据文本的,假如是的话,这也只是幌子罢了。卢埃林认为只有一种方式可以判断宪法是否依旧是活生生的,这个方法就是去看当人们以宪法语言为理由时,他们是怎么做的以及他

----

〔35〕 张文显:《二十世纪西方法哲学思潮研究》,115 页,北京,法律出版社,2006。

〔36〕 Roscoe Pound, Law in Books and Law in Action, *American Law Review*,1910,Vol. 44,p. 15. 转引自付池斌:《卢埃林:书本法不同于现实法》,66 页,哈尔滨,黑龙江大学出版社,2010。

〔37〕 Karl Llewellyn, The Constitution as An Institution, *Columbia Law Review*, 1934,Vol. 34,pp. 12-13.

们的感觉是什么。[38] 卢埃林似乎认为,是法官的行为带有活的意义,而不是语词。[39]

1927 年,在现实主义法学运动的浪潮中,麦克贝恩教授的著作《活生生的宪法:对基本法的现实与传奇的考察》(*Living constitution: A consideration of the realities and legends of our fundamental law*)无疑也给现实主义法学运用提供了贴近美国人的生活体验的标语。这本书刚一出版,就引起了学术界的关注,约翰·G. 何维(John G. Hervey)、詹姆斯·M. 兰迪斯(J. M. Landis)、爱德华·考文等当时或者后来执宪法学界之牛耳的人均对该书进行了一番点评。对于一个亟缺简洁有力、能够让美国人认同并借此让同道中人云集一堂的标杆的学术流派来说,麦克贝恩教授的术语无疑解了法律社会学和现实主义法学运动的燃眉之急。

不久之后,新政改革即验证了这个概念的惊人能量。在大萧条以及新政时期,法院走向"活生生的宪法"以及平衡的处理方式的趋势更加明显,而形式主义的司法以及将

---

〔38〕 Karl Llewellyn, The Constitution as An Institution, *Columbia Law Review*, 1934, Vol. 34, p. 15.

〔39〕 Karl Llewellyn, The Constitution as An Institution, *Columbia Law Review*, 1934, Vol. 34, p. 16.

解释视为是发现并适用原初意图这一观点也开始走向边缘
化。[40] 新政时期的"活生生的宪法"强调美国宪法实践是
一种当代的美国人共同参与建构的持续解释的过程。作为
新政改革的前奏,最具有代表性的是 1932 年的"Home
Building and Loan v. Blaisdell 案",在这个案件中,法院对
合同条款的传统解释作出了重大改变,它宣称如果"宪法的
伟大条文必须要限制在制宪者,受限于他们的时代的环境
和视野,所赋予它们的解释,那么这个陈述本身就会招徕批
判。"法院引用了前述"马卡洛案"和"密苏里案"的格言,认
为宪法是一部需要解释的宪法。参与该案审理的萨瑟兰法
官,则从原初含义、先例和文本的角度,反对法院的解释,他
认为"宪法的条文……不可能会允许两种明显相反的解
释。"这个案件,可以说是新政改革前期法院内部"活生生的
宪法"与原意解释方法的分裂的写照。

新政时期所提的"活生生的宪法"的理念并不是为扩大
司法权辩护的,因为进步主义者是在要求区分制宪者较为
抽象的目标以及具体的意图和目的层面上诉诸"活生生的
宪法"观念的,而且他们要求法院在适用宪法的开放条款时
必须更加遵从立法机关的判断,因为法院无法为当下的宪

---

[40] Johnathan O'Neill, *Originalism in American Law and Politic: A Constitutional History*, Baltimore: Johns Hopkins University Press, 2005, p. 32.

法问题提供明确的答案。[41] 他们强调的是宪法需要"解释"的一面。在一篇如今已经很少被学者们引用的文章中，查尔斯·比尔德(Charles Beard)的观点或许说明了当时进步主义学者的基本观点。比尔德 1936 年发表于《美国学术界年刊》的文章中，直截了当地冠名《活生生的宪法》，他认为以往对于宪法的比喻修辞(sheet anchor、lighthouse、ark of the covenant、beacon、fundamental law)并不能说明真实的宪法。宪法是一种"活生生的事物"(living thing)。他这样说道："由于大多数涉及政府的权力和限制的用词和短语是模糊的，在实践中必须要由人类来解释，这就说明宪法作为实践是一种活生生的事物。这个文件在任何时刻都需要解读。法官和其他的解释者在过去说了些什么，能够在数以千计的书面文件中发现。从历史记录中，我们也可以知晓过去这份文件是如何实施的。但是宪法作为实践在今天又是什么，盖因公民、法官、执法者、立法者和那些关心法律的实施的人带来了美国人身和财产关系的变革或者继续保有现有的关系。因此，宪法作为实践是当代的公民和权威在这份文件下进行的当下的思想和行动。它是活生生的用词和活生生的人类的契约，有其正面的作用，同时也会有多

---

[41] Miguel Schor, Foreword: Contextualizing the Debate between Originalism and the Living Constitution, *Drake Law Review*, 2011, Vol. 59, p. 966.

种的解读。"〔42〕

（三）沃伦法院及其后的"活生生的宪法"

伦奎斯特指出，论者在谈论"活生生的宪法"时，可能是在两种不同的语境下讨论的。〔43〕按照伦奎斯特的分析，第一种语境是在前述霍姆斯的语境下说的，在这个语境中，"活生生的宪法"只是认为原初的宪法设计是原则性的，宪法语词的概念必须随着时代的发展而充实，这种"活生生的宪法"似乎不会引起太多的反感；第二种语境则是强调法院"作为当下社会的回应和良心"，在其他机关放弃其责任的时候，必须积极撑开它的保护伞。第二种意义上的"活生生的宪法"最突出的表现正是沃伦法院以来自由主义司法观，而且原旨主义和"活生生的宪法"双方的拥护者也正是在对沃伦法院司法哲学和司法行为的正当性的评价中展开论辩的。〔44〕

沃伦法院时期对公民权利和自由方面的许多判决已经

---

〔42〕 Charles Beard, The Living Constitution, *Annals of the American Academy of Political and Social Science*, 1936, Vol. 185, p. 31.

〔43〕 William Rehnquist, The Notion of a Living Constitution, *Harvard Journal of Law and Public Policy*, 2006, Vol. 29, pp. 402-403.

〔44〕 例如，霍维茨指出，司法部长埃德温·米斯之所以主张原初意图，"目的在于，希望以此判断并最终贬低沃伦法院的成就。"参见［美］莫顿·J.霍维茨：《沃伦法院对正义的追求》，信春鹰、张志铭译，196 页，北京，中国政法大学出版社，2003。

超出了制宪者的原意裁判。其中影响最为深远的判决,莫过于沃伦法院初期的"布朗诉教育委员会案"。在这个案件中,沃伦大法官明确指出,最高法院不应恪守司法先例和法规条文,而应充分体察现实以维护社会公正。沃伦认为,从现有的档案资料看,很难确定第十四修正案的制宪者是否支持种族隔离。因此,最高法院必须摆脱对该修正案制宪者"原意"的无休止纠缠,将司法裁判的重点转向探究种族隔离制度是否使黑人在现实中处于不平等的法律地位。沃伦法院宣称"要处理公立学校中的种族隔离问题,我们不能将时钟拨回到 1868 年第十四宪法修正案制定之时或 1896 年'普莱西诉弗格森案'审判之际,而是必须根据公立学校的总体发展及其在整个美国社会生活中所起的作用来权衡公共教育问题,唯有如此,才能判断公立学校中的种族隔离是否剥夺了原告所享有的平等法律保护权利。"[45]

在 1966 年的"哈珀诉弗吉尼亚州选举委员会案"中,围绕"活生生的宪法"法院内部也产生了分裂意见。在该案中,以道格拉斯法官为首的多数派认为,弗吉尼亚州的人头税违反了平等保护条款。道格拉斯法官论证说,平等保护含义的变化使得人头税违反了宪法。他写道:"平等保护条款不应被特定历史时期的政治理论所禁锢。在确定什么是

---

〔45〕 任东来等:《在宪政舞台上——美国最高法院的历史轨迹》,321 页,北京,中国法制出版社,2007。

违宪的不平等待遇的界限时,我们从来都没有局限于过去的历史曾对平等所下的定义。……什么构成平等保护条款所称的平等待遇的观念是会发生改变的。"道格拉斯的观点引发了布莱克法官的异议意见,他说道格拉斯的观点是"对……成文宪法这个概念的攻击,成为宪法原本是要按照原来所写下来的方式流传后代的,除非经过修正案程序作出改变……"[46]

围绕"布朗案"和"哈珀案",以布莱克法官为首的原意解释方法与沃伦、道格拉斯等为首的"活生生的宪法"之间的论战,突出了现代宪法解释方法论论辩中极为常见的本质问题。试图遵循宪法原初的设计来解释将会导致实践上不可接受的后果,在这种情况下,法院是否应该承担"社会福利的立法者"的角色? 沃伦法院在"布朗诉教育委员会案"中坚决地做出了肯定的回答,从而为美国宪法史揭开了全新的一章。在1955年开始的声势浩大的民权运动和反麦卡锡主义之后,沃伦法院在第一修正案(言论自由)、第八修正案(死刑问题)以及第十四修正案(平等保护问题)方面对权利法案的扩张性解释,无疑反映了活的宪法的理念。其中,为现代学者讨论最多的、争议也最为激烈的,是第十四修正案的正当程序条款,是否能够扩张适用于个人,其中

---

〔46〕 参见 Lackland H. Bloom, *Methods of Interpretation: How the Supreme Court Reads the Constitution*, Oxford University Press, 2009, pp. 160-161。

又以布莱克法官和法兰克福特法官为对抗阵营。布莱克法官坚持认为,权利法官所授予的每一项保护不大不小正好是人权法案所列举的权利,而法兰克福特法官则坚持认为,正当程序条款应独立解释为文明社会所珍重的"保护正义实现的不可改变的原则",并主张正当程序条款并不仅仅是针对联邦政府权力的,也可以用来限制州政府的权力。[47]而最能够体现法院的革新解释精神的,莫过于对第八修正案禁止残忍而不同寻常的处罚的解释了。沃伦大法官在"Trop v. Dulles 案"中推翻了因当逃兵而丧失公民身份的刑罚,他指出:"这一修正案必须要从体面这一不断演变的标准中推导出其意义,正是这个标准标志着成熟社会的进步。"[48]

沃伦法院自由主义的司法观与美国的现实主义运动之间存在紧密的联系,霍维茨就指出:"沃伦法院的自由主义者对于法律有一个共同的观念,那就是 20 世纪 20 年代和 30 年代的法律现实主义者引入到新政之中的法律意识。"[49]沃伦法院强调法律必须与社会需要统一起来,脱离

---

〔47〕 参见[美]莫顿·J. 霍维茨:《沃伦法院对正义的追求》,信春鹰、张志铭译,159~160 页,北京,中国政法大学出版社,2003。

〔48〕 参见 Lackland H. Bloom, *Methods of Interpretation*:*How the Supreme Court Reads the Constitution*, Oxford University Press, 2009, p. 161.

〔49〕 [美]莫顿·J. 霍维茨:《沃伦法院对正义的追求》,信春鹰、张志铭译,199 页,北京,中国政法大学出版社,2003。

社会寻求公平正义是不可能的,这种司法观塑造了一个"继
19世纪初的马歇尔法院之后,美国联邦最高法院史中的第
二个极富创造性的时期"。[50]

　　对于美国宪法历程的详细梳理已经超出了本书的篇幅
所限,因此,此处对于"活生生的宪法"的历史考究只能是管
窥一豹。在我们能够观察到的历史进程中,"活生生的宪
法"观念始终存在于美国的宪政实践中,特别是当美国社
会、经济和政治发生了重大变化之际,"活生生的宪法"理念
经常被学者、法官援引,从宪法的文本、结构、目的乃至宪政
的理念中,解读出超越了原初宪法设计的全新的宪法原则。
正是在这种保守与进步的交织、碰撞中,美国宪法这份长达
200多年的文件,才可以在只字未改的情况下,不断地塑造
美国宪政实践,乃至整个美国的宪政文化。

三、"活生生的宪法"的正当性证成

　　20世纪以来关于宪法是否应该随着环境的变化而变
化的学术争论,事实上提出了两个不同的问题。第一个问
题是,宪法是否应该发生变化? 第二个问题是,如果宪法应
该发生变化,那么谁来改变宪法? 又要以何种方式来改变?

----

〔50〕　任东来等:《在宪政舞台上——美国最高法院的历史轨迹》,359页,
北京,中国法制出版社,2007。

我们应该要注意的是,这两个问题尽管相互关联,但本质上是不同的问题。伦奎斯特在阐述"活生生的宪法"的两种意义时,就已经注意到二者之间的差别了。"活生生的宪法"的支持者,除了要论证宪法应该变化之外,还需要论证法院有正当的权威引导这种变化。

(一) 人本主义的要求

对"活生生的宪法"的主要辩护是这种宪法解释进路体现了美国宪法的实质原则和美国政治社会的民主精神。最具代表性的是布伦南大法官在《美国的宪法:当代批准》(*The Constitution of the United States:Contemporary Ratification*)一文中对"人的尊严"的阐述。

布伦南认为,人权法案和重建修正案以来,美国宪法体现了对社会正义、手足情谊、人类尊严的渴望。他以略带自然法的修辞方式指出,作为一份公共文件,美国宪法必定要对美国公民的尊严作出回应。布伦南批评原旨主义是"披着谦逊外衣,实际上不过是傲慢自大,它之所以傲慢是因为它假装从我们的视角可以丝毫无差地知道制宪者对原则适用于具体的、当下的问题抱持着何种意图。"[51]布伦南认

---

〔51〕 William Brennan, The Constitution of the United States:Contemporary Ratification,in Jack Rakove ed. , *Interpreting the Constitution:The Debates over Original Intent*, Boston:Northeastern University Press,1990,p. 25.

为,那些将权利的主张仅仅限制在 1789 年宪法明确表述的价值的人,无视了社会进步,有意回避讨论为了适应社会环境之变化而重大原则有进行调整之必要。[52] 布伦南进而指出,"我们当下的法官阅读宪法的方式只有一种:作为一个 20 世纪的美国人。我们确实会看制宪时代的历史以及一直以来是怎么解释的。但最终的问题必定是:文本的语词在我们的时代意味着什么? 因为宪法的天才并不取决于它在一个逝去良久的世界里可能有什么静止含义,而在于它的伟大原则处理当下问题和当下需要的灵活性。宪法之基本原则对其他时代的心智可能有什么样的意义,这并不能决定我们所处时代的观点。类似地,不管那些基本原则对我们意味着什么,我们的后代将会发现,是不能决定他们的观点的。"[53]

布伦南所称的"当代批准"事实上将宪法作为一种社会契约看待,而每一代人均是这一社会契约的缔约人。在这一点上,支持"活生生的宪法"的人与原旨主义者之间的纷

---

[52] William Brennan, The Constitution of the United States: Contemporary Ratification, in Jack Rakove ed. , *Interpreting the Constitution: The Debates over Original Intent*, Boston: Northeastern University Press, 1990, p. 26.

[53] William Brennan, The Constitution of the United States: Contemporary Ratification, in Jack Rakove ed. , *Interpreting the Constitution: The Debates over Original Intent*, Boston: Northeastern University Press, 1990, p. 27.

争是在原旨主义者所称的"批准者"的计算方式上。[54] 由此引发的另一个问题是,如果说美国宪法是一部社会契约,那么当下美国人民是否也是这部契约的签约方,并进而有权利对这部宪法作出合乎当下情境的修改?"活生生的宪法"的支持者认为,生活于当下的公民没有理由被排除出这部社会契约,并受到"死亡之手"的控制。美国建国时的《独立宣言》曾公开宣示,政府的目的就是要保障人的不可剥夺的权利,譬如生命、自由和追求幸福。尽管人权法案中对诸多公民权利已有列举,但"追求幸福"的权利不仅仅是为批准宪法的人所设立的,同时也是为生活于当下的人民所设立的,这些幸福的内涵究竟是什么,当下人民是有发言权的。

(二)普通法的必然要求

"活生生的宪法"的支持者认为,无论反对者提出何种理由,他们都忽视了一个客观的事实,那就是美国是一个普通法国家,而普通法为"活生生的宪法"提供了最好的辩护。

---

[54] 类似的追问,可参见 Paul Brest, The Misconceived Quest for the Original Understanding, William Brennan, The Constitution of the United States: Contemporary Ratification, in Jack Rakove ed., *Interpreting the Constitution: The Debates over Original Intent*, Boston: Northeastern University Press, 1990, pp. 233-235. 以及[美]罗纳德·德沃金:《原则问题》,张国清译,47 页,南京,江苏人民出版社,2008。

大卫·斯特劳斯在回答"美国是否有活生生的宪法",以及"如果有,那么这种宪法机制是什么"这两个问题时就指出,美国确实存在"活生生的宪法",并且这一宪法的运作机制是普通法。斯特劳斯不讨论美国宪法是否"应该是"活的宪法,这样的辩护无形之中就消去了烦琐的正当性论证。

从 1996 年发表《普通法的宪法解释》(*Common Law Constitutional Interpretation*)一文以来,斯特劳斯就试图发现一种能够替代原旨主义的解释方式。在代表作《活生生的宪法》一书中,斯特劳斯认为,如果"活生生的宪法"意味着随着时间的推移,在不借助正式的宪法修正案而对宪法进行变革的话,那么美国宪法就是这样一部宪法,这是美国宪法的实际,而原旨主义无法解释现实中发生在美国宪法司法中的重大裁决。因为事实上最高法院裁判案件通常并不会对宪法的文本进行仔细阅读,也不会对与文本意义相关的不同的历史主张进行仔细辨析,相反,他们会通过先例来推理。原旨主义担心提倡"活生生的宪法"会导致法官随意扭曲宪法的原本含义,斯特劳斯认为,这一批评是可以回应的。答案就在普通法。斯特劳斯指出,普通法是一个强调先例和传统但也允许以谨慎方式进行变革的制度。[55]斯特劳斯认为,从宪法变革的主要机制是通过发展先例而

---

〔55〕 David Strauss, Do We Have A Living Constitution? *Drake Law Review*, 2011, Vol. 59, p. 977.

实现的这个意义上讲,美国的"活生生的宪法"正是普通法的宪法。[56] 斯特劳斯认为,普通法的制度有效限制了法官对宪法的解释。斯特劳斯对普通法机制的解读在整体层面上证成了"活生生的宪法",因为美国诸多宪法性判例正是在长期的论辩中形成了一条相对稳定的原则,而且无论在什么样的原旨主义看来,确实都超出了原初的宪法设计。第一修正案的言论自由、第八修正案中"残忍而不同寻常之刑罚",乃至对于堕胎权等案件的平等保护条文的扩张解读,无疑已经证明,美国法院通过普通法的先例遵循与推翻以及成熟原则的发展,对宪法条文的涵盖范围进行了潜移默化的修改。

越来越多的学者也注意到美国宪法司法当中存在的"活生生的宪法",并且将这种宪法的变革与美国普通法的传统联系在一起。同时,"活生生的宪法"的支持者加拿大学者 WJ. Waluchow 也试图提出"一种司法审查的普通法理论"。尽管他是在为司法审查做辩护,但同样也对原旨主义解释方法作出了回应。Waluchow 认为,最好将大宪章(Charter)看成是"活生生的树"(living tree),"它的根在于先例、共同体在反思性平衡中的道德判断及其(在宪章中)选择的用来表述其宪法道德性之基本承诺的术语。但这一

---

〔56〕 David Strauss, Do We Have A Living Constitution? *Drake Law Review*, 2011, Vol. 59, p. 977.

活生生的树,虽然植根于这些因素,它的枝叶也应该允许通过具有相同的共同体道德性的不断发展的普通法的司法哲学而不断成长。"[57]

"活生生的宪法"之所以能够具有直观上的说服力,其中一个理由就在于美国人对于普通法的经验。这种经验的智识来源与 20 世纪初期卡多佐、霍姆斯等伟大法官对于经验、实用主义裁判方式的论述是分不开的。

(三)宪法变革不可避免

对宪法革新解释的直接来源就是对于宪法本身的不满意。赞成"活生生的宪法"的学者大多指出,美国制宪者虽然有宏图大志,但是囿于他们所处的时代、知识背景和预见能力,他们不可能为后代人设计一部完美的治理蓝图。随着时代变迁,宪法原初的设计甚至可能会与当下的社会需要产生激烈的矛盾,在这种情况下,再要求遵循过去的安排就会产生不可接受的后果。因此,宪法的变革其实是无法避免的。甚至,制宪者本人可能会欢迎这种变革,因为他们一开始所要制定的宪法就是为了延续到后来一段很长的时间的,这种"适应性"导致了他们在制定宪法的过程中,会有意识地嵌入相对宽泛的原则或者相对概括的字眼,这些用

---

[57] W. J. Waluchow, *A Common Law Theory of Judicial Review: The Living Tree*, New York: Cambridge University Press, 2007, pp. 270-271.

语给法院的灵活解释留下了不少裁量空间。

由于宪法的政治适应性和宪法落后于时代的不可避免,宪法变革势在必行。但这还没有说明为什么宪法必须要由法院灵活解释。原意解释者往往认为,宪法的变革应该通过形式化的修宪程序来完成,而"活生生的宪法"的支持者则指出美国宪法修正案本身所规定的修宪程序在制度上是非常"笨重"、不充分的。制宪者们要求国会参众两院2/3 投票通过,并由 3/4 的州立法机关投票批准,这使得通过修宪程序的宪法变革几乎是不可能的。[58] 而且,修宪程序极容易受到强大的利益集团的控制,对于一些在社会力量上处于弱势群体的人而言,几乎不可能通过修宪程序争取到足够多的赞成票。因此,许多宪法的变革往往只能够通过非正式的手段来达成。而法院无疑是比制宪机关更为恰当的部门,这不仅仅是因为法院在地位上更为超然,还在于法院能够在具体的案件中对相关的争议进行初步性的讨论与处理。

结合新政以来美国司法配合立法机关对社会变化做出积极回应以及对公民自由权的扩张保护所建立起来的司法形象,"活生生的宪法"对原旨主义追求"过去式"的理解发起了猛烈的攻击,在这些攻击之下,许多原旨主义者不得不

---

〔58〕 参见〔美〕戴维·斯特劳斯:《活的宪法》,毕洪海译,99 页,北京,中国政法大学出版社,2012。

转换阵营,乃至"认真对待"。

四、对"活生生的宪法"观的批判

公允地说,在"活生生的宪法"这样一个更能吸引人的口号以及沃伦法院以来形成的能动司法大行其道的浪潮面前,批评者的声音虽然不绝于耳,但却说不上足够洪亮。但这些指摘无疑也暴露出了这一宪法解释理论固有的缺陷,因而值得我们重视。

(一)"活生生的宪法"是一个矛盾修辞

一种批评意见将非原旨主义与解释主义和非解释主义之间的论争联系起来,认为非原旨主义之所以失败就是因为它是一个矛盾修辞——宪法理论是关于宪法解释的,而非原旨主义只是对原旨主义的反对,因此从它的定义来看却不是关于宪法解释的。同样,"活生生的宪法"本身并不是关于宪法解释的,尽管这样说并不代表活的宪法就是错误的,却会使得它最终走向原旨主义。[59] 斯卡利亚也认为,非原旨主义学派并不是一个统一的学派,要在非原旨主

---

〔59〕 John Valauri, Legal Hermeneutics in Brazil and the United States: As Time Goes by: Hermeneutics and Originalism, *Nevada Law Journal*, 2010, Vol. 10, p. 723.

义学派中找到一个共识性的解释理论是很难的。正如
"'非'原旨主义"这个术语所标明的,它仅仅是对原旨主义
的反叛,但却没有说明什么是正确的解释。[60] 这种批评意
见站在"解释主义才是关于法律解释"的正统立场上,故有
此质疑。但不容忽视的事实是,"活生生的宪法"确实没有
提出明确的方法论来指明宪法解释应该如何进行。

原旨主义论者还质疑"活生生的宪法"这个术语是否是
一个内部融贯的概念。传统原旨主义者认为,"活的"这个
词是"固定的"或"永恒不变的"反义词,而"宪法"应该是具
有"固定意义"的,如果"活生生的宪法"这个词汇作为一个
成熟的术语能够成立的话,那么它的语义上就应该是指"变
动的不变",这就好像是"实质正当程序"一样是一个相互矛
盾的修辞(oxymoron):宪法怎么可能既是不变的同时又是
变动不居的呢?[61] 表面上看这是在质疑"活生生的宪法"
的用词是否严谨,其实已经触及了"活生生的宪法"的内在
理念:宪法如何既是具有约束力的,同时又可以变化?

对于坚持宪法的全部功用在于"约束力"的学者而言,
"活生生的宪法"已经超出了可以接受的范围。有的学者在

---

〔60〕 Antonin Scalia, Originalism: The Lesser Evil, *University of Cincinnati Law Review*, 1989, Vol. 57, p. 855.

〔61〕 金福特介绍了这一观点。参见 Dennis Goldford, *The American Constitution and the Debate over Originalism*, New York: Cambridge University Press, 2005, p. 56。

评价波斯纳与博克之争论时,挺身支持博克:"波斯纳试图通过重复这一早就是错误的言论来支持他所选择的另一种解释方法:'灵活的解释是……防止宪法过时并维持活生生的宪法所必须的。'对司法能动主义的'活生生的宪法'证立是不靠谱的。宪法对于自治政府的约束目的在于防止政策因为变动的环境而朝令夕改。如果因为'灵活的解释'这一回避修正案程序的委婉说辞就对这一约束视而不见,那么这一目的就无法实现。在某种意义上,'活生生的宪法'根本就不是宪法……"[62]而且,"活生生的宪法"本身与"作为文本的宪法"之间也存在矛盾。正如惠廷顿所言:"如果活的宪政主义得到持续适用,而整个宪法文件也被归结为对当下宪政实践的誊抄,那么,除了被得宠的新潮理论家所赞许的司法积极主义的某些领域外,作为成文宪法的美国宪法甚至将不再成为美国政府的象征。宪法将不过只是一件历史文物。而为了维护其正当性和合理性,活的宪政理论必须在成文规定(它们在很大程度上来自已经逝去了的过去)的背景之下运行。而在活的宪政理论之下,就既不能对这一背景提出质疑,也不能为它进行辩护。"[63]

---

〔62〕 Lino A. Graglia, "Interpreting" the Constitution: Posner on Bork, *Stanford Law Review*, 1991, Vol. 44, p. 1030.

〔63〕 〔美〕基恩·E. 惠廷顿:《宪法解释:文本含义、原初意图与司法审查》,杜强强、刘国、柳建龙译,184~185 页,北京,中国人民大学出版社,2006。

(二)"活生生的宪法"不具民主正当性

"活生生的宪法"主张宪法的意义必须随着社会环境的
变化而变化,原旨主义担心这种观点无法提供详细的标准
说明宪法的意义究竟应该止于何处。斯卡利亚就认为,在
宪法解释理论中,主要的危险在于法官以自己的偏好取代
宪法,非原旨主义动辄援引"基本价值"等叙述方式,无疑将
使得法官的主观任意性的限制荡然无存。[64] 因此,博克认
为"进化的宪法原则这个理念应该是那些坚持司法约束哲
学的法官所厌恶的事物。"[65]

自然而然的,这个问题也引起了立法权与司法权究竟
何者更适宜对社会情势做出判断的争议,也引发对所谓的
"麦迪逊难题"的讨论。主张"立法尊崇"的学者认为,相比
司法机关,立法机关更适宜担当感应器的角色,因为立法机
关的职责就在于为社会活动制定规则以及通过反映社会活
动的现状而承认规则,而司法机关的职责在于适用法律。
一旦立法机关制定了法律,司法机关应该表现出遵从,而不
是以自己的判断独立立法或者推翻法律,否则司法机关就
篡夺了立法权,这就是一种司法暴政的行为。以博克为首

[64] Antonin Scalia, Originalism: The Lesser Evil, *University of Cincinnati Law Review*, 1989, Vol. 57, p. 863.

[65] Robert Bork, *The Tempting of America: The Political Seduction of the Law*, New York: Simon and Schuster Inc. , 1990, p. 167.

的原旨主义者认为,美国宪法第五修正案已经明确规定,宪法作为一种法律只能够通过正式的修宪程序才能够改变,因此任何违背形式上的正式程序的修宪做法已经超出了宪法授予法官的权力。

　　试图从结果论的角度为"活生生的宪法"辩护也受到了原旨主义论者的质疑。"活生生的宪法"的支持者最常援引的辩护理由就是"活生生的宪法"实践从结果意义上促进了美国宪法与进步的社会现实之间的协调,使得美国宪法对公民权利作出了最为积极的保护。然而,原旨主义论者指出,事实上,"活生生的宪法"所主张的一系列目的只是支持者们有意虚构或者歪曲的假象。斯卡利亚指出,从历史上看,尤其是在最近的 35 年当中,讲求变革的宪法反倒为行政机关、司法机关和立法机关的行为设置了许多约束。[66]宪法变革论者所提出的未来的计划非但没有为政府消除旧的障碍,反而会增加越来越多的障碍。[67] 斯卡利亚断言,"活生生的宪法"并没有促进社会的变革,反倒阻碍了社会

---

　　[66]　Antonin Scalia, Common-Law Courts in a Civil-Law System: The Role of United States Federal Courts in Interpreting the Constitution and Laws, in Amy Gutmann ed., *A Matter of Interpretation*, Princeton: Princeton University Press, 1997, p. 42.

　　[67]　Antonin Scalia, Common-Law Courts in a Civil-Law System: The Role of United States Federal Courts in Interpreting the Constitution and Laws, in Amy Gutmann ed., *A Matter of Interpretation*, Princeton: Princeton University Press, 1997, p. 42.

变革。作为斯卡利亚的主张的一个佐证,"罗伊诉韦德案"之后的社会影响最受学界批评。尽管该案的判决授予了因为不正常的、不情愿的情况下怀孕的妇女通过堕胎手段减少二次身心伤害的权利,但为此付出的代价,却是许多小生命被杀害,不管他们是否被称为法律上的人。不管怎么说,以"活生生的宪法"为标志的能动司法所产生的后果,好坏依旧是难以评估的,在一些人看来可能是好的结果,在其他人眼中或许就是不好的结果。[68]

(三)"活生生的宪法"导致了错误的二分法

另一种批评思路不是从批判的角度出发的,而是从如何调和原旨主义与"活生生的宪法"出发的。一些原旨主义论者注意到"活生生的宪法"批评原旨主义解释方法过于僵化,他们认为,原旨主义并不是僵化的。有一些原旨主义论者指出,制宪者为了能够让宪法文本在未来一段较长的时间内都能够适用,不得不将宪法条文规定得较为原则、抽象。他们打从一开始就希望后代人来发展宪法,因此是变动了的社会适应宪法,而不是宪法去适应变动的社会。在"宪法将永久持续"的意义上,原旨主义可以包容"活生生的宪法"的观念。但这样一来,再提出"活生生的宪法"显然就

---

〔68〕 〔美〕克里斯托弗·沃尔夫:《司法能动主义——自由的保障还是安全的威胁?》(修订版),黄金荣译,141～142 页,北京,中国政法大学出版社,2004。

是画蛇添足了。伯克认为,"活生生的宪法"这一比喻方式可能会使人们误以为除此之外的理论都是"死气沉沉的宪法",他认为,这一比喻方式本身就是不恰当的。伯克认为:"原初理解的哲学并不会产生严格的宪法或者机械法理学。相反,它通过保持宪法文件的相关性和完整性,控制了宪法原则的成长过程。"[69]伯克进一步指出,在原初的理解当中,也包括对某些抽象的原则的理解,这些原则并不是僵化的,随着时代的发展,这些原则的理解确实会相应地发生改变,但是,这一改变并没有背离原初理解。"当广为人知的原则被详加阐释的时候,原则的演变就是不可避免的。"[70]换句话说,伯克认为,原旨主义的解释方法与"活生生的宪法"并非是对立面,原旨主义并不等同于僵死的法理学。

原本站在"活生生的宪法"一边的杰克·巴尔金(Jack Balkin)也发现原旨主义和"活生生的宪法"是一对错误的二分法。由于深刻意识到宪法解释不可能彻底放弃原旨主义所提倡的部分解释方法,他提出了"框架原旨主义"(framework originalism)的概念,试图调和传统原旨主义与"活生生的宪法"的分歧。他认为,在原初意义与"活生生的宪法"主义之间进行选择是错误的,因为对文本的忠实所指

---

〔69〕 Robert Bork, *The Tempting of America: The Political Seduction of the Law*, New York: Simon and Schuster Inc. , 1990, p. 167.

〔70〕 Robert Bork, *The Tempting of America: The Political Seduction of the Law*, New York: Simon and Schuster Inc. , 1990, p. 167.

的并不是忠实于原本所打算的具体适用方式。巴尔金认为,宪法解释所要求的是忠实于"宪法的原初含义以及隐含在文本之中的诸原则"。[71] 解释的目的就在于辨识原初的含义和隐含的原则,并决定要如何将它们最佳地适用到当下的语境中。正是在这个意义上,巴尔金将这种宪法解释的方法称为"文本与原则的方法"。巴尔金指出,这一解释方法忠实于宪法文本之原初含义,也忠实于那些通过这一宪法文本的人的目的,它与这样一个基本法也是一致的:这一基本法的范围和适用可以逐步演进,并且将理解宪法的言辞和原则的任务交托给每一代人。虽然如果没有之后的修正案的话,宪法文本和原则并不会改变,但是它们的适用和实施却是可以改变的。这是理解为什么我们的宪法传统在实践中具有解释性,以及改变我们对宪法保障的理解的许多政治和社会运动的成果之最佳方式。[72] 巴尔金所理解的原旨主义体现了对文本和原则的重视,在此理解之下,可以包容"活生生的宪法"所要求的宪法解释的灵活性,因此宪法解释理论也便没有了"活生生的宪法"的立足之地。

---

[71] Jack Balkin, Abortion and Original Meaning, *Constitutional Commentary*, 2007, Vol. 24, p. 295.

[72] Jack Balkin, Abortion and Original Meaning, *Constitutional Commentary*, 2007, Vol. 24, p. 293.

五、"活生生的宪法"论评析

(一)"活生生的宪法"论的积极意义

原旨主义与"活生生的宪法"是美国宪法学界在 20 世纪 80 年代以来最激烈的争议,甚至连斯卡利亚大法官也不得不承认"宪法解释的严重分歧不在制宪者的意图与客观意义,而在原初意义(不管是不是来自于制宪者的意图)和当下意义"。[73] 虽然这两种解释理论都无法给予对方致命一击,但这场争论能够持续这么长时间,本身就已经说明了两种解释理论各自的合理成分。对于其中的合理成分予以揭示,是对宪法解释理论进行批判的首要步骤。

尽管"活生生的宪法"并没有提出完整意义上的宪法解释理论,但"活生生的宪法"最重要的贡献就在于揭露了宪法的灵活解释对于公民权利保护的重要性。在第二次世界大战之后,对于公民权利的保护几乎已经成为世界各个国家宪法条文的金科玉律。不管是否承认,宪法已经成为公民权利的保证书。而这种认识对于美国来说,又有着十分特别的意义。经历过北美独立战争、美国内战、公民权利运

---

[73] Antonin Scalia, Common-Law Courts in A Civil-Law System: The Role of United States Federal Courts in Interpreting the Constitution and Laws, in Amy Gutmann ed., *A Matter of Interpretation*, Princeton: Princeton University Press, 1997, p. 38.

动,"我们人民"对于美国宪法内涵的一次又一次的重新理解反过来也建构了"我们人民"本身的政治性内涵。除了延续北美独立以来对于美国宪法的至高崇尚之外,美国人民的文化经验中,也有着对美国宪法的不足之处的肯认。这一经验认识直接来源于反联邦党人托马斯·杰斐逊。托马斯·杰斐逊曾经指出,美国宪法本身并不是一个完美无缺的制度,在遇到无法解决的宪法争议时,应该时时将这些问题提交给美国公民来解决。尽管麦迪逊等人在《联邦党人文集》第 49 篇和第 50 篇中已经指出了杰斐逊所设计的公民论坛可能产生的危险,但是不管是杰斐逊还是麦迪逊,事实上都同意人民主权对于宪法制度的重要性。这种公民共同体的经验,在经历了数世纪的社会运动之后不断发酵,并在公民权利保护方面形成了一种共识性的理解,那就是美国宪法是保障公民权利的基本法。不管原旨主义论者如何批评"活生生的宪法"脱离了原初的宪法设计,但不可否认的是,在人权保护问题上,原旨主义并没有"活生生的宪法"那般有人情味。这也是为什么"斯科特案"以及"布朗诉教育委员会案"会让传统原旨主义论者感觉棘手。

"活生生的宪法"观念表现了变动社会的制度需要。不可否认的是,从宏观历史的角度来看,如今的美国与 1787 年美国宪法制定之初的社会、经济和政治状况已经有了根本上的差异。今天美国社会在公共论坛中讨论当代问题的词汇虽然有很多是直接来源于建国初期(比如联邦党人与反联邦党人对于州权、联邦权力、贸易管理权、叛国罪等等),但与当时建国者所经历的一切已经发生了根本上的差别。如今的美国对于联邦与州之间的关系已经有了不同于建国者的理解。这些概念变迁的背后,反映的恰恰是美国宪法意义的变迁。也许在美国宪法变革的道路上,也有不少错误的裁判,但是在经历了长期的论辩之后,这些经验和教训逐渐沉淀下来,成为当代美国的常识。"活生生的宪法"观念证明了这种变迁的存在,并且在社会经济政治发生剧烈变动的情况下,也为这种变迁背书。美国法院在这种变化的浪潮之前,也无法抽身,从而保持绝对的客观中立。因为,美国法院自始至终都身处这一浪潮之中,它就是其中最为夺目的浪花。法院在今天所做的判决,将不可避免地对未来的多数人的行为模式和价值选择产生重大影响,并进而影响整个美国社会的价值。相比较原旨主义的解释方法,"活生生的宪法"对于社会的变化以及法官主观性抱持着一种更为坦诚的态度。

(二)"活生生的宪法"论的局限

　　无论"活生生的宪法"在直观上具有多大的吸引力,这一宪法解释理论同样不是圆融自洽的。原旨主义和"活生生的宪法"如果并排放在我们面前,我们大多数人都可能会对后者趋之若鹜,因为我们没有人想成为一个固守"传统"的人。而问题恰恰就在于,这种非此即彼的区分方式是否正确。正如前文我们已经指出的,一些学者已经指出,原旨主义和"活生生的宪法"其实是一对错误的二分法,因为原旨主义不意味着死气沉沉的宪法,而"活生生的宪法"的实现方式也未必就要完全脱离原旨主义。当然,双方的论辩大可以视为是从"基础主义"的一面向"实用主义"的一面过渡的表现,但是,如果原旨主义和"活生生的宪法"之间能够有交融的可能,那么这两种解释理论之间的实质差异也就不存在了。而这种相互之间的接受,也就意味着相互之间的让步。对于"活生生的宪法"来说,就是要承认宪法文本中存在一些不能"灵活解释"的东西。一旦我们注意到这一点,我们很快就会发觉"活生生的宪法"的缺陷所在——它不能解释美国宪法为什么会有一些"固定不变"的宪法条文。最为典型的条文,莫过于美国宪法对于总统、参议院等政府部门人员组成的规定,这些条文是不可能"灵活解释"的。其次,对于宪法明文列举的权力(利),也不可能动用"活生生的宪法"这一利器。

也许上述批评对于"活生生的宪法"而言未必就是致命的,真正让"活生生的宪法"的支持者如履薄冰的地方在于,这个学派本身没有提出一种内在统一的宪法解释理论,甚至它也无法对宪法文本、目的和意图等在解释过程中的作用提供一种具有可操作性、相对明确的解释理论。如此一来,"活生生的宪法"就很难让追求确定性的学者满意。正如规范宪法学的支持者林来梵先生一针见血地指出的:"社会学法学的实证方法可能为宪法学的发展带来巨大的活力,这一点已为现代外国宪法学的理论状况所验证,为此其意义无须赘言。尤其像美国这样的国家,其宪法文本的原典既简约又古老,为此一方面为了维护宪法的安定性;另一方面又使之能够适应那些变化、发展了的时代情形,就必须不断地从社会生活的客观现实中去'发现'宪法规范的意义,而普通法传统中所拥有的那种宪法判例制度也恰好为此动态的规范内涵提供了承担的载体,所以社会学法学的方法之在美国勃兴,并盛行于其宪法理论和实践之中,并非纯属偶然。然而无可否认,这种方法往往不够充分重视那种业已生成的、实在的或静态的宪法规范的实效意义,如对其加以生搬硬套地、不加分析地滥用,也有可能导致宪法学作为规范科学的'自我迷失',故而不应囫囵吞枣,而须有所戒备。"[74]诞生自法律社会学的"活生生的宪法",同样面临着类似的问题,特别是由于受到实用主义哲学的影响,对确定无疑的科学方法表示强烈质疑,"活生生的宪法"更是无法提出一种相对融洽的解释方式,甚至"活生生的宪法"本身是否能够被称为"宪法理论"都是可以质疑的。

　　以斯特劳斯、盖多·卡拉布雷西等人提倡的"普通法解释方法"虽然在一定程度上弥补了方法论缺陷,但是普通法

---

　　〔74〕　林来梵:《从宪法规范到规范宪法:规范宪法学的一种前言》,47页,北京,法律出版社,2001。

的运作机制是否就如两位学者而言,也是值得商榷的。普通法的解释方法虽然强调政策与社会价值的考量,但政策和社会价值在普通法运作过程中究竟起到多大的作用尚未可知。一些研究普通法的学者认为,普通法本身强调遵循先例,从先例的系列中爬梳出一条能够适用于当下案件事实的原则。相应的,在这种进路下,普通法首重对过去的理解、过去的原则的遵从,而不是对当下问题以及未来流向的考量。正如一位学者指出的:"此种从头开始每每为新的推理模式,是相当不现实的。即使富有同情心的法官也没有时间或心智对每一案例予以重新考虑。从推理的维度上说,宪法原则不仅仅永远是首要原则和特定结果之间的桥梁,而且事实上,在纵然不存在逻辑上必要性的情况下,它也在特定的判决和此前的判决之间提供了某种连贯性。对于先例的尊重造就了宪法原则中的连贯性。此种连贯性赋予了最高法院判决以规则性与可预测性,他们必须使法院权力的行使的确是,而且看上去是合法且可接受的。"[75]如何保持这种融贯性,以及这种融贯性的最终结果是否要求弯曲之前的原则以适应更为宏大的社会政策,自然是需要法官内心予以判断的,而这种判断的结果却未必就是"活生生的宪法"的结果。"普通法的现实世界"并不是一个严格

---

〔75〕 〔美〕查尔斯·弗瑞德:《何谓法律:美国最高法院中的宪法》,胡敏洁、苏苗罕、李筠译,6页,北京,北京大学出版社,2008。

遵守规则一致性命题和社会一致性命题的世界,除此之外,法院还需要考虑第三个标准,即"规则的稳定性"。[76]

最后,"活生生的宪法"在术语上有意模糊了整个美国宪法变迁的全貌,因而是一个不恰当的比喻。宪法解释从来就不是一个单线进化的过程,其中充满了巡回往复与分歧激辩。诚如波斯纳所言,"美国最高法院的历史是一个循环的历史而不是进步的历史,是一个革新与紧缩并列、自由主义的进攻和保守主义的防御并重的循环过程。"[77]以达尔文的进化论口吻将宪法比作一种自生自发、随着环境而优胜劣汰的有机体,并不是一个妥当的类比。斯科特·多森(Scott Dodson)就指出,事实上美国宪法的变革并不是通过生物学中所谓的"自然选择"实现的,而是人为的选择与明智的设计,有的时候甚至是一种"机会主义"的改变。以第十四修正案的平等保护条款为例,这一条文原本只是为了反对种族歧视,并没有想到要扩张适用于对妇女平等权的保护,而且好几年来一直都是这样的,一直到民权运动爆发之后,很多人才开始呼吁保护妇女免于歧视,而第十四修正案的用语刚好又足够宽泛,恰好能够给支持者提供宪

---

〔76〕 〔美〕迈尔文·艾隆·艾森伯格:《普通法的本质》,张曙光等译,66页,北京,法律出版社,2004。

〔77〕 Richard A. Posner, Past-Dependency, Pragmatism, and Critique of History in Adjudication and Legal Scholarship, *Chicago Law Review*, 2000, Vol. 67, p. 590.

法法理上的依据。[78]

（三）何去何从："活生生的宪法"论的自我限缩

无论如何，我们都很难找到一种放之四海而皆准的理论来准确地描述法院应该或者实际上如何解释宪法，同样的，我们也无法轻易否定任何一种解释理论。原旨主义与"活生生的宪法"所代表的"非原旨主义"之间的争论虽如针尖对麦芒，但双方都有真理的成分。正如伊利指出的，"坚持这种非此即彼的论辩手法，对于论辩的任何一方来说，都是有好处的。因为，一方只要指出仅有的另一种选择如何具有不可接受性，就能为自己的论辩加分。倘若论辩如此进行的话，那是件非常容易的事情——双方都可以轻易地指陈对方观点的缺陷，并且所提出的理由也会大同小异。"[79]在原旨主义和"活生生的宪法"的论争中，我们再一次地意识到昔日庞德在《法律史解释》开篇所说过的话："法律必须保持稳定，但法律又不能静止不动。任何一种法律理论都要在二者之间取得恰当的平衡。"[80]当然，这一"恰

---

〔78〕 Scott Dodson, A Darwinist View of the Living Constitution, *Vanderbilt Law Review*, 2008, Vol. 61.

〔79〕 ［美］约翰·哈特·伊利：《民主与不信任——司法审查的一个理论》，张卓明译，1页，北京，法律出版社，2011。

〔80〕 ［美］罗斯科·庞德：《法律史解释》，邓正来译，2页，北京，中国法制出版社，2002。

当的平衡"应该止于何处,恐怕很难量化处理。

　　一旦我们接受上述平衡的论断,那么"活生生的宪法"本身就需要一种自我限缩。对于"活生生的宪法"的支持者,必须要注意到一个客观事实:美国宪法解释同样存在原旨主义的裁判方式,过分坚持"非原旨主义"的规范性解释将无法在描述性意义上解释宪法解释中基于原初意义的论辩。这也就意味着,"活生生的宪法"的支持者无法避免承认美国宪法中存在着一些无法灵活解释的条文。进而,他们就有必要讨论为什么这些条文无法灵活解释。笔者认为,一种可以采用的辩护策略就是,之所以不对这些条文进行灵活解释,是为了防止这些权利"退化"。也就是说,在美国宪法的原初设计中,如果对公民的权利有明示性的规定,或者宪法本身对于政府结构、法律程序等的规定本身是为了保护公民的权利,那么宪法条文就不宜更新解释而要坚持原意解释方法,以免侵犯公民的权利。进言之,"活生生的宪法"的正当性依据,应该首要放在对公民权利的保护上。"超越解释的立法"并不是法院第一步要采取的步骤。如果说原意解释方法尚不足以有效保护公民权利,或者说适用原意解释方法将产生"更大的不正义"或者难以接受的结果,此时"活生生的宪法"才能够进入宪法解释当中。在这种情况下,法官可以对宪法条文进行创造性的解释,但是法官必须要重视整体融贯性,即法官的解释不能够超出宪法条文的意义射程,在相对概括的层面上能够与文本、历史、先例等形成相对可以接受的融贯性。宪法宽泛的文本、概括的语言和松散的结构,决定了往往会有多种同等合理的宪法解读方式,而法官的选择往往是对特定法律语词赋予此意义或彼意义的各种理由进行衡量的过程。

第三章
动态解释理论

20世纪30年代,在美国联邦最高
法院屈服于罗斯福政府的政治压力之
后,美国终于如愿以偿走向新政改革。
在此阶段,奉"立法原意"(original
meanings)为圭臬成为一种"政治正确"
的解释方法,即"原旨主义解释"
(originalism)。受此影响,整个20世纪
的美国法律解释理论都在激烈地论辩哪
些证据最能够说明立法原意。[1] 新政
"驯服"了法院,并在普通法体系之外缔

---

[1] William N. Eskridge, *Dynamic Statutory Interpretation*,
Cambridge:Harvard University Press, 1994, p.13.

造了与之分庭抗礼的制定法体系,但不久后就遭遇了"制定法卡喉"困境:制定法与整个美国法律图景不相契合并缺乏支持,而坚持原意解释的法官对此却无能为力。[2] 在此背景下,坚持立法原意这一传统范式自然招致了学术界的广泛批评,而埃斯科里奇教授提出的法律解释的动态理论,则堪称是对原意解释最全面的、最持续的抨击。[3] 动态法律解释理论的基本主张是:法官势必要因应社会环境的改变而动态地解释法律,立法原意并非权威依据。这一理论被誉为"为讨论解释创造了一个新词汇,而这个词汇反过来又建构了这个领域本身"。[4]

虽然说动态法律解释理论的支持者很少介入宪法学的讨论当中,但产生于 20 世纪 80 年代末期的动态法律解释理论,首先是在对"原旨主义"的批判和"非原旨主义"的共鸣当中诞生的。虽然动态法律解释理论的提出者埃斯克里奇的本意是在宪法和普通法领域之外,缔造一个能够与之三足鼎立的"制定法"(statue)解释领域,但不容否认的是,动态解释理论本身也吸收了法律社会学、实用主义法学、批

---

〔2〕 [美]盖多·卡拉布雷西:《制定法时代的普通法》,周林刚、翟志勇、张世泰译,11 页,北京,北京大学出版社,2006。

〔3〕 M B. W. Sinclair, Legislative Intent: Fact or Fabrication?, *New York Law School Law Review*, Vol. 41, 1997, p. 1333.

〔4〕 Adrian Vermule, Dynamic Statutory Interpretation and the Institutional Turn, in *Issues in Legal Scholarship*, Issues 3: Dynamic Statutory Interpretation, 2002, Article 3, p. 1.

判法学、以公共选择学派为主的实证政治科学。而这些知识储备与前述"活生生的宪法"论均有类似之处,但又比"活生生的宪法"要更为严谨。从现代美国宪法研究的潮流来看,动态法律解释理论似乎也为宪法解释开辟了一个全新的领域,因为如果制定法都可以"动态解释",那么宪法不能动态解释似乎是说不通的。继而,我们不妨将动态法律解释看成从制定法解释到宪法解释的一种"回归"并以之检讨宪法解释。[5]

一、动态法律解释的理论起源

动态法律解释理论是在与原旨主义的直接对抗之中产生的。相比较宪法解释,美国的制定法解释更为坚定地遵从原旨主义解释方法。在一些学者看来,制定法解释是"由一些永恒不变的规则组成的",[6]这些"永恒不变的规则"之一,就是要求解释制定法的法官是"政治部门的忠实代理

---

[5] 或者更准确地说,是宪法解释向制定法解释的回归。事实上,美国宪法一度就是被当作特殊的"制定法"。在美国建国初期,围绕是否需要制定一部成文的宪法,以和母国英国的不成文宪法区别开来,曾经有过一次讨论。最终,美国人民选择的是成文宪法,因为成文宪法能够以更为明确的用词将将人民不可剥夺的基本权利书写下来。继而,我们也就可以理解,为何早期美国宪法的解释实践会参考来自英国的"制定法解释规则"。

[6] William S. Blatt, The History of Statutory Interpretation: A Study in Form and Substance, *Cardozo Law Review*, Vol. 6, 1984, p. 799.

人",它们的角色只是"实施"决定,而不是"做出"决定。在动态法律解释看来,原旨主义解释方法不过是一种"考古学"罢了。

(一) 对意图论原旨主义的批判

作为原旨主义解释阵营的一个主流学派,意图论要求法官发现立法机关的"实际意图"(actual intent),并视其为解决法律解释问题的不二法门。立法意图决定法律解释的立场,实际预设了立法机关是由"以理性的方式追求理性的目标的理性人"(reasonable persons pursuing reasonable purposes reasonably)组成的。[7] 埃斯克里奇提出了三个批判意见:实际意图不可知,约定意图是事后赋予的,以及想象性重构的不确定性。

首先,立法者的实际意图是不可知的。立法者通常并没有对身为投票对象的法案中的多数问题持有具体的意图,而只有非常模糊的意图。他们之所以投票赞成立法,往往只是因为他们所属的政党或者利益团体赞成该立法。就算立法者真的有具体的意图,历史记录很可能并没有将之记录下来。多数国会成员从来就不会在记录当中说明为什么他们要搁置立法,而且他们之所以投票支持某项法案可

---

〔7〕 William N. Eskridge, *Dynamic Statutory Interpretation*, Cambridge: *Harvard University Press*, 1994, p. 26.

能是出于不为人知的原因,想从中推断出他们的实际意图
似乎是痴人说梦。由于偏好的不透明,立法成员的投票行
为并不能代表他们的实际偏好,更不可能告诉我们,他们对
该法案所提出的问题实际上抱有什么想法。即便立法者在
记录中对他们的意图有明确陈述,这些陈述也可能因策略
性行为(strategic behavior)而不可靠。有鉴于不可能对他
们进行"测谎",他们的真正意图最终还是会成为历史迷雾。
在不同的受众面前,立法者很可能会表里不一,而他们表述
的不一致的背后是动机驱动的,或为经济利益,或为政治利
益。如果说个体的意图已经很难说清,那么这些意图之加
总就不可能得出一个整体的意图。而且,由于政治制度的
设计(尤其是两院制和呈报总统批准制度),立法机关的
意图很可能与总统的意图并不一致,在这种情况下,试图
抽象出所谓的"立法者的实际意图"对法官来说是不堪重
负的。

　　或许有人会认为,既然实际意图不可测,那么我们不妨
约定以立法议案的提案人或法案报告委员会的正式陈述作
为识别立法意图的权威依据。这种辩护就涉及"约定的意
图"(conventional intent)问题。这种论辩的巧妙之处在于,
其假设如果每次法院在解释法律的时候都以某种特定的权
威为标准,那么立法机关在制定法律的时候就会有意识地
对这种制度安排作出反应。在意图不明确的情况下,这种
方法确实提供了相对明确的指引。比如有人主张,我们在

解释时可以从相关权威人士的陈述推出实际意图,因为立法者作为代议士必须要对自己的公开陈述承担责任,他们也有义务对错误的陈述做出回应或纠正。在埃斯克里奇看来,这种论辩最起码存在三个致命弱点。第一是通过这种制度安排所得出的所谓"约定的意图"本质上是事后赋予的,因而是反事实的。如果认真考察的话,约定意图很可能不同于实际意图,那么如何避免法官用约定的意图来"走私"自己的价值性判断?第二是约定意图并没有正面回应立法过程中的投票策略和集体意图的加总难题。约定意图论者只是想要回避这个问题,假装在立法过程中不存在立法者的策略性投票、廉价谈话等公共选择学派所提出的问题,而这种鸵鸟政策势必不能让人满意。通过约定意图所创设的始终是一个看上去很美的神话,但这种神话却是建立在公民对立法过程的无知和学者有意构筑的光圈之中的。第三而且也是最重要的弱点是,没有证据表明立法者被告知了约定意图规则,即只有提案者所说的话才对国会具有法律约束力,也没有证据表明他们愿意接受这一默认规则。

　　当相关法律问题不在立法者的考虑范围之内时,坚持"实际意图"或"默认意图"就显得自欺欺人。有的意图论者诉诸"想象性重构",认为法官应当假定自己身处立法者的地位,在面对当下的问题会做出何种判断。[8] 一些学者甚至建议想象性重构可以从选择一个关键性的人物入手,因为他们实际参与了立法过程,并且对他们的历史考察能够更有效率地启蒙当下。但想象性重构与其说是重构,倒不如说是想象。因为它本质上是"反事实"的推理过程。立法者本人不仅仅可能持有相反的观点,甚至也许他们根本就没有考虑过这个问题,或者即便他们考虑过这个问题,也觉得这个问题不重要而对之采取冷漠的态度。立法者个人的实际意图或者可能的意图很可能是多样的,想象性重构的方法本身并不足以让法官得出准确的答案,更不可能避免裁判过程中可能产生的分歧。而当我们将想象性重构的起点放在寻找到权威的立法者时,这种做法看上去好像让解释这根鱼竿有了厚重的鱼漂,但并没有对"鱼钩"本身的选择作出任何规定,解释者选择不同的权威立法者很可能会得出不同的答案,就好像鱼钩的大小决定了渔夫能够钓上

――――――――――

〔8〕 "想象性重构"是波斯纳曾经持有的观点,Richard A. Posner, Statutory Interpretation—in the Classroom and in the Courtroom, *The University of Chicago Law Review*,1983,Vol.50,p.817。在这篇文章中,波斯纳明确提出,最好的解释法律的方法应该是"想象性重构"。在诠释学的历史发展阶段中,也有一些学者注意到了读者和作者的疏离,并认为诠释学应该是像作者一样解读文本。例如,据帕尔默介绍,沃尔夫认为诠释学的目的是"理解作者书面的或口头的思想,一如作者对它们所理解的一样",施莱尔马赫则认为,"理解作为一门艺术是对文本作者之心灵过程的重新体验"。参见[美]理查德·E.帕尔默:《诠释学》,潘德荣译,109、115 页,北京,商务印书馆,2012。

多大的鱼。

（二）对目的论原旨主义的批判

第二种版本的原旨主义是追问立法目标或者立法目的。按照布莱克斯通的理解，目的论要求法官思考为什么要制定这一法律，以及制定这一法律要实现什么样的目标。[9] 在美国法律过程学派亨利·哈特（Henry Hart）以及阿尔伯特·萨克斯（Albert Sacks）看来，法律的模糊问题并非不可解决难题，法官可以首先辨认制定法的目的（purpose）或者目标（objective），然后再判断哪一种解释与该目的或者目标（goal）最相一致。[10] 在法律过程学派的学者看来，法律是相互依存的人类得以互相合作的方式，因此法律的解释必须要依据立法目的来解释。目的论解释方法相比意图论要更为灵活，因为相对宽泛的目的论能够容纳更为宽松的解释。不过，目的论其实是事后赋予的，而且目的论也无法回避不确定性。

目的论解释的背后同样预设了理性立法者的形象，当法官援引目的论进路时，他们通常宣称立法者对法律旨在实现的特定后果具有明显的判断能力。但是，在现代公共

〔9〕［英］威廉·布莱克斯通:《英国法释义》（第一卷），游云庭、缪苗译，72～73 页，上海，上海人民出版社，2006。

〔10〕［英］同上。

选择学派对立法过程的观点看来,这一假定却是无足轻重的或者说错误的。这是因为,理性立法者也可能会做出非理性的决策。因为,在立法过程中,立法者自己除了高尚的政策目标之外,也有自己的利益考量,比如连任或者好名声。立法过程中的"寻租效应",会导致立法被利益集团"俘获"。另外,就算立法者努力追求公共目的,政治过程也几乎总是带有复杂的一堆目的,这些目的没有一个是可以不顾任何代价一定要达成的,所有这些目的都会做出妥协,从这种一连串的妥协和放弃的过程中诞生的制定法可能充斥着复杂的妥协,这些妥协很难轻易地提炼为一个最重要的公共目的。因此,当法官试图从纷乱复杂的政治过程中抽象出一个相对统一的"目的"时,法官最终得到的结果很可能并不是立法者原本的真实目的,而是法官站在当下的社会、文化、经济背景下"自我理解"后所得到的人造物。因此,所谓的立法目的是法官"赋予"法律的,而不是法官从法律当中"发现"的。

　　在疑难案件的司法裁判中,目的论往往也无助于得出确定的结果。实际目的、约定的目的等目的论解释通常是不确定的,因为没有中立的方式可以供法官选择一个明确的立法目的。即便我们能够假定"存在"统一的立法目的,我们也无法断定存在的是唯一的一个立法目的。立法者在制定法律的过程中经常希望实现不同的目的,立法语言越是宽泛,目的的多元就越是常见。因此,选择何种目的作为解释的判准,决定了法官所能得出的结论。正是在这种多元目的的框架中,目的论解释往往会遇到与意图论解释相同的难题。更为严重的问题是,我们有的时候很难准确地区分"目的"与"适用",即法律的目的及其在具体语境中的应用。由此所招致的难题就是,不同概括程度的适用往往会被当作目的,由此引发的解释性争议看上去似乎是"理论性的争议",但实际上不过是"经验性的争议"。例如,美国宪法第一修正案规定"国会不得立法限制言论自由",假如A认为宪法第一修正案的目的是保证政治言论自由在"公民论坛"得以顺利实施,禁止"焚烧国旗"是否构成违宪,可以有两种同样合理的"适用上"的解释:(1)焚烧国旗是一种行为,而不是一种言论,因此不在第一修正案的调整范围内;(2)焚烧国旗虽然是一种行为,但它表达了公民的政治意见,因此属于第一修正案的调整范围。我们可以很清楚地看到,一个具有弹性的目的论解释方法可以兼容两种彼此相互矛盾的解释结论。目的论解释方法寄希望于立法目的能够对解释问题提供明确的答案,并且排除了对语境因素的考量。但事实是,"法律的目的是什么"只有在具体案件的观照之下才有意义。因此,法律目的的内容也会随着语境的变化而发生微妙的变化,而这些变化将导致目的论解释向动态的法律解释靠拢。

（三）对文本论原旨主义的批判

　　文本论原旨主义即所谓的"新文本主义"解释方法。[11]这种解释理论否认目的论原旨主义和意图论原旨主义，并主张解释的起点和终点都应该是法律文本。文本主义诉诸法治理念，认为公民应当能够阅读法条书，并且知悉他们的权利和义务。但在动态法律解释理论看来，"和意图论及目的论一样，新文本主义无法严丝合缝地代表多数偏好，在疑难案件中无法产生确定的答案，也无法有效地约束解释者，更没有准确地描述行政机关和法院实际上是如何解释制定法的"。[12]

　　首先，文本论认为文本是揭示立法偏好的最佳证据，因为一项制定法的实际用语是经过立法机关每一个议院的立法者多数投票通过的，制定法的文本与多数偏好有着最紧密的联系。同时，呈交给总统批准的并不是立法机关的意图或者立法的目的，而是法律文本本身。然而，由于多数循环（即投票悖论）的存在，是否存在单一的立法偏好以及这一偏好是否集中表现为文本却是值得质疑的。一种可能是法律文本或许并不是立法多数偏好的体现，换言之，制定法

　　[11]　William Eskridge, New Textulism, *UCLA Law Review*, 1989, Vol. 37.

　　[12]　William N. Eskridge, *Dynamic Statutory Interpretation*, Cambridge: Harvard University Press, 1994, p. 34.

的文本与多数偏好之间并不存在必然的关系。多数循环理论对法律解释的寓意就在于，基于文本的解释很难和多数偏好联系起来，因为立法机关可能存在几个同样合理的偏好，而这些偏好都能够通过多数投票规则的检验。

其次，文本的含义具有不确定性。以"显明含义"（plain meaning）为例，作为最简单的文本主义版本，"显明含义"要求根据语词的普遍含义以及人们接受的语法观或句法观，来判断法律条文对具有理性的人而言表达了什么意义。[13]但是，在疑难案件中，所谓的显明含义根本就不可能存在，法律词义的模糊性是很难根除的。而且，法律用语的词义依赖于语境，脱离语境理解法律用语也是不可能的。正如拉伦茨所言："一般语言富有弹性，饱含细微的差别，并且具有适应性。这些特质是优点也是缺点。它们造成的结果是：仅由语言用法本身不能获得清晰的字义。反之，它会有或多或少的意义可能性及意义变化可能性，因此，必须依据言说的脉络、其处理的事物本身或相关的情境，才能决定所指究竟为何。"[14]文本解释方法不可能单纯以现象学上的"只是去看"的方法就能够进行下去，解释者必须要综合考虑各种证成性的标准。

---

[13]   William N. Eskridge, *Dynamic Statutory Interpretation*, Cambridge: Harvard University Press, 1994, p. 38.

[14]   [德]卡尔·拉伦茨：《法学方法论》，陈爱娥译，201 页，北京，商务印书馆，2005。

综合上述分析,埃斯克里奇认为,出于实践的和理论的原因,文本主义作为解释制定法的一个基本的、具有约束力的方法论可以说是失败的。意图主义和目的主义也是如此。现实中的法律解释是一个综合判断的过程。[15] 埃斯克里奇对于原旨主义的批判将宪法解释领域内围绕原旨主义的争论扩展到了制定法解释领域,反过来又与宪法领域的争论遥相呼应。与主流学术批判不同的是,埃斯克里奇主要运用的是时兴的公共选择学派的理论工具,而不是特别关注原旨主义的民主正当性等宏大的理论问题,这种批判的方式也为摆脱纯粹的理论之争开辟了一种新的政治学分析视野。

二、动态解释:一种更为纤细的"活法论"

动态法律解释理论主张,不管是从实用主义、哲学解释学还是实证政治学角度考察,法律解释必然是一个进化的、动态的过程。相比较"活生生的宪法",动态法律解释所运用的理论依据更为复杂,堪称更为纤细的"活法论"。动态法律解释理论必须要完成两个重要任务:一个是说明性的;另一个是证成性的。前者必须要对那种事实上不存在动态

---

〔15〕 William N. Eskridge, *Dynamic Statutory Interpretation*, Cambridge:Harvard University Press, 1994, p. 47.

解释的观点报以怀疑态度;后者要对动态解释在规范上不
合理的观点报以怀疑态度。前一种观点前文已经论及,此
处主要讨论的是动态解释理论的自我证成。

(一) 基于实用主义的动态解释观

实用主义认为,并不存在所谓的与实在相符合的真理,
所谓的真理不过是主体借由经验确认后形成的信念。实用
主义不关注第一件事,原则、范畴、假定的必要性等形而上
学的东西,而倾向于看最后的事物、成果、结论和事实。[16]
它主张对真理的检验必须通过工具主义的后果考量,看真
理的结果是否符合目的。因为人类经验是有限的,只能够
获得部分的真理,而真理的持续检验必须依赖未来不断完
善的经验。实用主义是面向未来的,正如罗蒂所言:"实用
主义的有限感要求我们仅仅去思考:存在着我们当前的工
具不适用的某些计划,并希望就这一方面而言,未来将比现
在更出色。"[17]因此,对于实用主义来说最为关键的概念
"真理"就是长期以来的社会经验所证实的信念,就是霍姆
斯所说的"思想的自由市场":"当人们认识到,时间颠覆了
众多值得为之斗争的信念,他们就可能会相信,甚至比他们

---

〔16〕 [美]约翰·杜威等:《实用主义》,田永胜等译,63 页,北京,世界知
识出版社,2007。

〔17〕 [美]理查德·罗蒂:《后形而上学希望——新实用主义社会、政治
和法律哲学》,张国清译,32 页,上海,上海译文出版社,2003。

相信自己的行为的正当性还要确信,我们所追求的至善,
唯有通过思想的自由交流才能更好地实现——检验真理
的最好办法就是在市场竞争中,凭借思想自身的力量去
赢得听众……这是一场实验,就如同人生是一场实验一
样……"[18]

动态法律解释理论在法律领域引入了实用主义的基本
观点,认为在将法律条文适用于某一个具体的问题之前,抽
象的"法律的意义"是不存在的;只有在具体语境下适用法
律的时候,才有所谓的法律的意义。而每一次的适用都是
运用实践推理的过程。相应地,司法者得出不同于立法者
的解释结果完全是正当的。因为立法者在制定法律的时
候,依据的是他们生活其下的社会文化;但一旦环境发生改
变(这往往也是法律影响的结果),法律原本的功能也可能
会发生改变,此时,解释者就必须要考虑新的环境,以求更
好地实现法律的目的。这样做的结果通常就是动态的法律
解释。一个比较明显的例子,就是 1952 年《移民和国籍法》
中禁止罹患"精神病人格"的人进入美国的解读。一开始国
会和公共卫生局拒绝让"同性恋"入境,其理由就是当时的
医学界将同性恋这类性取向偏差看成是精神病。到 20 世
纪 60 年代,由于经验研究没能在精神病和同性恋之间找到
明显的相关关系,第九巡回法院于是试图限制"精神病人

---

[18] Abrams v. United States, 250 U. S. 616(1919).

格"的解释，后来第二巡回法院和最高法院的法官所提出的异议意见也拒绝将同性恋看成是精神病。

埃斯克里奇和佛雷克雷两人认为法律解释是一个实践推理的过程，进而他们提出了一种漏斗型的抽象思维结构（见下图）。他们从实用主义的知识论中汲取了理论原料。实用主义认为，我们的知识框架并非是专一的而是由一个"信念之网"组成的，其相互交织但却是不同的理解和价值观。实用主义的思考方式表明，人类的决策是多中心的、螺旋形的、归纳式的，而非一维的、线性的、演绎式的。在做出某个具体决定之前，人们会去考虑不同的价值观，并在遇到的具体问题当中去权衡各种价值观的强度。

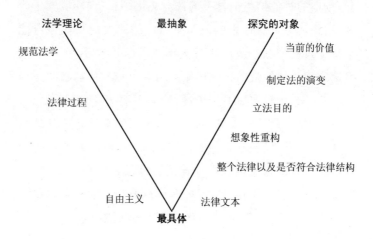

动态法律解释理论指出，解释者会在这个漏斗当中上

下移动,考虑各种考量的强度,在其他标准的参照下重新考虑每一个标准,在较为常规的标准之下相互权衡。解释者并不是孤立地看待法律文本的,而是在与立法史、法律实践和先例、当下的规范和价值相联系的语境当中解读法律的。因此,一个明确的文本,即便其平白意义是不合理的,而且明显立法机关并未预见到,还是可能被解释为与其立法史或其目的或当下价值相一致。相反,一个文本,即便没有导致不合理的结果,也可能会被废除,仅仅因为它与某些立法史相矛盾,因为法律文本,作为最具体的因素,一般认为更重要。[19] 解释者并不是在真空中解释法律的,各种解释准则构成了对他的解释行为的限制。当解释者试图超越这些准则从而做出不同的解释时,他必须承担相应的论证成本。

由此可见,试图从一个单一标准出发讨论法律的"真意",最终是没有意义的。司法裁判是在某种不确定之下展开的,但是从司法裁判作为实践推理的本质来看,又有着相对确定性。这既证明了动态的法律解释,又限制了动态法律解释。

(二) 基于哲学解释学的动态解释观

哲学解释学起源于主体间性的断裂,即解释者所熟悉

---

〔19〕　William N. Eskridge, *Dynamic Statutory Interpretation*, Cambridge: Harvard University Press, 1994, pp. 51. 53. 56.

的并且置身于其中的世界,以及遥远的陌生的世界。进言之,哲学解释学重点考虑的并不是方法论,而是本体论。它强调理解不是重建,而是调和三个概念的过程:一是当下读者与历史作者的"视域"不同;二是当下读者、历史作者以及文本本身的"视域融合";三是"诠释学循环"。从哲学解释学理论出发,动态解释理论展示了第二个导致法律解释走向动态化的结构性因素。

　　每一个解释者在解释文本的时候都会带入他自己的观点、思维框架和视域。由于当下读者和历史作者的视域无法完全重合,导致当下读者对文本的理解与历史作者发生差异。解释者的视域不是一成不变的,随着时间的流逝,同一个解释者也许会从原来的文本当中解读出新的东西。并且,解释者的视域在一定程度上受制于他所处的世界或语境,后者本身又是变动不居的,因此,处于不同时间点的同一解释者,会有前后不同的理解。在哲学解释学的"视域概念"下,法官的主体性得到了解放,而立法者的地位则受到压制。

　　当然,尽管解释者的"视域"或"前理解"会影响其解释,但是解释者并不是纯粹主观地解释文本的。由于解释者始终要追求文本的真实意义,因此随着解释者视域的扩大,解释者可能会意识到他一开始对文本的理解很可能是错误的,这样他就必须要回到文本以及作者的理解当中去审查自己的理解。而在这样的过程中,作为读者的解释者的视域开始与作者、文本等其他视域融合在一起，此所谓"视域融合"。"视域融合"这个观念表明，解释者并不是从"孤立的当下"去构建不复存在的过去，而是试图在历史连续性当中追求过去的文本在当下的新意义。在动态法律解释理论看来，这样的融合过程因为视域本身的动态性而实现了动态化。以文本视域为例，文本所提供的视域并不是一成不变的，因为作为组成部分的语言文字是在社会文化中被创造出来的，当后者发生了改变时，就会影响到对文字的理解。以"Boutilier 案"为例，美国公共卫生署对"病态人格"的定义是"通过长期的行为或表现模式可以证明，在人格结构中存在后天性的缺陷或病态趋势……通常包括性变态"。按照这一理解，一开始同性恋也在"病态人格"的意义射程之内。但是，随着医学界研究的新进展以及社会大众观念上的改变，同性恋今日已经不再被当做"病态人格"。

最后，动态解释理论援引"诠释学循环"的观念，在实用主义和哲学解释学之间寻找连接点。"诠释学循环"表明，只有通过理解各个部分才能理解作为整体的文本，而部分的意义又依赖于对总体的理解。在法律解释场域，所谓"部分"包括历史的（如立法史）、案件事实、演变性的（如先例）、文本的（文本的显明含义）素材。解释者对于法律文本显明含义的理解，取决于他对所有相关资料的理解，包括法律的历史环境及变化，而这些东西自身在不参照文本的显明含义的情况下又是不可能被理解的。这样一来，解释者的视域实际上就表现为下图所示：

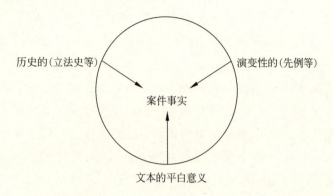

动态解释理论认为,这一模型可以与前述实用主义的
解释过程联系起来。在解释之际,眼光前后流转的过程是
在解释者的思维视域中展开的。通过表现解释者的视域,
这一诠释学模型承认解释者的思维框架所扮演的重要角
色。不同的解释者可能会向文本提出不同的问题,并且可
能会对立法史和法律先例做出不同的解读,因为他们将不
同的前理解带进文本当中。案件的事实则是为文本所困扰
不休的解释者进行眼光前后流转过程的中心点,通过表现
这一点,诠释学的模型清楚地承认理解文本与将文本应用
到具体语境之间存在联系。[20]

---

〔20〕 William N. Eskridge, *Dynamic Statutory Interpretation*, Cambridge:
Harvard University Press, 1994, p. 64.

（三）基于实证政治学的动态解释观

从实证政治学的角度看，由于政治压力的变化，法律解释也不得不随之改变，从而显现为动态化。在如何看待法律解释上，存在"自上而下"和"自下而上"两种制度视角。"自上而下"指的是从最高法院的立场出发理解法律变革的视角，这一视角认为法律变革的信号发出者和最终决定者都是联邦最高法院。"自下而上"的视角则认为，法律变革的信号发出者并不单单是联邦最高法院，也包括行政机关、总统、国会以及其他相关的利益团体，因为国会和总统有权推翻联邦最高法院的裁决，所以真正的顶端不是联邦最高法院。

在看待法律解释时，若仅仅采取"自上而下"的视角，可能会遮蔽实证政治活动。在美国司法界，原初预期和法律的动态适用之间的协调，一开始往往是在一些零星的案件中进行的，随后联邦最高法院和行政机构等处于上层的机关才开始接受这样的改变。虽然表面上看最高法院做出的裁判具有里程碑意义，因而似乎给人一种错觉，好像宪法和法律上的重大变化是由最高法院做出的，但这样的视角无形中忽略了除此之外的制度性力量。"自下而上"的视角展示了一些"自上而下"的视角无法解释的难题，也表明了法律的动态解释实际上是政治博弈的结果。法律的变化是由社会经济和文化的发展所推动的，而不是由正式的法律发展所推动的，而在这样的变化过程中，没有任何单一的声音可以决定法律的意义。

将法律解释看成是一系列政治过程的结果,暗示解释者必须要注意到"预期回应"——对于法律的解释不单单是由法官自己所偏好的解释所决定的,同时法官还必须注意到其他处于更高的立法位阶的个人和机构的解释。以联邦最高法院为例,它必须考虑到法律位阶之下的民众和行政机构会希望如何解释法律,同时也要考虑法律位阶之上的机构(如国会和总统)的预期。运用公共选择学派的结论,动态法律解释理论认为整个法律的变化反映的正是多方政治力量的博弈结果,并提出了一个政治博弈模型(如下图):[21]

X*		X
A*	J*	A
(H*, S*)		(H, S)

"Boutilier 案"是该模型的一个注脚。美国公共卫生署曾认为,双性恋在医学上与"同性恋"并无实质不同。在 20 世纪 60 年代,公共卫生署认为法律的意义在于排斥任何性取向不正常的少数群体,当时它判断国会和法院会同意这一理解。在"Boutilier 案"中,国会和法院也确实是和它站在同一边的。但是到了 20 世纪 70 年代,公共卫生署受到

---

〔21〕 William N. Eskridge, *Dynamic Statutory Interpretation*, Cambridge: Harvard University Press, 1994, p. 64.

来自医学界的压力,开始接受"同性恋"并不是精神疾病。虽然司法部当时并不同意这一观点,但卫生署的新政策却得到了法院和国会的支持。在上图中,X代表的是70年代的政治情况,A代表的是公共卫生署的政策偏好,H和S分别代表了国会和最高法院的态度,J*代表的是70年代法院对卫生署的观点的分裂,而A*、J*、H*、S*分别代表80年代公共卫生署的政策偏好、国会和最高法院的态度。这一图表说明,经过1979年法院的博弈,新的法律解释的平衡点从70年代转变到了80年代。随着参与政策制定和解释的机构逐渐增多,以及相关利益集团不断地介入博弈过程,这一政策变动模式将变得更加复杂,但总体上看只是增加了政治偏好计算的难度,却没有改变"法院的态度变化是政治博弈的结果"这一结论。

三、宪法司法中的动态解释:以美国宪法第一修正案对商业言论自由的保护为例[22]

埃斯克里奇的动态法律解释理论并没有扩展到宪法解

---

〔22〕　值得指出的是,国内已有学者对第一修正案的案例史进行了梳理,见邱小平:《表达自由:美国宪法第一修正案研究》,北京大学出版社2005年版。邱小平先生的梳理非常完整,也很有价值。在这一章中,我主要针对美国最高法院对商业言论自由的裁判案例原文进行了重新阅读与整理,旨在分析不同阶段、不同案件中,法官的推理过程以及作为一个整体法院的态度转变。

释领域,但这并不代表动态法律解释只关注自己的"一亩三分地"。动态法律解释产生于 20 世纪 80 年代末期,当时以实用主义、批判法学为代表的"反基础主义"(或称怀疑主义)将法理学划分为新派法理学和旧派法理学,旧派法理学主要关注的是法律与法律推理,而新派法理学试图颠覆旧派法理学,它们关注的主要是语言、思维和意志,以及意义和真理。[23] 方法论的重要性逐渐为本体论所取代,描述法官"应该如何思考"逐渐让位于描述法官"实际上如何思考"。当"活生生的宪法"仍旧在规范上试图证成自身时,在制定法领域内展开的动态法律解释,不仅仅对远比宪法领域更为顽固的原旨主义提出了猛烈的抨击,甚至以当时最为流行的分析工具证成了实然层面上的法律解释。虽然动态解释与宪法领域解释之间的互动关系仍然值得进一步的考察,但研究宪法解释的学者已经非常清楚地意识到实用主义、政治科学以及哲学解释学所提出的挑战,及其对"活生生的宪法"的可能意义。因为如果连最崇尚原旨主义解释的制定法解释都无法回避动态解释,那么没有理由认为宪法解释还应该坚持原旨主义的解释方法。丹尼尔·法伯、理查德·波斯纳、弗兰克·伊斯特布鲁克纷纷运用实用

---

〔23〕 See Thomas Morawetz, Understanding Disagreement, The Root Issue of Jurisprudence: Applying Wittgenstein To Positivism, Critical Theory, and Judging, *University of Pennsylvania Law Review*, 1992, Vol. 141, p. 375.

主义的批判工具来讨论宪法解释或检讨实用主义对宪法解释的解释力,[24]杰佛瑞·西格尔、哈罗德·斯皮斯等人为首的宪法学者则开始援引实证政治科学来分析美国最高法院的政策制定功能。[25] 沃缪勒非常敏感地指出,埃斯克里奇的理论开启了法律解释本身的"制度性转向",即关注动态法律解释应该由法院来进行抑或由行政机关(此时的语境下,行政机关等同于立法机关)进行。[26] 最近一段时间宪法解释内部的功能分析的崛起也在一个侧面印证了沃缪勒的判断。以伽达默尔为代表的哲学解释学的观点对于普遍意义上的法律解释学的冲击力更不消多言。若不是"活生生的宪法"的修辞力量过于强大,或许动态解释将会替代这个表达,成为更具有说服力的标语,并引领宪法学者以更为写实、更为细腻的工笔描述美国宪法的解释。

在从规范的角度讨论了埃斯克里奇的动态法律解释理

---

[24] See Daniel A. Farber, Legal Pragmatism and the Constitution, *Minnesota Law Review*, 1987, Vol. 72; Richard A. Posner, Legal Formalism, Legal Realism, and the Interpretation of Statutes and the Constitutin, *Case Western Reserve Law Review*, 1986, Vol. 37; Frank H. Easterbrook, Pragmasim's Role in Interpretation, *Harvard Journal of Law and Public Policy*, 2008, Vol. 31.

[25] 参见[美]杰弗瑞·A. 西格尔、哈罗德·J. 斯皮斯、莎拉·C. 蓓娜莎:《美国司法体系中的最高法院》,刘哲玮、杨微波译,北京,北京大学出版社,2011。

[26] Adrian Vermeule, Dynamic Statutory Interpretation and the Institutional Turn, in *Issues in Legal Scholarship*, Issues 3: Dynamic Statutory Interpretation, 2002, Article 3, p. 1.

论之后,下文将从实证角度出发,通过梳理美国联邦最高法院运用美国宪法第一条修正案中"联邦议会不得……立法剥夺言论自由和出版自由"扩展保护商业言论自由的案例史讨论动态法律解释的实际运作。

(一) 完全不保护阶段

1942 年的"瓦伦丁诉克里斯坦森案"(Valentine, Police Commissioner of the City of New York v. Christensen)第一次提出了商业言论自由的原理。[27] 在这个案件中,法院确认"纯粹商业性质"的言论不受保护,可以受到规制。

原告克里斯坦森购买了一艘退役的军用潜水舰,并且在街道上分发传单,任何人只需付一定的费用就可以进入内部参观。当他申请将这艘军舰停放公园时,被纽约当局以城市卫生为由拒绝了。后来他又试图停在州码头,但是警察局局长瓦伦丁以"商业性垃圾"的理由警告他,根据纽约州《卫生法》的规定,任何人均不得在街道上或者公共场所丢弃或者分发任何传单。不过,瓦伦丁告知克里斯坦森,他可以分发"信息"或者"公众抗议"的小册子。克里斯坦森很聪明地将传单设计常双面广告,一面印上宣传广告,一面印上抗议市政当局的文字,结果把自己送上了被告席。

---

〔27〕 Valentine, Police Commissioner of the City of New York v. Christensen, 316 U. S. 52(1942).

原告的传单实际上是双面广告,一面是商业性质的言论,另一面则是第一修正案保护的公共言论。最高法院在审理这个案件时,注意到了这两种言论的区分,罗伯茨法官在法院意见中这样写道:"本院已然明确裁定,街道是行使交流与散播意见之自由的恰当场所,且尽管州与市政当局可以因公共利益限制这一特权,但它们不得不当地压制或禁止这些权利在这些公共道路的行使。我们同样清楚,对于纯粹商业性质的宣传,宪法并未施加给政府如斯限制。"[28]因此,法院认为第一修正案所保护的是公共性质的言论,而不保护"纯粹商业性质的"言论。问题在于如何区分这两类言论。法院认为,应该视言论的"主要目的"而定。就克里斯坦森案而言,原告的传单明显是为了规避纽约州的制定法而制作的,主要目的在于招揽游客参观,"如果这种法律规避成功了,那么任何想要在街道上散播广告传单的人只需要附加一份公民权的呼吁或者道德的陈腔滥调,就可以无视法律要求",[29]因此原告的传单构成商业言论,而非关于公共论题的言论。

克里斯坦森案中体现了法院区分商业言论与非商业言论的努力,但这个案件也提出了更多问题:为什么第一修正案就不保护商业言论呢?第一修正案的"原意"是否仅仅在

---

〔28〕 Valentine, Police Commissioner of the City of New York v. Christensen, 316 U. S. 52(1942).

〔29〕 Valentine, Police Commissioner of the City of New York v. Christensen, 316 U. S. 55(1942).

于保护"非商业言论"？在"艾布拉姆斯案"的异议中，霍姆斯深入探讨了第一修正案所包含的言论自由问题，提出了限制言论自由所需要的几近苛刻的条件。[30] 许多亲言论派一直在引述霍姆斯的"思想的自由市场"论主张应该扩大第一修正案的保护。而反对者则主张对制宪者的目的做狭隘的理解。[31] 在克里斯坦森案中，亲言论派的呼声没能为法院的多数意见采纳，但克里斯坦森案将所有的商业言论都排除在第一修正案的保护范围之外，很容易引起诉病。因此，对于之后的法院而言，如果试图保护商业言论，必须思考商业言论自由保护的宪法基础，最为迫切的就是要推翻克里斯坦森案。

（二）从绝对不保护到绝对保护的转变

1. 匹兹堡出版公司诉匹兹堡人际关系委员会案

1973 年"匹兹堡出版公司诉匹兹堡人际关系委员会案"（Pittsburgh Press Co. v. Pittsburgh Commission on Human Relations et al.）中，[32]最高法院需要解决的问题

---

〔30〕　任东来等：《在宪政舞台上——美国最高法院的历史轨迹》，269 页，北京，中国法制出版社，2007。

〔31〕　关于这两种观点的简短描述，可参见 Tom Gerety, The Submarine, the Handbill, and the First Amendment, *University of Cincinnati Law Review*, 1988, Vol. 56, pp. 1169-1170.

〔32〕　Pittsburgh Press Co. v. Pittsburgh Commission on Human Relations, 413 U. S. 376(1973).

是广告的"动机"是否影响其合宪性。原告方开辟了一个宣传板块供雇主以性别为标准发布广告。被告认为该广告侵犯了人际关系法令所保护的职业平等权。而原告则称该法侵犯了第一修正案所规定的出版自由。

鲍威尔法官直言不讳地指出本案的关键点在于,该法侵犯的是出版自由还是言论自由。在鲍威尔法官认为本案并不是"一部受到挑战的法律通过破坏出版社在制度上的生存能力而使之无法正常运作的案件",因此,最高法院并不准备围绕出版自由展开讨论。这一定性直接让法院面临商业言论与非商业言论的区分难题。法院引述了"纽约时报诉沙利文案",认为决定其广告是否构成商业言论的决定性因素不是经济动机,而是内容。法院认为本案的广告在内容上与克里斯坦森案更为相似,都属于商业言论。[33] 出版社虽然试图主张信息传递在商业言论和非商业言论中的同等地位,但法院处理这个更为棘手的问题,而是强调本案的广告从动机上构成歧视,是非法的商业言论。"如果商业行为本身是非法的,且对广告的规制是有效规制经济行为的附带结果,就不存在普通的商业广告所能实现的,并且比支持这一规制的政府利益还要重要得多的第一修正案的利

---

[33] Pittsburgh Press Co. v. Pittsburgh Commission on Human Relations, 413 U. S. 385(1973).

益。"[34]因此,法院认为政府的规制并未违反第一修正案。

相比较法院的多数意见,异议意见则始终抓住第一修正案的保护范围不放。首席大法官伯格认为本案涉及出版自由,而不是商业言论自由。他指出,多数意见的裁定,"在我看来,代表着瓦伦丁案的'商业言论'原则的不当扩大,以及对第一修正案所保护的出版自由的严重侵犯"。[35] 道格拉斯法官虽然在用语上没有使用商业言论自由这个词,但他似乎并不准备在商业言论自由与一般的言论自由之间做出任何区分,他指出"商业性的言论也享有第一修正案的保护",[36]"我会允许任何位于那一宽泛光谱上(指第一修正案——引者注)的表达滋养生长,不受政府限制,除非这种表达是行为之整体的一部分——在杰弗逊哲学中,这是唯一允许政府介入的。"[37]斯图尔特法官也没有对商业言论提出定义上的问题,而是继续坚持第一修正案所规定的是一种绝对自由,他说:"只要法院还将第一修正案仅仅看作一组'价值'与其他'价值'之间的平衡,那么第一修正案就

---

〔34〕　Pittsburgh Press Co. v. Pittsburgh Commission on Human Relations, 413 U. S. 389(1973).

〔35〕　Pittsburgh Press Co. v. Pittsburgh Commission on Human Relations, 413 U. S. 393(1973).

〔36〕　Pittsburgh Press Co. v. Pittsburgh Commission on Human Relations, 413 U. S. 398(1973).

〔37〕　Pittsburgh Press Co. v. Pittsburgh Commission on Human Relations, 413 U. S. 399(1973).

仍旧处于灰色的危险地带。"[38]

我们会注意到,在这个案件中,异议意见几乎对商业言论未置一词,而是在讨论第一修正案所保护的是绝对自由还是相对自由。就多数意见而言,问题在于,判断言论是否构成商业言论的标准何在,动机抑或内容?假如言论构成商业言论,是否受到第一修正案的保护?保护程度多大?在何种情况下可以限制商业言论?多数意见和异议意见的关切点,在之后的案件中合为一体:如果商业言论是受到第一修正案保护的,那么政府的规制在什么情况下是合法的?

2. 比格搂诉弗吉尼亚案

时隔 30 年,最高法院再次回到商业言论自由这个宪法难题。1975 年"比格搂诉弗吉尼亚案"(Bigelow v. Virginia)中,[39]联邦最高法院第一次赋予商业言论有限的第一修正案保护。一家报纸被指控因宣传堕胎服务违反了弗吉尼亚州的法律,而在两年前,最高法院刚对"罗伊诉韦德案"(Roe v. Wade)作出判决。法院顺理成章地根据罗伊案的裁判认为本案的广告与受到宪法保护的权利有关,因此是合法的。[40]法院的推理是,涉诉广告表达了关于堕胎的信息和政治观点,并且这些信息和观点具有重大的公共

---

〔38〕　Pittsburgh Press Co. v. Pittsburgh Commission on Human Relations, 413 U. S. 402(1973).

〔39〕　Bigelow v. Virginia, 421 U. S. 809(1975).

〔40〕　Bigelow v. Virginia, 421 U. S. 822(1975).

利益,因此这样的广告受到第一修正案的保护。法院再次重申经济利益并非归类依据。[41] 不过,尽管"在这个案件中,上诉人的第一修正案利益与普罗大众的宪法利益恰好重合",[42]最高法院并未就此认定这一广告是完全非商业性质的。法院对克里斯坦森案的司法决定进行了一番扩展式的阅读,裁决政府可以以合理的方式限制商业广告,不过法院还声称,克里斯坦森案并不代表"毫无例外的说法,即广告本质上是不受保护的"。[43] 法院总结道,"弗吉尼亚州法院认定诸如此类的广告不受第一修正案的保护,是错误的"。[44]

与匹兹堡出版公司诉匹兹堡人际关系委员会一道,在这个案件里法院形成了一项检测标准:不管动机或者内容如何,只要一项商业言论是合法的,就应受到第一修正案的保护,否则就不受第一修正案的保护。但由于这个案件与公共利益有关,对于"纯粹的"商业言论是否受到第一修正案的保护,法院并没有给出明确的回答。

3. 弗吉尼亚州药学委员会诉弗吉尼亚市民消费者协会案

在"比格搂案"打开的缺口之下,最高法院在"弗吉尼亚州药学委员会诉弗吉尼亚市民消费者协会案"(Virginia State

---

〔41〕 Bigelow v. Virginia, 421 U. S. 826(1975).

〔42〕 Bigelow v. Virginia, 421 U. S. 822(1975).

〔43〕 Bigelow v. Virginia, 421 U. S. 820(1975).

〔44〕 Bigelow v. Virginia, 421 U. S. 825-826(1975).

Board of Pharmacy et al. v. Virginia Citizens Consumer
Council, Inc., et al.)中，继续争论要在何种标准下分析新近
受到保护的商业言论。[45] 在这个案件中，被上诉人认为处方
药价格广告受到第一修正案的保护，上诉人则主张对广告进
行规制是为了维持药剂师较高的职业水准。布莱克门法官
主笔的法院意见认为，本案是一个非常纯粹的商业言论，"他
（指药剂师，引者注）所要传达的'思想'仅仅是：'我想要以 Y
价格卖给你 X 处方药'"。[46] 因而，法院要处理的问题就是
"仅仅宣传进行一项商业交易"的言论是否就不是"思想的
说明"，不是"一般的真相、科技、道德以及艺术，政府管理的
自由情感的传播"。[47] 布莱克门法官拿消费者接收信息的
利益说事，他认为，在市场经济体制下，商业广告对于形成
相对理性的经济决策极为重要，"就算第一修正案曾经被视
为主要是启蒙民主制度下的公共决策的工具，我们也不能
说信息的自由传播就不能实现那一目标"。[48]

在这个案件中，法院将公众接受信息的利益与州所主

---

〔45〕 Mara Michaels, Comment: FDA Regulation of Health Claims under the
Nutrition Labeling and Education Act of 1990: A Proposal for A Less Restrictive
Scientific Standard, *Emory Law Journal*, 1995, Vol. 44, p. 339.

〔46〕 Virginia State Board of Pharmacy v. Virginia Citizens Consumer
Council, Inc., 425 U. S. 768(1976).

〔47〕 Virginia State Board of Pharmacy v. Virginia Citizens Consumer
Council, Inc., 425 U. S. 762(1976).

〔48〕 Virginia State Board of Pharmacy v. Virginia Citizens Consumer
Council, Inc., 425 U. S. 765(1976).

张的维持职业水准的利益进行了平衡考虑,并指出商业言论的规制必须符合内容中立的时间、地点以及方式的规制、有助于促进重大的政府利益、为信息交流留下充分的替代途径等合宪性标准。一年后的"林麦公司诉威灵波洛镇案"(Linmark Associates v. Township of Willingboro)也采用了这一检测标准。[49] 而且,在这个案件中,法院以反对父爱主义的职业水准保护为由反对对商业言论进行干预,一般而言只要是真实、非欺诈广告就予以保护,这种态度在后来系列职业广告案件中也有所体现。[50]

---

〔49〕 Linmark Associates v. Township of Willingboro, 431 U. S. 85 (1977). 在这个案件中,最高法院以一致意见推翻了一项禁止在城镇内设置房地产销售广告标志的法令,理由是这一法令损害了合法商业信息的传播、没有留下足够利用的替代交流渠道、是基于内容的限制、并非促进州的利益所必须的手段,总体上遵循了"弗吉尼亚州药学委员会案"所提出的检测标准。

〔50〕 这方面的例子最为明显是关于律师广告的系列案件,在 1977 年的 Bates et al. v. State Bar of Arizona,433 U. S. 350(1977)一案中,法院对于政府提出的律师的宣传会对职业主义产生反面效果的抗辩意见不予支持,1982 年的 In re R. M. J. , 455 U. S. 191(1982)一案中,法院继续重申职业主义不是规制的理由。在律师广告方面,法院也主张真实、非欺诈性的广告不受政府规制,除了这两个案件之外,还有 Shapero v. Kentucky Bar Association,486 U. S. 466(1988),在这个案件中,法院宣告一项绝对禁止律师向面临潜在的法律问题的客户投递真实的广告的规则无效;Gary E. Peel v. Attorney Registration and Disciplinary Commission of Illinois,496 U. S. 91(1990),在这个案件中,法院宣告一项禁止律师在信头上标榜自己在某些领域是"注册某某师"或"专家"的规则无效;还有 Silvia S. Ibanez v. Florida Department of Business and Professional Regulation, Board of Accountancy, 512 U. S. 136(1994),在这个案件中,法院推翻了对于一个宣传自己是注册会计师的律师的制裁。

　　虽然在这个案件中,法院的裁判通过说者与听者在商业信息的发布、促进经济效率、促进自我实现这一价值所享有的利益来支持其决定,因而表面上似乎采取了一种平衡的处理方式,但是,这个检测标准几乎使商业言论受到绝对的保护。弗吉尼亚州药学委员会案对商业言论保护采取了更具扩张性的保护,但在后来的案件中,这个案件能否指导法院在特定框架下分析商业言论的规制的合宪性,这个问题始终困扰着法院。有论者指出,商业言论的不确定地位很大程度上正是因为在这个案件中,法院无法就以下两个问题做出结论:第一,商业言论的宪法保护的理论基础何在;第二,法院应该如何评估对这些言论的限制。[51] 因此,这个案件依旧说不上设定了完美的审查标准。

(三) 从绝对保护到相对保护的转变

1. 中央哈德森天然气与电力公司诉纽约市公共服务委员会案

　　商业言论是否享有第一修正案的保护,这个问题在 20 世纪 70 年代已经得到了回答。但是 20 世纪 70 年代所提出的近乎绝对保护的原则显然并不符合州越来越多地对经济进行规制的现实。因此,摆在最高法院面前的问题是,在

---

〔51〕 Costello, Sean. Comment: Strange Brew: The State of Commercial Speech Jurisprudence before and after 44 Liquormart, Inc. v. Rhode Island, *Case Western Reserve University*, 1997, vol 47, p. 682.

什么情况下,对商业言论的规制是合法的? 普遍认为 1980
年的"中央哈德森天然气与电力公司诉纽约市公共服务委
员会案"[52](Central Hudson Gas and Electric Corp. v.
Public Service Commission of New York)对这个问题做出
了回答。[53]

　　由于面临能源短缺,纽约公共服务委员会要求该州所
有的电力设施不得宣传电力使用。上诉人起诉该委员会称
其限制了商业言论,违反了第一修正案。鲍威尔法官撰写
的法院意见在考察了先例之后,对商业言论自由作出两种

---

〔52〕 Central Hudson Gas and Electric Corp. v. Public Service Commission of
New York, 447 U. S. 557(1980).

〔53〕 实际上,中哈德森案的判决所采用的分析在这之前已经有所采用
了。比如,就在中哈德森案判决前几个月,法院在另一个关于上门请求捐款的
案件中指出,规制的合法性在于存在重大的政府利益,而且政府所采取的手段
与目的之间必须存在平衡。附带一提,在这个案件中,法院并不认为上门请求
慈善捐款是纯粹的商业言论,而是第一修正案所保护的核心言论,"……先前
的权威意见明确地确立了以下观点,即募集慈善基金,不管是在街道上还是门
对门,都涉及一种言论利益——信息的交流,意见和观点的表达和宣传,以及
某个目标的呼吁——这种利益是受到第一修正案保护的。恳求财政支持无疑
受制于合理的规制,但是这种规制必须在考虑到以下现实的情况下进行,即恳
求在特征上与信息的、也许是说服性的、旨在要求对于某个经济的、社会问题
的、政治的目标或者某个特殊观点的支持的言论交织在一起,也要考虑到以下
事实,即没有这种恳求,这些信息和主张的流动可能就会中止。在这些情境
下,兜售者肯定不仅仅是恳求捐款。此外,因为慈善恳求所做的不仅仅向私人
提供经济决策信息,也不仅仅主要关心提供关于货物和服务的特征的信息,在
我们当下的案件中,这并不仅仅是一个纯粹的商业言论。"参见 Village of
Schaumburg v. Citizens for A Better Environment et al. , 444 U. S. 620
(1980), p.633.

界定,仅仅与说者和听者的经济利益有关的表达以及"宣传商业交易"的言论,并认为是否要保护商业言论取决于这一表达的性质以及对这一表达的规制所能实现的政府利益的性质。[54] 在这个基础上,法院形成了四步分析方法:"商业言论要落入该条款(指第一修正案——引者注)的保护中,至少要是合法行为、不应该是误导性的。然后,法院还要探询其(指政府对言论自由的规制政策——引者注)所声称的政府利益是否重大。如果这两个问题的回答都是'是',那么法院就要确定该规制是否直接促进了政府利益,是否超出该利益所必需之限度。"[55]而在这个案件中,法院认为政府的规制无法满足最后一步分析。[56]

多数意见内部对于商业言论的界定并非没有异议。斯蒂文斯法官对两种界定方式提出质疑,但他也没有给出清晰的界定。他认为,本案的言论不仅仅具有经济属性,同时也身处公共论坛,[57]因此他认为本案不属于商业言论的案件,更不应使用四步分析方法。布莱克门法官一直对四步

---

〔54〕 Central Hudson Gas and Electric Corp. v. Public Service Commission of New York, 447 U. S. 563(1980).

〔55〕 Central Hudson Gas and Electric Corp. v. Public Service Commission of New York, 447 U. S. 566(1980).

〔56〕 Central Hudson Gas and Electric Corp. v. Public Service Commission of New York, 447 U. S. 571(1980).

〔57〕 Central Hudson Gas and Electric Corp. v. Public Service Commission of New York, 447 U. S. 581(1980).

分析方法持异议,他指出当州试图要压制有关产品的信息,以便操纵不能或尚未被州规制或直接排除的私人经济决策时,就不应当采用四步分析方法。伦奎斯特法官独自撰写一份雄辩有力的异议意见,他批评法院不当地以自己的司法判断代替州的政策判断,是"倒退到洛克纳时代"的做法。[58] 伦奎斯特法官认为,法院所采取的检测手段给予商业言论过多的保护,他甚至认为,法院在弗吉尼亚药学委员会案中授予商业言论第一修正案的保护,将商业言论提高到传统政治言论的水平,是打开了潘多拉之盒。[59] 可惜的是,相比一边倒的票数,伦奎斯特法官的身影显得极为孤单。

实际上,中哈德森案的分析在第一步的时候必然走向两个方向:若商业言论是内容真实且合法的,对商业言论的规制必须符合余下的三步;若商业言论的内容不真实或不合法,则政府有规制的权力。不过值得指出的是,在中哈德森案之后,很少有商业言论的规制可以完整地走过这四步检测。1982 年裁判的"霍夫曼村庄地产案"止于第一步,[60] 1983 年裁判的博尔杰诉杨格斯药品公司案(Bolger et al. v.

〔58〕 Central Hudson Gas and Electric Corp. v. Public Service Commission of New York, 447 U.S. 589(1980).

〔59〕 Central Hudson Gas and Electric Corp. v. Public Service Commission of New York, 447 U.S. 598(1980).

〔60〕 Village of Hoffman Estates et al. v. The Flipside, Hoffman Estates, Inc. , 455 U.S. 489(1982).

Youngs Drug Products Corp.)止于第二步,[61]1985 年裁判的
萨乌德热诉俄亥俄州最高法院纪律委员会案(Zauderer v.
Office of Disciplinary Counsel of the Supreme Court of
Ohio)止于第一步。[62]

2. 波多黎各赌场案

在波多黎各赌场案(Posadas De Puerto Rico Associates,
Dba Condado Holiday Inn v. Tourism Company of Puerto Rico
et al.)中,[63]以伦奎斯特为首的法院多数虽然认为该案的
政府规制符合整个四步分析法,但并未就此止步。在采用
这一分析方法的过程中,伦奎斯特法官继续延续了他在中
哈德森案的异议意见中的"立法遵从"态度,在第四步分析
中,伦奎斯特法官以"符合"标准取代了"最少限制"标
准。[64] 他还提出了一种"更大的权力包含更小的权力"的
说辞,"完全禁止赌场赌博这一更大的权力必定包括限制宣
传赌场赌博这一更小的权力",[65]"承认立法机关有权完全
禁止某种产品或者行为,但却否认立法机关有权禁止那些

---

〔61〕　Bolger v. Youngs Drug Products Corp. , 463 U. S. 60(1983).

〔62〕　Zauderer v. Office of Disciplinary Counsel of The Supreme Court of
Ohio,471 U. S. 626(1985).

〔63〕　Posadas De Puerto Rico Associates, Dba Condado Holiday Inn v.
Tourism Company of Puerto Rico et al. ,478 U. S. 328(1986).

〔64〕　Posadas De Puerto Rico Associates, Dba Condado Holiday Inn v.
Tourism Company of Puerto Rico et al. , 478 U. S. 344(1986).

〔65〕　Posadas De Puerto Rico Associates, Dba Condado Holiday Inn v.
Tourism Company of Puerto Rico et al. , 478 U. S. 345-346(1986).

可以从需求的增加中获利的人进行宣传从而刺激产品或者
行为的需求,这无疑会是一个奇怪的宪法原则。"[66]这可以
说是对原四步分析法的放松。

奇怪的是,布伦南法官的异议意见同样采用了四步分
析方法,但却得出了不同的结论。他还坚持认为,如果商业
言论不会引人误解且与合法行为相关,那么政府的限制就
必须要通过严格的审查。而且,当政府要限制商业言论,政
府必须承担证明其合法性的义务,这个义务不应当由法院
来代为承担。因此,他反对伦奎斯特法官的"立法遵从"的
态度,认为这种处理方式"忽视了第一修正案的要求"。由
此可见,对立法机关采取何种程度的司法审查,影响了中哈
德森四步分析方法的具体适用。而从两位法官采用同样的
方法却得出不同的结论这个事实来看,中哈德森四步分析
方法存在着可以让法官自由裁量的空间。

3. 纽约州立大学信托委员会诉佛克斯公司案

1989 年的纽约州立大学信托委员会诉佛克斯公司案
(Board of Trustees of the State University of New York et
al. v. Fox et al.)中,[67]最高法院对中哈德森四步分析方
法作出了修正。由斯卡利亚撰写的多数意见和前案伦奎斯

---

〔66〕 Posadas De Puerto Rico Associates, Dba Condado Holiday Inn v.
Tourism Company of Puerto Rico et al. , 478 U. S. 346(1986).

〔67〕 Board of Trustees of the State University of New York et al. v.
Fox et al. ,492 U. S. 469(1989).

特法官一样,都将注意力放在了最后一步。斯卡利亚问道:如果政府对商业言论的规制超出了最低限度,那么这样规制是否必然无效? 法院认为,这一要求"对州造成了过重的负担"。法院认为,只要政府的限制措施"合理地符合"政府的目标,就足以认定为"必要"。法院引述了前案的司法意见,"我们的司法决定所要求的是立法机关的目标以及为了实现那些目标所选择的手段之间的'符合'",[68]并且对这种"符合"进行了详细的解释:"这种符合,无须完美,而是合理的;无须代表唯一最佳的处理方式,而是一种范围与所实现的利益比例适当的处理方式;无须采用最少限制性的手段,而是……一种狭窄地制定以实现预期目标的手段"。[69]

虽然布莱克门法官发表异议意见,反对法院在这个案件中对"最低限度"的分析进行重大的修缮,而主张将这个问题留待日后解决,但是,当法院的处理方式形成多数意见之后,中哈德森测试的严格程度再一次降低了,以后最高法院在裁判商业言论案件时也继续采取放松审查的姿态。例如,1993 年辛辛那提市诉发现网络公司一案(City of Cincinnati v. Discovery Network, Inc., et al.)[70]延续了

---

[68]　Posadas De Puerto Rico Associates, Dba Condado Holiday Inn v. Tourism Company of Puerto Rico et al. , 478 U. S. 341(1986).

[69]　Board of Trustees of the State University of New York et al. v. Fox et al. ,492 U. S. 480(1989).

[70]　City of Cincinnati v. Discovery Network, Inc. , et al. , 507 U. S. 410(1993).

"合理符合"标准。

　　在 20 世纪 80 年代,中哈德森案所提出的检测标准一直是美国联邦最高法院处理商业言论案件所采用的主流分析方法。但是,中哈德森检测标准是建立在商业言论自由与一般的言论自由之间存在区别以及商业言论在第一修正案的价值刻度表上处于较低地位的预设上,因此难免会引起更大的反弹。

(四) 对相对保护的反思

1. 44 酒类商业市场公司以及人民酒类超级商店诉罗德岛

　　以"44 酒类商业市场公司以及人民酒类超级商店诉罗德岛以及罗德岛酒类商店协会案"(44 Liquormart, Inc. and Peoples Super Liquor Stores, Inc., Petitioners v. Rhode Island and Rhode Island Liquor Stores Association,以下简称"酒类零售价格案")[71]为分水岭,法院似乎注意到原有的司法审查标准存在的问题,并开始着力于建立一个更为合理的审查标准。法院的裁判意见对州的父爱主义态度采取了审慎的态度,法院认为对于真实的、不会引人误解的商业言论,州的规制必须要经过严格的审查。[72] 在分

---

〔71〕　44 Liquormart v. Rhode Island, 517 U. S. 484(1996).

〔72〕　44 Liquormart v. Rhode Island, 517 U. S. 503(1996).

析本案时,法院着重分析政府的广告禁令是否"重大地"促进了所宣称的利益,以及所采用的措施与目的之间是否存在"合理的符合"。法院对这两个问题的回答都是否定的。

　　而此次裁判的不同之处就在于,法院对"立法遵从"论提出了反驳意见。法院回顾了"波多黎各赌场案",认为伦奎斯特法官当时所提倡的"更多的遵从"已经偏离了法院一贯的做法。[73] 对于伦奎斯特法官提出的"更大的权力包含更少的权力"一说,法院认为这个命题在逻辑上是正确的,但并不足以说明州规制商业行为的权力为何就大于禁止真实的、非误导性的商业言论的权力。[74]

　　法院对中哈德森检验的偏好结束于啤酒零售价格案。尽管这个案件的特点在于它推翻了波多黎各赌场案的部分裁判依据,但更重要的方面在于它对中哈德森案的态度。[75] 在如何面对中哈德森检验上,法院的分歧非常明显。斯蒂文斯法官所代表的法院意见并没有采纳中哈德森案相对机械的分析方法,也没有采纳弗吉尼亚药房委员会案绝对保护的处理方式,而是在两者之间进行平衡处理,试图对中哈德森检测进行小修小补。斯卡利亚法官虽然表示

---

〔73〕　44 Liquormart v. Rhode Island，517 U. S. 510(1996).

〔74〕　44 Liquormart v. Rhode Island，517 U. S. 511(1996).

〔75〕　Sean Costello，Comment：Strange Brew：The State of Commercial Speech Jurisprudence before and after 44 Liquormart, Inc. v. Rhode Island，*Case Western Reserve University*，1997，Vol. 45，p. 685.

对中哈德森测试的"不舒服",但他认为:"既然我并不相信
在我们面前有足够的理由可以公开宣称中哈德森案是错误
的——或者可以说应该代之以何物——我必须根据我们现
有的法理来解决这个案件。"[76] 托马斯则是名副其实的
"黑"马,他宣称"我看不出有任何哲学的或者历史的根据可
以声称'商业的'言论就比'非商业的'言论'价值更
低'"。[77] 他明确反对适用中哈德森测试,因为他"并不相
信,这样的测试应该被适用于对'商业的'言论的限制,至少
当,比如本案,所宣称的利益必须要通过使这些言论的可能
受众身处黑暗中才能实现。"[78]他的主张与弗吉尼亚药学
委员会一案所采取的绝对保护的处理方式更接近。而奥康
纳法官则更为中规中矩,她主张继续适用中哈德森测试。

2. 洛里亚尔烟草公司诉雷力案

在 2001 年,隐含于啤酒零售价格案的司法原则在"洛
里亚尔烟草公司诉雷力案"(Lorillard Tobacco Co. v.
Reilly,以下简称烟草公司案)中得到了重申和强化。[79] 这
一次摆在法院面前的是马萨诸塞州对烟草广告的禁止令。
奥康纳法官代表法院多数主张继续采用中哈德森测试分析

---

〔76〕 44 Liquormart v. Rhode Island, 517 U.S. 518(1996).
〔77〕 44 Liquormart v. Rhode Island, 517 U.S. 522(1996).
〔78〕 44 Liquormart v. Rhode Island, 517 U.S. 523(1996).
〔79〕 Earl Maltz, The Strange Career of Commercial Speech, *Chapman Law Review*, 2003, Vol.6, p.166.

本案,因为中哈德森检验足以为法院裁决商业言论自由案件提供充分的理由,因此"没有必要创新"。[80] 也就是说,法院认为,没有必要讨论中哈德森案的法律效力是否应该继续存在,因为即便在中哈德森检测标准下,这些规制依旧是不合宪法的。[81] 这个案件中的规制政策涉及对未成年人和成年人的规制效果的评价,法院认为前者的利益虽然能够支持州规制,但后者却不能。[82] 由于无法证明该规制政策没有超出促进州防止未成年人抽烟所享有的利益之必要限度,因此该规制政策在中哈德森的第四步分析上失败了。

正是在对成年人与未成年人的规制效果的评价上,法院内部出现了不同的意见。托马斯法官延续了在零售啤酒价格案中的观点,怀疑划分商业言论和非商业言论的可能性以及非商业言论比商业言论价值更低的主流观点。[83] 但是他还是有限承认父爱主义的态度:"为了保护极易受到影响的儿童,公众辩论必须受到限制,这一观点由来已久:苏格拉底之所以被谴责是'邪恶的始作俑者,因他败坏青年'。但是相比雅典公民集会,在本院,这个观点鲜少地得

---

〔80〕　44 Liquormart v. Rhode Island，517 U. S. 554(1996).

〔81〕　Geoffery Stone, , etc. . The First Amendment(3 rd edition)，[出版地不详]：Aspen, 2008, p. 177.

〔82〕　Lorillard Tobacco Co. v. Reilly, 533 U. S. 564(2001).

〔83〕　Lorillard Tobacco Co. v. Reilly, 533 U. S. 575(2001).

到狂热的支持……言论'不能仅仅为了保护年轻人免予那些立法机构认为对他们不合适的观点或图片就受到压制'。"[84]斯蒂文斯法官虽然承认有必要区分未成年人和成年人,但却认为此事难为。他转而指出本案的关键点在于"这一规制政策是否留下了可用的、足够充分的替代性交流方式。"[85]

3. 公众服务部部长托米 G. 托马森诉西部州药物中心案

一年后的"卫生与公众服务部部长托米 G. 托马森诉西部州药物中心案"(Tommy G. Thompson v. Western States Medical Center)[86]也是一个争议极大的案件。当时法律规则合成药物若要豁免 FDA 批准程序,就不能对这些合成药大肆宣传。法院最后根据中哈德森检验判决这一限制违反了第一修正案。

被该法案所禁止的言论构成商业言论,法院没有在这个问题上稍作停留。奥康纳代表的法院继续认为中哈德森检验已经提供了充分的依据。因此法院多数意见的分析主要集中在中哈德森检测标准的具体适用上,而争议在于第四步分析。法院认为政府并没有证明这一规制政策没有超

---

[84]　Lorillard Tobacco Co. v. Reilly, 533 U. S. 580-581(2001).

[85]　Lorillard Tobacco Co. v. Reilly, 533 U. S. 601(2001).

[86]　Tommy G. Thompson v. Western States Medical Center, 535 U. S. 357(2002).

出必要限度。法院又回到了中哈德森案的"最小限制"标准:"如果政府能够以一种不会限制言论,或者限制较少言论的方式实现它的利益的话,那么政府就应该采取这样一种方式"。[87]"这一事实,即'所有[这些替代方法]可以以一种较少侵犯……第一修正案权利的方式促进政府所主张的利益',说明这一法律是'超出必要的限度的'"。[88] 如此一来,政府就没有通过第四步分析。同时,法院再次重申对父爱主义式的规制的抵制态度,"第一修正案教导我们要特别怀疑那些试图让人们对那些政府认为是他们自己的良善的东西保持无知的规制"。

4. 耐克公司诉马克·卡斯基案

耐克公司诉马克·卡斯基(Nike v. Marc Kasky)案[89]使法院有机会重新思考商业言论的定义和范畴。此案虽然涉及最高法院对州最高法院关于商业言论自由的判决的审查,但却涉及法院的基本态度转换。在这个案件中,法院最终放弃了对该案的审查权,这样做与其说是管辖权问题,不如说是政策性判断,因为"就算我们对今天呈递到我们面前的第一修正案的争议作出裁定,这个案件还是会有更多的

---

[87]　Tommy G. Thompson v. Western States Medical Center, 535 U. S. 371(2002).

[88]　Tommy G. Thompson v. Western States Medical Center, 535 U. S. 372(2002).

[89]　Nike v. Marc Kasky, 539 U. S. 654(2003).

第一修正案的争议,零敲碎打地审查联邦第一修正案的争议也是如此"。[90] 法院指出"本案提出了新的第一修正案问题,因为作为争议点的言论代表的是商业言论、非商业言论以及对具有公共重要性的问题的争辩的混合",[91]对于这样的言论应该如何处理,必须经过更为详细的讨论。

布雷耶法官呈递了异议意见。他认为,本案的争议点在于第一修正案是否以及在什么样的程度上保护耐克公司的虚假陈述。布雷耶极力要求法院行使管辖权,因为"本案所提出的问题与美国人民在公共论辩中谈论公共问题的自由直接相关,没有任何管辖权规则禁止我们对现在提出的那些问题做出决定,延缓本身可能会阻止宪法所保护的言论自由的行使,而且不会使得这一争议在日后变得明显地容易决定。"[92]而在该案的可能审理结果上,他指出最好应该采用公共言论原则,而不是商业言论原则,因为"作为争议点的信息从性质上看并不是完全商业性的,把它们定性为是商业的和非商业的(公共问题导向的)元素的混合更为准确。"[93]

将近半个多世纪的时间里,商业言论自由的司法论辩犹如一场拉力赛,最高法院的法官们对商业言论自由原则

---

〔90〕 Nike v. Marc Kasky, 539 U. S. 660(2003).

〔91〕 Nike v. Marc Kasky, 539 U. S. 663(2003).

〔92〕 Nike v. Marc Kasky, 539 U. S. 667(2003).

〔93〕 Nike v. Marc Kasky, 539 U. S. 676(2003).

增添了许多自己的理解、判断,这些观点和意见不断交锋、沉淀与发展,最终形成了对商业言论自由的大体理解。在这场思想的交锋中,第一修正案的文本"国会不得……立法限制言论自由"并没有被法官所遗忘,然而,他们并没有抽象地解释第一修正案,而是结合具体案件的语境中去理解第一修正案的意义。从第一修正案绝对的禁止律令到相对合理的平衡处理方法的演变,无一表现出了美国联邦最高法院通过审慎的发展先例、创建分析框架,并在具体个案中寻找宪法文本的含义的动态解释过程。在某种意义上讲,查尔斯·休斯大法官的话是正确的:"我们确实生活在宪法之下,但是法官说宪法是什么,宪法就是什么。"[94]

四、动态解释理论简评

(一)动态解释理论的正面意义

动态解释理论之于美国宪法解释有着特殊的意义。美国宪法与制定法存在重大的差别,比如宪法比制定法要古老、修改程序严于制定法、宪法的规定比制定法更概括。所以,宪法的过时现象甚至更为严重。因此,如果说动态解释

---

〔94〕 The Autobiographical Notes of Charles Evans Hughes 139 (David J. Danelski & Joseph S. Tulchin eds. , 1973),转引自 Jeffrey M. Shaman, Constitutional Interpretation: Illusion and Reality, London: Greenwood Press, 2001, p. 1.

能够应对制定法的过时现象,那么对于制定法也会有不少的启发意义。动态解释理论的正面意义主要表现为以下三点。

第一,权利保障是动态法律解释的实质目的。对基本权利的确认和保障,构成了整个宪法价值体系的一个重要核心。[95] 因此,虽然宪法解释的表面目的在于澄清宪法的含义,但其实质目的应该同样是权利保护。

原旨主义和"活的宪法主义"都试图擎起权利保护这面大旗,但又似乎只看到了其一方面。"活的宪法主义"认为,原初的宪法设计并未穷尽所有的权利,随着社会环境的改变、社会意识的变迁,新的权利层出不穷,如果坚持原旨主义的解释,将无法适应保护社会发展过程中所产生的新权利的需求。而原旨主义则认为维持原有的宪法设计,是避免原有的权利设计因人民的激情而非理性地变动。如果原旨主义能够注意到权利保护在宪法解释中的首要价值地位,并对自身的观点进行必要的修正,那么传统原旨主义者就能够有效应对反原旨主义者的挑战。[96] 但另一方面,原旨主义所保护的仅仅是原初宪法设计所包容的权利,而不承认存在任何其他的权利。虽然从辩护技巧上看,原旨主义者认为原旨主义的目的在于防止已经被包容在宪法中的

---

〔95〕 许崇德等编:《宪法》,185 页,北京,中国人民大学出版社,2007。

〔96〕 刘国:《原旨主义方法的困境与出路》,载《浙江社会科学》,2009(9)。

权利的保护"腐朽",因此表面上看与"活的宪法主义"保护权利的理论主张是一致的,但是由于这两种解释理论对"权利"的内涵各有侧重,因此导致了这两种解释理路的内在冲突。如果不对两种权利的样态进行综合的考量的话,两种解释理论之间的争议便成了自说自话。

在权利的内涵是否仅限于法定权利的问题上,历来学者就争论不休。法律实证主义者大多主张权利的存在样态仅仅是实证法意义上的,这种观点最为典型的当属凯尔森,他否定了主观法(权利)与客观法(法律)之间的对立,认为主观法并非有别于客观法,而恰是客观法自身,唯有客观法适用于特定主体时才有主观法可言。[97] 而目前学者大多承认,除了实证法意义上的权利之外,尚存在道德权利和应有权利之分。有学者在权利义务的类型论问题上主张,权利与义务以其存在的性质为根据,分为实有权利义务与应有权利义务,前者是指实际存在的、为社会所肯认的权利义务,而应有权利义务则是为人的"正确理性"所赋予的、应该存在的权利义务,并且主张应有权利义务向实有权利义务的转化是一个公正社会的理想状态。[98] 因此,权利的内涵开始趋向于多样化。然而,此处更进一步的问题在于,即便

---

〔97〕 ［奥］凯尔森:《纯粹法理论》,张书友译,72 页,北京,中国法制出版社,2008。

〔98〕 王海明:《权利义务类型论》,载《首都师范大学学报》(社会科学版),2007(4)。

从道德哲学和自然法理论中可以证明非实证法意义上的权利的存在,这些权利是否要由司法权来保障? 这个问题就是困扰了西方学界多年的"麦迪逊难题"。

对"麦迪逊难题",一些学者主张采取"立法遵从"的态度,在法律没有明文规定的情况下,司法机关必须等待立法机关作出决定,在宪法解释问题上,则诉诸宪法修正案的方式。然而,有些学者则批判宪法修正案的方式为宪法变革设置了过于刚性的限制。沃尔夫指出:"如果制宪者们提供了一个可用的修改程序,那么他们的思想和制度上的不足并不会成为一个问题。然而,他们所提供的修宪程序却极其笨重和不充分。制宪者们要求国会参众两院 2/3 投票通过,并由 3/4 的州立法机关投票批准,这使得修正程序几乎不可能被使用。"[99] 但是,仅仅批判立法权的制度能力不足,并不能顺理成章地证成司法造法。范进学先生注意到,要消解"反多数难题"必须要从民主主义的立场入手。他认为,"民主"的本质并不是多数民主,也包括少数民主,因此,司法审查和司法解释在外在形式上看似反民主,但其实却是对民主规则的维护。[100] 伊利则认为,司法审查权可以通

---

〔99〕 [美]克里斯托弗·沃尔夫:《司法能动:自由的保障还是安全的威胁?》(修订版),黄金荣译,64 页,北京,中国政法大学出版社,2004。

〔100〕 范进学:《美国宪法解释:"麦迪逊两难"之消解》,载《法律科学》,2006(6)。

过强化代议制民主,保障程序参与获得自身的正当性。[101]
布雷耶法官也认为,司法审查权可以保障积极自由,即参与
一国公共生活的权利。[102]"反多数难题"的争议可以在学
理上继续展开,但是在现实生活当中,从"布朗案"等一些重
大案件的裁判中,都可以看出美国最高法院确实在运用动
态解释的司法哲学扩大对公民权利的保护。因此,即便是
对动态解释论颇有微词的阿德里安·沃缪勒也指出,"多数
难题"其实并没有对埃斯克里奇的动态解释论造成实质性
的冲击。[103]

　　动态的法律解释虽然和"活的宪法主义"一样强调司法
者必须要积极地回应社会变迁,但是动态法律解释从务实
的角度承认法律文本、先例以及立法目的等解释性的因素
同样对司法者的解释行为有约束力。从目的合理性的角度
看,动态法律解释和"活的宪法主义"一样都认为权利保护
可以证明积极能动的司法的正当性,但是从手段合理性来
看,动态法律解释比"活的宪法主义"更为详细地讨论了司
法者如何在前述的约束下进行权利的推导与保护。动态法
律解释理论有力地回击了非解释主义者的批评,这些批评

---

〔101〕［美］约翰·哈特·伊利:《民主与不信任:司法审查的一种理论》,
张卓明译,北京,法律出版社,2011。

〔102〕［美］斯蒂芬·布雷耶:《积极自由——美国宪法的民主解释论》,田
雷译,北京,中国政法大学出版社,2011。

〔103〕［美］阿德里安·沃缪勒:《不确定状态下的裁判:法律解释的制度
理论》,梁迎修、孟庆友译,50～51 页,北京,北京大学出版社,2011。

认为法官是在法律之外寻求问题的解决的,也许,正如格雷所说:"我们都是解释主义者,真正的问题不是法官是否要坚持解释,而是他们解释什么,以及他们所采取的解释态度。"[104]

综上,在社会发展日新月异的环境下,面对层出不穷的权利诉求,动态法律解释可以在平衡法律解释的稳定性与变动性的过程中,尽可能地保护权利。

第二,促进参与是动态法律解释的程序目的。原旨主义的解释方法强调,宪法含义应当从过去寻找。埃斯克里奇则直斥这种方法为"考古学",[105]这种方法乃是"对现实的可疑描述,对我们的政体而言也是不思进取的"。[106] 原旨主义对当下法律人的指引仅仅是去"发现"法律,而不是对法律的实质内容进行反思,是一种机械适用的方法,这种解释方法无异于要求活在当下的人民必须要以过去的思维方式来处理当前的法律问题。然而,原初的法律设计无法预料立法之后新出现的法律问题,因此原旨主义要么以削足适履的方式强硬地将当下的法律问题塞进原本的法律概念当中,要么妄称以想象性重构的方式设想过去的立法者

---

[104] Thomas C. Grey, The Constitution as Scripture, *Stanford Law Review*, 1984, Vol. 37, p. 1.

[105] William Eskridge, *Dynamic Statutory Interpretation*, Harvard University Press, 1994, p. 13.

[106] William Eskridge, *Dynamic Statutory Interpretation*, Harvard University Press, 1994, p. 9.

出于当前情况时可能会做出何种判断。"活的宪法主义"抓住了这一软肋，强调宪法含义必须要从当下寻找。这种解释方法虽然弥补了原旨主义的不足，但却带来了另一方面的难题：当我们每时每刻都强调要从大写的"当下"去寻找问题的答案时，历史就断裂了，而一旦历史断裂了，我们就丧失了法律预期。"活的宪法主义"主张当下人民必须参与到宪法含义的论辩中，这一意识是值得肯认的，但更进一步的问题在于，宪法文本是历史创造物，这就决定了宪法文本必定以历史作者、历史读者发出的声音指导当下法律问题的解决。而"活的宪法"无法回答的，恰恰是宪法的这一历史性。

　　与原旨主义和"活的宪法"不同的是，动态法律解释理论强调宪法含义的建构应该是一个遵循传统、反思传统乃至最终突破传统的过程，是由宪法文本的历史作者、历史读者、当下读者一同参与的过程。动态法律解释认为，宪法含义是在历时性的论辩中最终确立起来的，而不是法官突发奇想"制造"出来的。提倡动态法律解释的程序性目的就在于在遵循传统的时间之流中，发挥多方主体的参与力量，对宪法含义进行再反思与再创造。在这个创造的过程中，逐渐形成的价值共识而不是传统才最终攫取了美国宪法的含义。伊利在论述传统时，注意到传统并不具有绝对的统治力，真正具有统治力的，是当代美国人的价值共识，他以坦诚的笔触写道："（然而，）传统作为宪法价值的一种来源，具有严重的理论问题。诉诸传统,显然带有向后看的特征,这就凸显了它不民主的本质:昨日的多数(假定是多数)应该掌控今日的多数,这个主张难以与我们政体的理论相符。当然,宪法的部分要义,就在于制约今天的多数。但是这个论点仅仅让传统作为宪法价值的一种来源的问题变得更加严重,因为我们正在为之探寻价值来源的条文,是用开放性的术语写成的,也就是承认了成长与发展的可能性……因此,仰赖传统,看起来既不符合民众掌权的基本理论,也不符合那些我们正试图赋予其内涵的宪法条文的制约多数之精神。基于这些原因,传统总是一个过渡性的参照物,用以支撑最主要最常见的参照物,那就是当代美国思想中真正的共识。"[107]Robert N. Wilentz 也指出:"我们将我们的热血倾注进了宪法的存续,我们将我们的价值倾注进了宪法的字里行间;今天,我们的宪法在很多方面都反映了这个国家的道德进步和道德方向,是我们塑造了它,而不是相反。"[108]因此,正是美国人经过长期论辩形成的共识才决定了美国宪法的确切意义。

动态法律解释可能被批评为"非解释主义",这种批评

---

〔107〕 [美]约翰·哈特·伊利:《民主与不信任:司法审查的一种理论》,张卓明译,61 页,北京,法律出版社,2011。

〔108〕 Robert N. Wilentz, Monmouth College Bicentennial Celebration, *Rutgers Law Review*, 1997, Spring. 转引自杨积讯:《穿越历史——论美国〈联邦宪法〉之永久存续》,270 页,北京,法律出版社,2009。

也许夸大了此处的"创造"成分,以为新的含义是法官在语词的虚空当中生硬地制造出来的假象。[109] 即便国内注意到"动态的规范内涵"的学者也指出其可能无视了静态的规范。[110] 因此,在证明了动态法律解释的合理性之后,一个技术上的问题便是如何处理立法者原意、文本意图、历史读者、当下读者在宪法解释中的地位与作用。

第三,动态法律解释理论揭示了立法史、法律文本和制度性力量对宪法解释的作用。

在美国人的心目中,宪法已经俨然成为"圣经"。[111] 将宪法奉为神圣,即意味着要从宪法当中解读出一些本不为立法者的意图或者文本意图所包容的东西。艾柯指出:"一个文本一旦成为某一文化的'神圣'文本,在其阅读的过程

---

[109] 这种可能性并不是没有,一个鲜明的例子就是对于美国学界长期以来对"堕胎权"的讨论。比如,在"格里斯伍德案"中,道格拉斯大法官借助"伴影"技术在第九修正案与其他修正案的复合之处"发现"了隐私权,布莱克法官则嘲笑他的观点是对第九修正案"最近的发现",他说一个历史系的学生也知道第九修正案的目的是"联邦宪法的所有条款的目的是限制联邦明示的或必需的默示权力"。参见郭春镇:《从限制权利到未列举权利——时代变迁中的第九修正案》,载《环球法律评论》,2010(2),96页。

[110] 或可参见林来梵对社会学法学下的宪法解释方法的担忧,见林来梵:《从宪法规范到规范宪法:规范宪法学的一种前言》,47页,北京,法律出版社,2001。

[111] Thomas C. Grey, The Constitution as Scripture, *Stanford Law Review*, 1984, Vol. 37, p. 1.

中就可能不断受到质疑,因而无疑也会遭到'过度'诠释。"[112]其实艾柯的担忧正是动态法律解释理论必须面对的理论难题与实践难题:宪法解释的"限度"在哪里?将宪法文本视为动态的规范,如何避免沦为"法官说什么,法律就是什么"?动态法律解释理论认为,立法历史、法律文本以及制度性的参与力量有效限制了司法者的解释行为。

1. 立法历史的价值

拉伦兹指出:"即使依一般或法律特殊的语言用法获得的字义、依法律的意义脉络,或依法律基本的概念体系所得的解释结果,仍然包含不同的解释可能性,这就会发生下述问题:何种解释最能配合立法者的规定意向或其规范想法。由此就进入解释的'历史性'因素,在探求法律的规范性标准意义时亦需留意及此。"[113]通过对这些立法历史的研究,可以发现法律文本在制定的时候带有什么样的含义,这一观点似乎是不证自明的。但对立法历史的探究也存在诸多难题。这些问题我们在之前已经涉及了,在此不赘言。但活的宪法主义针对原旨主义的批评并不全然是历史研究是否可能的问题,而是要论证一个更强的命题:即便历史研究是可靠的,宪法解释也不应以历史解释为准。波斯纳看到

---

[112]　[意]艾柯:《诠释与过度诠释》,科里尼编,王宇根译,62页,北京,生活·读书·新知三联书店,1997。

[113]　[德]卡尔·拉伦兹:《法学方法论》,陈爱娥译,207页,北京,商务印书馆,2005。

了其中的差别,他说:"批评原旨主义是一个坏的历史其实
没有抓到原旨主义的重点。重点是要通过采取机械的解释
方法限制司法裁量权,这个方法本质上是一个词典编撰的、
算法系统的,而不是历史主义的。"[114]

　　动态法律解释理论承认历史解释方法的重要性,但动
态法律解释理论否弃了对历史解释的绝对遵从。依照动态
法律解释的观点,历史具有两种不同的功能。首先,历史解
释具有防御对宪法的错误理解的功能。戈登·伍德曾经说
道:"律师和法官相信有所谓的'正确'和'真'的宪法解释,
以便他们方便行事,这可能是必要的伪称,但是,对于我们
历史学家来说,我们有着不同的义务和目标。"[115]拉卡夫认
为,其中最为重要的目标就是解释为什么"相反的意义"从
一开始就是宪法所含有的。这种历史研究的目的与其说在
于阐明宪法的确切含义,不如说为法官做出不同于历史解
释的结论设置了更高的论证成本,这种波普尔所说的"证
伪"正是历史研究所具有的能力。主张历史研究的证伪功
能就是承认,历史研究不可能穷尽对大写的"历史"的认识。

---

　　[114]　Richard Posner, Past-Dependency, Pragmatism, and Critique of
History in Adjudication and Legal Scholarship, *University of Chicago Law
Review*, 2000, Vol. 67, p. 591.

　　[115]　Gordon S. Wood, Ideology and the Origins of Liberal America,
William and Mary Quarterly, 1987, Vol. 44, pp. 632-633. 转引自 Jack
Rakove, *Original Meanings: Political and Ideas in the Making of the
Constitution*, New York: Alfred Knopf, Inc. , 1996, p. 10.

在此,我并不是说我们不可能认识历史,而是说,不可能存
在作为整体的历史供我们研究,任何历史研究都是经过研
究者的兴趣选择出来的,在这样的选择过程中,与我们的兴
趣相合的材料被留了下来,与我们的兴趣不合的材料则从
我们的脑海中剔除出去,因此,历史研究始终是主观的,也
正因如此,波普尔才主张"写我们感兴趣的历史"。[116] 我们
无法断言对某位历史人物、某个历史事件的认识真的"如其
所是",我们只能说"目前的资料证明它是……",而当我们
这样说的时候,我们也就承认了不排除新的资料的证明力。

　　历史解释的第二种功能在于揭示宪法这一历史文本与
当下的社会生活之间存在紧张关系,并引导我们思考如何
更新对宪法的理解。从相对论哲学的角度来看,任何法律
在制定之时就已经落后于时代了,这就带来了法律与当下
的紧张关系。在这种紧张关系中,通过反思,作为历史存在
物的法律得到了更新。这一说法看似矛盾,实则不然。拉
伦兹在讨论法律的规范环境之变化时,曾有过一段精妙的
阐述,他说:"历史上的立法者针对规整的事实关系及习惯,
发生如此重大的改变,以致既存的规范不能再'适应'变更
后的事实关系。于此显现的是时间的因素。作为历史事
实,法律与其时代有一种功能上的关联性。但时间并非静

　　[116] [英]卡尔·波普尔:《历史决定论的贫困》,杜汝楫、邱仁宗译,119
页,上海,上海人民出版社,2009。

止不动者,立法当时,以立法者所预期的方式发生作用者,其后可能发生非立法者所预期,或非其所愿意认可的作用。然而,法律借其适用于将来多数事件的性质,尝试保障人际关系一定程度的稳定性,它是许多人安排未来时的前提条件,因此,并非任何一种事实关系的演变,马上就可以改变规范内容。毋宁是先发生一种紧张关系,只有当迄今的法律理解变得'显'不充分,大家才会透过变更解释,或借助法官的法的续造,寻求新的解答。"[117]解决这种紧张关系的做法之一就在于普通法下的类比推理,即从历史概念当中抽象出某些与当下所要解决的问题具有共性的东西,然后将当下的事物嵌套进原本的概念语词当中。在此,法官对历史所采用的进路是实用主义的,他们灵活地解释历史,宣称自己发现了立法者的"真实意图"或法律的"立法目的",事实上,这种解释有时不过是虚假的修辞罢了。

2. 宪法文本的价值

在原旨主义与活的宪法的争论中,宪法文本的价值是一个无法回避的争论点。金福特指出:"不管是原旨主义还是非原旨主义都会同意,宪法曾经持续到今天,也将持续到将来。它们之间的分歧在于,非原旨主义者认为永久持续之意义所必须的条件——比如宪法演化以适应变动不居的

---

〔117〕 〔德〕卡尔·拉伦兹:《法学方法论》,陈爱娥译,225~226 页,北京,商务印书馆,2005。

环境——原旨主义者则将之视为意义的消解。换句话说，虽然活的宪法这个术语区分并分化了原旨主义和非原旨主义，但是在更深刻的层面上，这却是两种解释理论都试图要解释的现象。在解释宪法的永久持续特征中，困难在于，任何解释理论同样必须解释同等重要的宪法的约束特征。"[118]延续这一争论，动态法律解释理论必须解释，宪法文本在宪法解释过程中，是如何实现宪法意义的自我更新的，以及这样的更新如何不会将宪法文本的含义拖入虚空中。

文本是一组用作符号的实体，它们被作者选择、排列并赋予意向，从而向一定语境中的特定读者传达特定的意义。[119] 文字的解释都始于字义，[120]但文本并不能直接等同于字义，否则就不需要解释了。不同的宪法解释理论之间虽然争议迭出，但基本共识都是针对同一个宪法文本进行解释的，它们的分歧在于对"文本表达意义"的功能结构的不同理解：有些强调文本是作者表达意义的工具，真正的表意者是作者；有些则强调文本是向读者传达意义的，从其意向看应当以读者为准，更有言"作品一旦完成，作者即已死

---

[118]   Dennis Goldford, *The American Constitution and the Debate over Originalism*, New York: Cambridge University Press, 2005, pp. 70-71.

[119]   [美]乔治·J. E. 格雷西亚:《文本性理论:逻辑与认识论》,汪信砚、李志译,51页,北京,人民出版社,2009。

[120]   [德]卡尔·拉伦兹:《法学方法论》,陈爱娥译,200页,北京,商务印书馆,2005。

去"，"读者有可能比作者本人更好地理解文本"；有些则强调文本是自足自立的存在物，文本可以不需要读者和作者。由于笔者对文学批评理论了解不多，此处无法详尽展开对"读者理论""作者理论""文本理论"的介绍与评论。我想讨论的是，在动态法律解释理论下，文本究竟具有什么样的价值。

首先，动态法律解释必须依赖宪法文本用语所具有的可能含义。我们必须承认法律语言具有哈特所说的"空缺结构"的特征，但法律语言并非绝对地不确定的。[121] 哈特认为，空缺结构是一般用语都会具有的特征，一般用语具有核心区与阴影区的含义之分，在核心区我们大体上可以知晓某一用语的含义，但在阴影区部分，其含义却不是显明的。[122] 因此，我们只能借助权威的范例来理解某一个概念，比如，当我们说"秃头"时，我们的脑海中就会浮现没有长头发的人的形象，但还是存在一些非权威的范例，当我们

〔121〕　［英］哈特：《法律的概念》，张文显等译，127～128 页，北京，中国大百科全书出版社，1996。

〔122〕　［英］哈特：《法律的概念》，张文显等译，4 页，北京，中国大百科全书出版社，1996。哈特在讨论法律和法律制度的概念时，提到了"标准情况"与"边际情况"，他明确地指出，几乎所有为人类生活用于分类的一般语词都具有"标准情况"与"边际情况"的区分。在《实证主义与法律和道德的分离》一文中，哈特也提到了这一区分，只是用语稍有不同，他说"我们可以把产生于标准事例或既定意义这一硬核之外的这些问题称为'半影问题'"，参见 HART, H. L. A., Positivism and the Separation of Law and Morals, *Harvard Law Review*, 1958, Vol. 71, p. 603。

看到它们时，我们也愿意以该概念来指称它们，但这些非权威范例却不可能全部都可以以这个概念来指称。恩迪科特讨论过语词概念的"容忍原则"，以秃头为例，假设没有长头发的人 X_0 是秃头，长一根头发的人 X_1 我们也可以"容忍"（勉强承认）是秃头，不断地运用这一原则，到某个边界，例如 X150000，我们就无法承认是秃头。[123] 因此，权威范例对语词的注释是不够的，语词的含义必定会"溢出"权威范例而流向非权威范例。法律语言作为一般用语，在所指与能指上存在空隙，但这并不代表法律语言的指涉范围就是无限的。

其次，社会大众对法律文本的理解并不是一成不变的，随着社会环境的变迁，社会大众对法律的期望与认知也会发生改变，这为动态法律解释的实现提供了社会共识的基础。哈佛概念史学派的学者指出："政治是在交流中构建而成的行为，词汇如同货币，语言如同媒介。众所周知，构成这一媒介的词语，其含义往往会引起激烈争论，又十分多变。由于构成政治生活和语言的概念在获得新意义的同时失去了旧的含义，因此现在看来，政治话语一直处于永久的

---

[123]　关于恩迪科特所举的这一连锁推理的悖论，请参见［英］蒂莫西·A. O. 恩迪科特：《法律中的模糊性》，程朝阳译，45 页，北京，北京大学出版社，2010。"秃头"这个例子哈特也用过，只是讨论并没有恩迪科特深入，参见［英］哈特：《法律的概念》，张文显等译，4 页，北京，中国大百科全书出版社，1996。

变化之中，直至今天依然如此。"[124]法律文本的语言也是在
特别的政治环境中产生的，一旦政治环境发生了变迁，对这
些概念的理解也必定会发生改变。其中，最为鲜明的例子
就是"主权""联邦主义"的意义变迁。美国建国初期，由于
崇尚"双重主权"的观点，美国最终制定的是松散的邦联国
家，在美国联邦宪法制定阶段，联邦党人和反联邦党人围绕
联邦权力至上与州权至上的问题展开激烈的争辩，这些争
辩使得美国"开始了国家层面上政治思想的转变"，[125]随着
联邦党人的胜出，联邦至上主义得到了确立，因而，也才有
了前述马歇尔法官在"麦克洛诉马里兰州案"中"必要且适
当"式的宪法解读。

承认宪法文本具有上述两种层面上的开放性，正是动
态法律解释对法律文本所持的基本观点。动态法律解释认
为，宪法文本的灵活空间提供了动态解释的可能性，同时植
根于"这一宪法"的解释也避免了漫无边际的意义探索，
而社会环境与社会共识最终决定了对宪法文本的解读。
正如赖特勋爵所说："的确，宪法不能作任何狭义和迂腐
的解释。宪法文字是概括性的，其全部和真实含义常常
只有考虑随时间而变化的全部事实才能确定。这并不是

---

[124] [美]特伦斯·鲍尔、约翰·波考克:《概念变迁与美国宪法》,谈丽译,1 页,上海,华东师范大学出版社,2010。

[125] [美]特伦斯·鲍尔、约翰·波考克:《概念变迁与美国宪法》,谈丽译,64 页,上海,华东师范大学出版社,2010。

文字的含义变了,而是不断变化的环境证实和阐明了它的全部含义。"[126]

3. 参与性建构

我们不仅活在当下,也活在过去,理解人类生活的这种历史连续性特征,是理解"参与性建构"这个观念在动态法律解释中的意义的关键。要准确地理解动态法律解释的完整过程,就必须要注意宪法解释并不是机械地探求"原初意图",但也不是设定司法机关是社会效用的灵敏感应器,可以在任何一个案件中灵活地解释宪法文本。动态法律解释是在所谓的"参与性建构"当中形成的:在霍姆斯说的"实验"的实用主义的进路下,通过职业法律人士和非职业法律人士(历史学者、政治学者以及大众)参与到宪法论辩当中,逐渐形成了对宪法"较好的理解"。

要理解动态法律解释为什么强调连续的参与过程,首先就必须注意到在宪法解释的过程中,实际上存在两种不同的作用力。我们只是站在我们自己的问题意识的角度制定相应的制度,同时也是以我们自身为出发点理解这一制度,但我们的理解会作为习惯嵌入后辈们的理解当中;同时,虽然我们致力于为后世立法,但我们的制度设计却是源出于我们对当下的而非未来的问题而做出的,因而制度必

---

〔126〕 [美]詹姆斯·安修:《美国宪法解释与判例》,黎建飞译,4 页,北京,中国政法大学出版社,1999。

定是不完善的。由于制度本身的概括性和社会传统的延续性，使得每一代人对法律制度的理解既带有过往的影子，也带有未来的曙光。埃斯克里奇指出，解释者不是在孤立的现在不停地漂移，试图重建早已不复存在的过去，而是通过解释过去流传下来的规范文本与丰富的过去联系在一起，在这种方式下，解释涉及伽达默尔所说的"视域融合"，通过视域融合"旧的和新的总是被联系成为某些有着活生生的价值的东西。事实上，当下的视域总是处于不断形成的过程中，因为我们必须不断地检验所有我们的前见。这一检测过程的一个重要部分发生在面对过去以及理解我们所来自的传统之中"。[127]　因此，当我们追问宪法的历史意义时，我们既是作为理解者，也是作为被理解者存在的，换句话说，宪法制度的含义并不是在过去的某个时点整体地给出的，而是在人们连续的参与中被建构起来的。

"建构"这个概念提示我们，宪法制度的意义并不是"就在那儿"，可以通过现象学的那句著名格言"只要去看"就可以把握的实在的东西，毋宁说宪法的含义是在漫长的摸索过程中确立起来的。这种对待宪法意义的进路与美国实用

---

〔127〕　William Eskridge, *Dynamic Statutory Interpretation*, Harvard University Press, 1994, p. 60. 此处伽达默尔所说的话也转引自埃斯克里奇。

主义导向下的普通法进路是一致的。[128] 在普通法的进路下,通过遵循先例、区分先例,乃至推翻先例,宪法的含义才

---

[128]　在此,可以参考艾森伯格以及卡多佐两人是怎么描述这种过程的。艾森伯格是如何援引科恩的"科学范式转化理论"来说明普通法中的"法律进化"现象的:"考察原则的发展,借用'科学范式'的概念大有裨益……库恩用'范式'这个词来指一种模式,一项原则,或是一种理论,在以上诸物的概念含义范围内可以解释大多数甚至是所有的现象,但又充分开放,可以为新问题和模糊之处留下空间。典型的情况是:一两个理论家提出一个范式,部分上是用来解释一些在当时主流的科学原则看来属于反常现象的方法。在其初步形成时期,范式这个概念即(原文如此,此处疑为印刷错误,为'既'。——引者注)回顾历史,又预见未来。回顾历史,范式不仅允许,实际上也要求对以前的解释予以重构。预见未来,范式通过进一步的清晰化和具体化,将被适用和扩展,来解决额外的问题和消除多余的模糊,揭示新现象或解释以前被忽视的现象。然而,随着范式以这种方式适用和扩张(适用),就可以揭示出那些不能为范式所说明的现象。这些现象首先被认为是反常的现象,只是因为范式没有对它们做出解释。然而,如果反常现象依然存在,并有不断增多的趋势,那么最终会提出一个新的范式来对其进行解释。"参见[美]迈尔文·艾隆·艾森伯格:《普通法的本质》,张曙光等译,102~103页,北京,法律出版社,2004。卡多佐则说:"我在这里写下的并不是一个法律的演化史,而是一幅司法过程将这些概念运用于成熟法律的速写。这些基本概念一旦获得,它们就构成起点,从此将推演出一些新的后果。起初,这些后果只是暂时性的和探索性的,通过不断重复才获得一种新的永久性和确定性;最终,它们自己也变成了基本的和公理性的,被人们接受了。因此法律概念和公式是从先例到先例成长起来的。一个决定的隐含意义在一开始也许是含混的,其后由于评论和阐述,新的案件抽出了它的精髓,最后,就出现了一个规则或原则,一个渊源,一个出发点。从这里将开始一条新的前进路线,将依据它来衡量一个新的进程。有时,人们会发现,对这个规则或原则的系统性阐述过于狭窄或过于宽泛,必须重新予以构造;有时,人们接受它为此后推理的一个先决条件,而忘记了它的起源,它变成了一个新家族,它的问题同其他因素连为一体,并一直渗透在法律中。"参见[美]本杰明·卡多佐:《司法过程的性质》,苏力译,28~29页,北京,商务印书馆,1998。

得到了更为准确的揭示,这一过程本质上是一个宪法论辩的过程,在这个过程中,宪法的意义并不是由文本单方向地向我们叙说的。从认识论的意义上讲,格雷西亚认识到文本表达意义的功能结构是极为复杂的,他最终放弃了文本解释的"真值"讨论,转而主张将文本的解释标识为有效或无效的、充分的或不充分的要比标识为真或假更合适。[129]格雷西亚的转向与宪法论辩的做法与美国的实用主义传统是一致的,在法学理论中,这一传统认为法律问题并不存在"基础主义",即单一的、压倒性的处理方法,相反,决策者必须要从不同的视角去考虑问题,在决定解决方法之前应用实际经验、考虑实际语境。[130] 以形式主义法学来思考法律问题,就是认为从宪法文本中可以解读出一些可以直接应用于眼前法律问题的裁判规范,按照这一逻辑,裁判规范就必须是先在于法律问题的,对于法律职业人士来讲,要做的工作就是用各种办法从文本中"读出"这一规范。在现实主义法学家的抨击之下,这种法学的概念天国已经被证明是一种虚构,对于法官来说,社会现实同样是法律意义的来源。动态法律解释吸收了现实主义的精神,它认为,法律解释既是一个文化的过程也是一个法律的过程,文化的转变

---

〔129〕 〔美〕乔治·J.E.格雷西亚:《文本性理论:逻辑与认识论》,汪信砚、李志译,220页,北京,人民出版社,2009。

〔130〕 William Eskridge, *Dynamic Statutory Interpretation*, Harvard University Press, 1994, p.50.

会导致法律意义的变化,社会、社会价值观念、各种意识形态都会塑造或重新塑造法律的意义,因为它们揭示了法律所没有解决的新的实际问题,与起草者不同的解释性视域,以及与解释性发展紧密相关的新的政治环境。[131]

　　由当下的社会环境决定宪法文本的含义,这一说法可能会令人误解,以为只要符合当下社会共识的东西,就是宪法文本的含义,就实现了"动态的"法律解释。事实上,这种理解不过只是在结果上与动态法律解释恰好一致。"活的宪法"是一个不准确的概念,因为这一概念简略表达了"宪法的意义必须随着社会的发展而进化"这一命题,却忽视了更为重要的问题:宪法意义如何进化? 宪法意义的演进并不是一帆风顺的,而是经过严肃的论辩、推理以及技术性处理而实现的,在进行宪法意义的更新中,美国法官不单单身处当下社会的浪潮当中,也必须回应"类似案件类似处理"这一天然的公平正义法则的要求。因此,最终宪法含义的动态学是"走两步,退一步"的缓慢建构过程。在完成宪政这一"未竟之业"(哈贝马斯语)的过程中,不同行业、不同阶层的人民的参与使得宪法意义的阐释呈现出政治论辩的外观,只有体现社会主流共识的意见才能最终在这一论辩过程中胜出。

---

[131] William Eskridge, *Dynamic Statutory Interpretation*, Harvard University Press, 1994, p. 81.

（二）动态法律解释的局限

动态法律解释理论不仅在理论上是有根据的,在描述性层面也被认为是真实的。[132] 但批评者指出,这个理论与司法实践存在出入。例如约翰·内格尔(John Copeland Nagle)认为:当法院发现一个解释可能会产生它所不喜欢的政策时,它经常会告诉当事人要等国会来修改制定法,而不是自己来纠正这个问题。法院是言行一致的。一些判决也表明了法院明显偏向于文本主义和其他形式的原旨主义解释。[133] 夏皮罗(David L. Shapiro)也认为,尽管学术界越来越推崇包括动态解释在内的各种法律解释理论,但是,"最高法院的法官正以传教士般的热情将考虑范围限制在制定法的文本和文本的显明含义中"。[134] 由于法官很少宣称自己遵守某种具体的解释方法,因此试图从实证角度来

---

[132] Libonati, Dynamic Interpretation: The Art of Persuasion, in *Issues in Legal Scholarship*, Issues 3: Dynamic Statutory Interpretation, 2002, Article 14, pp. 6-7.

[133] John Copeland Nagle, Newt Gingrich, Dynamic Statutory Interpreter, *University of Pennsylvania Law Review*, Vol. 143, 1995, p. 2221.

[134] David L. Shapiro, Continuity and Change in Statutory Interpretation, *New York University Law Review*, Vol. 67, 1992, pp. 921-922.

分析动态法律解释理论的影响力,是非常困难的。[135] 每一个参与法律解释讨论的人,似乎都能够找到支持自己的解释理论的案件,或者找出否定其他解释理论的案件,[136]因此,动态解释理论是否准确描述了制定法解释的真相,也就成了一个问题。

法律解释的方法论之争,实际是法律体系内形式正义与实质正义之争的延续。尽管动态解释对原旨主义提出了有力的批判,但并不能将后者"取而代之"。原意解释方法隐含的是立法优先的原则,而这个原则提供了一个"基本的解释准则",[137]要求除了在实施司法审查权以外,法官都必须要服从立法机关。[138] 法官在解释法律之际,法律文本和案件事实是当然的出发点,因此文本的重要性毋庸置疑。但是,当法律文本没有给出确定的答案时,应该依凭什么样

---

[135] Stephen F. Ross, The Location and Limit of Dynamic Statutory Interpretation in Modern Judicial Reasoning, in *Issues in Legal Scholarship*, Issues 3: Dynamic Statutory Interpretation, 2002, Article 6,p. 1.

[136] 在逻辑学角度来说,只要能够找到一个反例就足以证否全称命题。但对于全称命题而言,找到一个正例却不过只是在"举例",而不是在"论证"。在这里,如果把理论也当成一种全称命题,则支持者和反对者的"论证成本"并不对称。正是在这个意义上,我们才会说"解构容易建构难"。

[137] John M. Kernochan, Statutory Interpretation: An Outline of Method, *Dalhousie Law Journal*, Vol. 3, 1976, p. 345.

[138] Daniel A. Farber, Statutory Interpretation and Legislative Supremacy, *Georgetown Law Journal*, Vol. 78, 1989, p. 283.

的外部资源,却没有一个共识。[139] 法官和学者无法融贯地对法律文本、立法者的意图、立法史等解释性资源进行位阶排序,或者勘定各种解释性资源之间的"主从关系",或者拣选出唯一一个权威的解释性资源。在实际的审判过程中,法律解释的目标是寻求正当的个案判决,因而用于解释的各种解释性资源都是服务于这个目标的,而不是相互排斥的。

由此观之,动态解释与原旨主义方法之间并不存在必然的矛盾。正是认识到了这一点,在动态解释理论提出的"漏斗模型"中,原意解释也是解释的考量因素之一。同时,鉴于动态法律解释的结果也有好、坏之分,因而动态解释理论主张"谨慎的动态主义"。[140] 这些都表明,动态法律解释理论与"非基础主义的"原旨主义存在沟通的可能。[141] 因为在某些案件中,原意解释方法反过来也能够支持动态法

---

〔139〕　Lawrence M. Solan, *The Language of Statutes：Laws and Their Interpretation*,Chicago：The University of Chicago Press，2010，p. 222.

〔140〕　Willliam N. Eskridge, The Dynamic Theorization of Statutory Interpretation, in *Issues in Legal Scholarship*，Issues 3：Dynamic Statutory Interpretation，2002，Article 16，pp. 16-17.

〔141〕　波普金(William D. Popkin)注意到了动态法律解释与原意解释之间进行沟通的可能性。他说:"解释理论——不管是文本主义的、目的主义的或者动态的——都有两种版本:一种是更为狭隘的基础主义的版本;另一种则是更加宽泛的实用主义的版本。"William D. Popkin, The Dynamic Judicial Opinion, in *Issues in Legal Scholarship*，Issues 3：Dynamic Statutory Interpretation，2002，Article 7，p. 1.

律解释的结果。以"道路放血应处死刑"这个法律规定为例，若医生为了救治病人而放血，是否违反该条规定？文本论解释方法，配合"荒谬结果"的例外规定，可以推导出"若医生为了救治病人不得已而放血也算违反该条法律规定，此为荒谬结果，故医生行为不违反该法"，而目的论解释方法也可以推导出"原法律规定的目的是为了惩治无故道路放血，医生行为不在此列"。甚至，从法律意见书的写作角度上，以原意解释方法的形式"掩盖"动态解释的实质，也是一种常见的解释技巧。从司法策略的角度分析，动态解释最终能否说服他人并取得成功，不仅取决于内行人是否接受，也取决于法官是否能找到"正确的实体内容和适当的说话方式"来支持这种制定法解释进路。[142] 无疑，原意解释方法可以充当这样一种"恰当的说话方式"。

动态解释虽然极力批判原旨主义，但原意解释方法却像是挥之不去的幽灵。究其根本，是动态解释安身立命的三种资源——实用主义、哲学解释学以及实证政治学——同样也不排斥原意解释方法。实用主义主张，解释必须要随着具体环境的变化而变化，因而实用主义是面向未来的，而这和动态主义是一致的。但实用主义还认为，过去的经验应该随着新经验而进行修正，而不是说过去的经验就是

---

〔142〕 William D. Popkin, The Dynamic Judicial Opinion, in *Issues in Legal Scholarship*, Issues 3: Dynamic Statutory Interpretation, 2002, Article 7, p. 15.

错误的、不重要的。实用主义的代表人物詹姆斯曾明确指出，"违背所有从前的观念的过激的解释，绝不会当作对新事物的真正的解释。……在个人的信仰中哪怕最激烈的观念革命，也会把那套旧的观念大部分保留下来。"[143]只有在旧的理论无法解释新的经验，导致主体出现了"怀疑"和"不安"时，才会触动主体进行"范式转化"：用新的理论来解释旧的经验和新的经验，保证"经验的完整性"。在法律解释中，这决定了原意解释始终是基础性的解释方法。在面临新问题时，解释者首先要做的不是打破原意解释，而是先用原意解释来"涵摄"。唯有"涵摄"不足时，才有必要更新法律解释。

　　动态解释所依凭的"读者中心论"，并不是哲学解释学的完整立场。在哲学解释学中，解释立场一开始分为相互争执的三种：作者中心论、文本中心论以及读者中心论。伽达默尔后来提出的"读者与文本之间的互动理论"，则是一种被普遍接受的解释立场。不过，哲学解释学"提出了这个问题，但它没有提出一个解决办法。它既不是法律解释的拯救者，也不是法律解释的死刑判决者。"[144]仅仅只是指出法律解释就是解释者和法律文本之间的互动，并未对法律

---

〔143〕　［美］约翰·杜威等：《实用主义》，田永胜等译，65页，北京，世界知识出版社，2007。

〔144〕　［美］理查德·波斯纳：《法理学问题》，苏力译，374页，北京，中国政法大学出版社，2002。

解释提出任何具体的指引或限定,也并不排斥愿意解释方
法在个案中的运用。

　　动态解释理论在对制定法解释进行制度分析时,假定
了政府体制内相关机构会对法院的解释结论作出积极的回
应,而法院在解释制定法的过程中也会自觉地考虑这些回
应。但这些假定高估了法院评估信息的能力,甚至拒绝承
认法院在评估信息时可能会出错。在很多时候,法官缺乏
关于国会和行政机构内部机制的背景知识,并且也没时间
去了解,因而只能沉溺于特定案件的细节。因此对相关的
制度性理解和实证性政治分析,法官是非常缺乏的。对于
单个法官而言,去评估那些有关解释规则对立法行为和后
果所造成的影响的论断,是极端困难的。[145] 因此对法官而
言,最保险、最节约成本的办法依旧是原旨主义方法,而非
动态解释。

---

　　[145]　[美]阿德里安·沃缪勒:《不确定状态下的裁判——法律解释的制
度理论》,梁迎修、孟庆友译,181 页,北京,北京大学出版社,2011。

第四章
文本主义解释理论

一、文本主义概念起源与含义阐释

　　法律解释的对象是法律规范,更确切地说,是法律规范所使用的文字。正如拉伦茨所言:"解释的标的是'承载'意义的法律文字,解释就是要探求这项意义。"[1]不少学者都认为文义解释是法律解释的起点,甚至有的学者认为"文义

---

〔1〕 〔德〕卡尔·拉伦茨:《法学方法论》,陈爱娥译,194页,北京,商务印书馆,2005。

解释是法律解释的开始,也是法律解释的终点"。[2] 对于宪法解释而言,也许最明显、最没有争议的方法就是阅读宪法文本并判断宪法文本所表达的含义。尽管文本主义解释方法将宪法文本的含义奉为神圣,但是文本主义本身却不是宪法解释的唯一方法。当然,在进一步讨论文本主义的是与非之前,我们必须首先理解"什么是文本主义"以及"文本主义不是什么",以免将文本主义与其他的解释方法相混淆。

(一) 文本主义含义阐释

在前述章节中,我们曾经讨论过原旨主义与基于成文宪法之间的紧密联系,早在美国建国初期就已经存在了。文本主义与原旨主义之间,还具有紧密的联系。正如奥尼尔所言:"解释就是辨明并适用文本的含义,这一观点早已成为法律人的自觉,通常被视为是理所当然的,不需要理论化。为了适应普遍接受的普通法的法律解释方法,传统的解释者通常将解释的目的描述为是寻找'意图',而且他们通常是在宪法的文本当中寻找它,只有在少数情况下才会参考制宪会议的论辩或者《联邦党人文集》之类的外部资源。这一进路有可能会瓦解现代关于原旨主义和文本主义

---

〔2〕 王泽鉴:《法律思维与民法实例》,220页,北京,中国政法大学出版社,2001。

的区分。"[3]在学术批判中,学者也往往将文本主义与原旨
主义联系在一起,例如"宪法文本主义认为,宪法的解读应
该反映其本文的原初公共含义。同时还认为文本的公共含
义可以通过仔细阅读该文件来确定。在揭示宪法的意义的
过程中,文本主义者强调精确的用语选择、文本在文件中的
位置和语法;他们对比宪法文件的相关部分,并关注微妙的
类似性和差异性。他们在解释宪法所使用的文本分析,更
像是文学批评者解释诗歌。"[4]以斯卡利亚为首的"新文本
主义者"同时也自诩为原旨主义者,更是加重了学术上区分
二者的难度。本章将文本主义作为独立的宪法解释方法加
以研究,主要是考虑到传统原旨主义的理论事实上并不能
够完全包容文本主义解释方法,因为"文本"本身并不是原
初义与现代含义之区分的载体。

　　现代文本主义者的支持者有美国联邦最高法院的大法
官安东宁·斯卡利亚和托马斯大法官,以及第七巡回法院
的伊斯特布鲁克法官。不过有趣的是,文本主义这个标签
并不是由支持者所创造的,而是批判者给予他们的名字。
而在批判者的眼中,"文本主义"这个词几乎就等同于顽固

---

　　[3]　Johnathan O'Neill, *Originalism in American Law and Politic*: *A Constitutional History*, Baltimore: Johns Hopkins University Press, 2005, pp. 12-13.

　　[4]　William Michael Treanor, Taking Text too Seriously: Modern Textualism, Original Meaning, and the Case of Amar's Bill of Rights, *Michigan Law Review*, 2007, Vol. 106, p. 4.

不化。最早使用"文本主义"这个词语的是 1863 年的《牛津法律词典》,当时词典编者用"文本主义"这个词批判清教徒的清规戒律。将近一个世纪之后,罗伯特·杰克逊在《美国联邦案例报告》中引入这个词语时还是语带贬义。在"杨戈斯城街道与下水道公司案"(Youngstown Sheet & Tube Co. v. Sawyer)中,杰克逊法官宣称,列举的权力应该有"合理的、实践的含义所赋予的范围和弹性,而不是教条主义的文本主义所命令的严格性"。虽然之后的学者再提及这个词语时带有较少的贬义,但一般并没有将之当作一种独立的方法论,而是作为原旨主义的一个理论分支。[5] 1980 年保罗·布莱斯特在《对原初理解的错误探究》一文中,对原旨主义的定义方式明显还带有这样的痕迹,"原旨主义是指应依据制宪者的意图或者宪法条文的含义来解释宪法"。[6]

因此,讨论文本主义解释方法之前,我们有必要先将文本主义当作一个独立的解释方法,并阐释其基本含义。托马斯·格雷在 1984 年《作为圣经的宪法》一文中对文本主义与"非文本主义"给出了一个相对明确的频谱。他曾经将整个解释方法论体系划分为文本主义和补充主义,对应的解释者就是文本主义者和补充主义者。其中,文本主义者

〔5〕 See Caleb Nelson, What is Textualism? *Virginia Law Review*, Vol. 91, 2005, p. 347.

〔6〕 Paul Brest, The Misconceived Quest for the Original Understanding, *Boston University Law Review*, 1980, Vol. 60, p. 204.

是那些认为文本是宪法裁判可以使用的规范中的唯一合法的渊源的学者,而补充主义者则是那些认为宪法裁判除了文本之外还有其他的补充性渊源的学者。[7] 格雷的界定可以说将缠绕在文本主义身上的原旨主义的藤蔓一扫而空,使文本主义更加纯粹。

　　文本主义解释方法被广泛运用与宪法解释和制定法的解释,因此学术讨论往往会在二者之间展开。文本主义强调解释者只能够围绕文本文字的含义展开,而不能够超越文本的意义射程。不过,文本主义并不等同于"文义主义",因为文本主义并不承认简单的定义,在实践中,它的基本观点就是法官应该寻找并且遵循在特定语境当中的立法文本本身的公共含义。另外,现代文本主义也自觉地与意图主义划清界限。按照传统解释方法(主要是布莱克斯通以来的解释传统),对于法律文本的解释最后要回到立法者的意图,因为法律文本是这一意图的载体。而现代文本主义,特别是以斯卡利亚为代表的新文本主义者认为立法意图并不是优位于法律文本的,法官没有必要越过文本去考虑模糊的立法意图。因为国会是一个附属的"他们",而不是一个整体的"它",因此不可能有一个集体的意图。[8] 同时,文

---

　　[7]　Thomas C. Grey, The Constitution as Scripture, *Stanford Law Review*, 1984, Vol. 37, p. 1.

　　[8]　文本主义与意图主义之间的区分,可以参见 John F. Manning, Textualism and Legislative Intent, *Virginia Law Review*, 2005, Vol. 91.

本主义也不是目的主义,因为文本主义虽然强调要在语境当中解读法律文本,但文本主义更为强调的是"语义语境",即一个合理的人会怎么使用语词,而不考虑"政策性语境",即一个合理的人会怎么解决问题。[9]

以斯卡利亚、伊斯特布鲁克为首的文本主义论者在20世纪70年代中后期对传统的意图论、目的论解释方法提出了尖锐的批判意见。加之公共选择理论为代表的实证政治理论对真实的立法过程的揭露,以及文学批判理论中对文本主义的推崇,文本论解释方法得以在美国兴起。和比较古典的文本主义不同的是,新时期的文本主义对立法史表现出了极大的敌意,因为在文本主义的主张者看来,立法史所代表的是立法(或立法者)的意图或目的,援引立法史损害了法律解释的客观性。为了和传统文本主义解释方法区别开来,以埃斯克里奇为首的学者将之称为"新文本主义"。但"新文本主义"和传统文本主义的相似和差别之处,则有待进一步分析。

(二) 文本主义的历史演变

文本主义的历史发展过程划分为文本主义的兴起、文本主义的衰落以及后文本主义的发展,对应不同的阶段,文

---

〔9〕 See John F. Manning, What Divides Textualism form Purposivists? *Columbia Law Review*, 2006, vol, 106, p. 110.

本主义的表现形式有旧文本主义、新文本主义和后文本主义。所谓的旧文本主义指的是以显明含义为主的传统文本主义，而新文本主义就是前述以斯卡利亚为代表的反对援引立法史、主张在语境中解读的文本主义，而后文本主义则是源于 Jonathan T. Molot 的《文本主义的兴衰》一文中提出的相对温和的文本主义。[10]

　　以显明含义为代表的旧文本主义解释方法是布莱克斯通法律解释传统中的首要规则，其要求法律解释必须首先观察文本的语言是否明确，有无模糊之处。如果文本的语言清楚明白，那么法官就应该适用这个意义，不能另作解释。如果文本的语言存在模糊之处，这个时候法官才可以参考文本之外的其他资源来解释（而布莱克斯通的解释传统要求解释的目的是要获知"立法者的意图"）。这种解释方法就是"显明含义规则"。虽然说显明含义规则有多种定义方式，不过它的实质要点就在于否认不具有歧义的语言有"解释"的必要。显明含义规则的背后是一个常识性的预设，即理性立法者如果使用一个没有歧义的语言，就说明他想要表达的就是那个意思，而法官作为立法者的"忠实仆人"只能够遵循那一语言所表现出来的意义。

　　显明含义规则在早期的美国司法中就得到了运用，最

---

　　[10]　参见崔雪丽：《美国宪法解释研究》，143 页，济南，山东人民出版社，2011。

经典的表述就是 1819 年马歇尔大法官在"斯特吉斯诉皇家
警察案"中的表述。马歇尔法官说道:"无视法律的明确规
定,竭力在外部条件中推测应予规避的情况是很可怕的。
如果不改变文字本来和通常的含义,法律文字便会互相冲
突,不同条款便会相互矛盾和互不协调,解释才成为必须,
悖离文字明确的含义才无可非议。然而,如果在任何情况
下,只因为我们相信立法者本意不在于此便忽略条文明确
的、不与同一法律的其他规定相矛盾的含义,那一定是荒谬
和不公正地适用法律。其荒谬至极会令任何人都毫不犹豫
地一致加以拒绝。"[11]按照马歇尔大法官的观点,显明含义
规则甚至可以对抗法官主观上所相信的立法者的意图,因
为显明含义所代表的就是"推定的"立法者的意图。哪怕确
实有证据能够证明立法意图,法官有的时候也会援引显明
含义规则。在 1917 年的一个案件中,法院就是这样做的。
多数派在拒绝了能够证明立法意图的证据之后,说道:
"如果用语是无可置疑的,那么它们就应该被视为立法意
图的最终表达,不能因为从法律的标题名字或者报告或
者任何外部资源中推导出来的考量,而对立法意图加以
增加或者删除……如果用语是显明的,并且不会导致荒
谬的或者完全不切实际的后果,那它就是最终立法意图

〔11〕 转引自[美]托马斯·安修:《美国宪法判例与解释》,黎建飞译,2
页,北京,中国政法大学出版社,1999。

的唯一证据。"[12]

1934 年之后,美国最高法院开始赞同宪法判决不能只以阐述宪法为限,对于含义宽泛的条款,解释是绝对必要的。[13] 在这之后,文本主义解释方法也开始逐渐走下坡路,各种各样的解释标准开始进入解释过程中。最具里程碑意义的或许是美国联邦最高法院在 1940 年"合众国诉美国拖拉机公司案"中的"一锤定音":"能够解释法律语词之意义的帮助可以利用时,肯定没有任何所谓的'法律之治'会禁止使用这些帮助,不管这些语词在'表面审查'之下多么的清楚。"[14]19 世纪到 20 世纪初期,文本主义大行其道。不过,整个 20 世纪的大部分时间中,法律解释的惯常方式却要求法院判断立法机关制定相关法律的意图是什么,或者推动立法的目的是什么,这就是意图主义和目的主义解释方法。尽管法律语言同样很重要,但它已经不是唯一的解释标准,而是意图主义和目的主义解释方法的附庸。[15]在这个意义上,作为一种独立的解释方法的文本主义似乎已经不存在了。

这样一来,立法史在旧文本主义中的作用就值得进一

[12]　242 U. S. 490(1917).

[13]　[美]托马斯·安修:《美国宪法判例与解释》,黎建飞译,6 页,北京,中国政法大学出版社,1999。

[14]　310 U. S. 534(1940).

[15]　See Peter J. Smith, Textualism and Jurisdiction, *Columbia Law Review*, 2008, Vol. 108, pp. 1898-1899.

步考察了。埃斯克里奇指出将传统的显明含义规则称为
"软的"显明含义规则,因为如有相反的立法史,那么最显明
的含义都可能不会被法院采纳。而且,沃伦法院和伯格法
院几乎所有主要以显明含义方法审理的案件中,法院都会
检查立法史来确定意义明确的文本没有误读立法机关的意
图。[16] 在一般的制定法解释领域内,立法史也得到了法院
的援引,一般是出于以下五种情况:(1)避免荒谬结果;
(2)防止法律按照立法时的错误而解释;(3)理解特定术语
的含义;(4)理解法律条文试图实现的"合理目的";(5)在几
个可能的"合理目的"之间做出选择。[17]

传统文本主义解释方法主要是强调文本的"显明含义"
作为法律解释的标准,但显明含义规则并不拒绝立法史的
引用,特别是在引用立法史可以确定显明含义的情况下,法
院并不会拒绝参考立法史。因此,在传统文本主义阶段,立
法史的引用屡见不鲜。这一趋势到 20 世纪 80 年代以后有
所下降,甚至只有在个别几个案件中才有所引用。这主要
是因为以斯卡利亚大法官以及伊斯特布鲁特法官为首的
"新文本主义者"对传统文本主义作出了修正。新文本主义
者和传统文本主义者之间的差别主要有两点,第一是以"正

---

〔16〕 See William N. Eskridge, The New Textualism, *UCLA Law Review*, 1989-1990, Vol. 37, pp. 626-627.

〔17〕 Stephen Breyer, On Uses of Legislative History, *Southern California Law Review*, 1991-1992, Vol. 65, p. 862.

常含义"或"合理含义"(ordinary meaning)取代"显明含义";第二是坚决反对援引立法史。这种立场转换是对崇尚立法意图、立法目的解释方法的批判性回应以及对文本论本身所主张的客观性的辩护的基础上形成的。在 20 世纪 80 年代以后,这种解释方法逐渐成为美国联邦最高法院的主流解释方法,不少原本与之保持距离的大法官也逐渐向新文本主义的立场靠拢。

斯卡利亚大法官对于新文本主义的基本理念的阐述,主要是在 1995 年 3 月 8 号和 2 月 9 号在"坦尼讲座之论人类价值"上所做的题名为"民法制度中的普通法法院:美国联邦法院在解释宪法与法律中的角色"(Common-Law Courts in a Civil-Law System: The Role of United States Federal Courts in Interpreting the Constitution and Laws) 的演讲。

斯卡利亚将文本主义和严格解释区分开来,指出文本主义应该追求的是合理的含义,而不是严格的字面含义。他指出:"文本主义不应该与所谓的严格解释相混淆,后者是文本主义的比较低级的形式,给整个文本主义招致坏名声。我并不是一个严格的解释论者,没有人应该是——虽然我觉得这比非本文主义者要好。文本既不能严格解释,也不能宽泛解释;它应该作合理解释(reasonably),包含其全部合理的含义(to contain all that it fairly means)。"那么,什么算作"合理的含义"呢? 斯卡利亚举了"史密斯诉合众国案"这个被后来学者当作新文本主义的典型案例来辅助证明。在这个案件中,史密斯在毒品交易过程中,拿枪支交换毒品,而当时有一部法律规定,"在毒品交易犯罪过程中,或者与毒品交易相关联的活动中使用枪支"(制定法说的"使用枪支"是"use firearm"),构成刑事法上的加重处罚情节。在这个案件中,多数派法院认为史密斯的情节属于该法所规定的在毒品交易犯罪过程中"使用"枪支,因此对史密斯判处了更重的刑罚。斯卡利亚大法官认为,多数派的解释实在是过于严格,没有考虑语言的合理含义。他说:"一个正确的文本主义者,我说的是像我这样的文本主义者,当然会投票赞同我的观点。"斯卡利亚认为,对"使用枪支"这个术语的合理解释,应该是说"当作武器"(use as weapon)使用,这样理解才比较正常。在这篇措辞略为随意的文章中,斯卡利亚也在学术意义上对文本主义解释方法作出了辩护。有些人指摘文本主义是"形式主义的",斯卡利亚说道,"对这个问题的回答是,当然它是形式主义的!法律之治就是关于形式的。"斯卡利亚坚决反对法官在文本主义考虑宽泛的社会目的之后对法律进行改写,特别是所谓的"活生生的宪法"的理念,因为在斯卡利亚看来,这样做无疑会扩大法官的自由裁量权,将司法裁判当作政策制定的跳板,最好的办法还是坚持文本主义,因为文本主义才能够保证司法裁判的客观性。同时,斯卡利亚也反对参考立法意图,因为公共选择学派等政治科学的分析已经表明,立法机关根本就没有一个统一的立法意图，而且以立法意图作为解释的指导准则，有违法治的基本理念。

　　新文本主义的另一位代表者则是伊斯特布鲁克，他同样对立法意图论解释方法提出了尖锐的批判意见，并为新文本主义作出了有力的辩护。伊斯特布鲁克认为："制定法并不是私人语言的运用。它们的解读，应该像是合同的要约，旨在发现它们的合理含义。它们是公共文件，是由许多党派以及那些撰写立法史并在立法院中发言的人所协商和批准的公共文件。法律的语言，而不是起草者的意图，才是'法律'。"[18]作为立法意图的代表，立法史被伊斯特布鲁克所批判自然是在情理之中了。伊斯特布里克认为，使用原初意图而不是探究对语言的合理含义会给法院带来许多的裁量空间。比如，法院可以动辄援引立法史宣称法律语言的含义是模糊的，也可以利用想象性重构的方式向立法机关问一个假设性的问题，同时法院也可以选择立法意图的代言人等，这些方式都给法院创设了不少主观选择的空间。进而，伊斯特布鲁克说道，"宣称通过'解释'找到了答案——而立法机关从来就没有作出回答，也没有授权法官

---

〔18〕　Frank H. Easterbrook, The Role of Original Intent in Statutory Construction, *Harvard Journal of Law and Public Policy*, 1988, Vol. 11, p. 60.

创设普通法——就是要玩弄'解释'这个词的含义"。[19] 伊斯特布鲁克认为,解释的重点应该从立法意图转向与立法所使用的语言,因为"不管我们多么清楚立法者的希望和预期,立法机关发布具有约束力的命令的唯一方式就是将这些命令置于法律当中"。[20] 那么我们应该怎么解读立法文本呢? 伊斯特布鲁克认为,显明含义是一种非常糟糕的解释标准。"因为解释是一项社会事业,因为语词并没有自然的含义,因为语词的效果在于语境,我们必须要参考这些语境"[21]在这些论述中,我们可以看出伊斯特布鲁克和斯卡利亚大法官在很多方面其实是一致的。不过伊斯特布鲁克比斯卡利亚大法官更为坦诚地承认法院不可避免要解释模糊的法律语言,因此,如果按照文本主义的解释方法无法得出确定的答案,这并不是什么惊人的秘密。还有一些学者将伊斯特布鲁克和波斯纳进行对比,发现伊斯特布鲁克也未必那么形式主义,有的时候他也会接受后果评价的解释标准,这或许表明伊斯特布鲁克是一个比斯卡利亚更为"中

---

[19] Frank H. Easterbrook, The Role of Original Intent in Statutory Construction, *Harvard Journal of Law and Public Policy*, 1988, Vol. 11, p. 66.

[20] Frank H. Easterbrook, Text, History, and Structure, *Harvard Journal of Law and Public Policy*, 1994, Vol. 17, pp. 68-69.

[21] Ibid, p. 64.

庸"的文本主义者。[22]

　　新文本主义如今可以说是如日中天,不少学者也主张新文本主义才是解释的"王道"。不过 Jonathan T. Molt 却认为,目前围绕文本主义展开的论辩终将走向与其他解释方法的和解,他进而主张,文本主义者如果意识到最近制定法解释观点的重合,以及仍旧存在的许多解释方法的合理之处,那么文本主义的立场将会更为圆融。他大胆预言在后文本主义的时代中,文本主义"矫枉"的革命任务已经完成,而文本主义所面临的任务是如何避免"过正",从而将自身限制在相对温和的界限当中,这就是后文本主义时代。换言之,在法律解释领域内,虽然学者和法官仍然对一些解释难题抱有分歧,但这些分歧都会逐渐走向和解。他以"Erie 案"及"Chevron 案"为例,指出这些案件是持有各种解释理论的学者在坚持自己的理论主张的同时也与对手理论达成一定程度的共识的结果。从司法解释实践中的共识出发,作者认为以强版本的文本主义代替强版本的目的主义的革命时代已经结束了,相比较"激进的"文本主义,在各种解释理论之间寻找到相对适度的平衡点更为重要。因此,要维持文本主义的胜利果实,同时要对文本主义的诸多弊病加以检讨,最好的办法是寻找一种温和的文本主义,作

---

　　[22] See Daniel A. Farber, Do Theories of Statutory Interpretation Matter? A Case Study, *Northwest University Law Review*, 2000, Vol. 91.

者认为这一解药就是司法适度主义(judicial modesty)。作者对所谓的司法适度主义进行了解释,"一个适度的法官不愿将他自己所偏好的法律解读方式看成唯一正确的答案。一个适度的法官也不主张完全忽视律师提交给他的政策性论据(并且在不参考这些政策后果的情况下就做出他所偏好的解读方式)。相反,司法适度就意味着坦率地承认法官在解释过程中所做的工作,以及政策后果对那一工作的影响。一个适度的法官会努力通过坦诚,而不仅仅是形式上的简洁,保证解释的透明。"[23]相应地,适度版本的文本主义"将会反对激进的文本主义者用来强调他们和非文本主义者的差异。当合理的人,在检查了所有的语境因素之后,可能会对法律的意义有不同的理解时,适度的文本主义者永远不会利用文本主义的工具制造法律的明确性。最近文本主义者总想对明确性和模糊性划出专断的区分,而适度的文本主义法官可能立马就会反对这种做法。适度的文本主义者并不主张在文本主义的线索强烈地指向一个方向时完全不考虑目的,适度的文本主义者可能会在对法律是否能够适用于手头的案件作出终局性的结论之前,考虑所有能够利用的语境因素。这并不是说,适度的文本主义者允许政策考量压过文本,正如强的目的主义者以前曾经做

〔23〕 Jonathan T. Molot, The Rise and Fall of Textualism, *Columbia Law Review*, 2006, Vol. 106, p. 64.

过的那样,而是说,他会先看文本和文本主义的线索,然后对之加以重视。如果文本主义的工具强烈地指向一个方向,这可能会使政策后果和法律的目的变得不那么重要。事实上,如果文本主义的工具强烈地指向一个方向,只有法律目的的最有力的证据和政策后果才能够驱逐文本主义的解释——比如在荒谬结果中就是这样。但是如果文本主义的工具并没有强烈地指向哪个方向,目的主义的工具可能会更有力,并且可能最终会决定案件的结果。"[24]

总而言之,在后文本主义的时代中,强版本的文本主义将逐渐走向一种适度版本的文本主义,这种文本主义解释方法并不回避对立法目的、立法意图以及各种语境因素的综合考量。事实上,可以说文本主义从强到弱的趋势,其实也隐含着法律解释理论从基础主义到实用主义的转化。所有的解释理论,都有两种版本:一种是更为狭隘的基础主义的版本;另一种则是更加宽泛的实用主义的版本,文本主义也有这种趋势。[25] 而这样的转化是否真的能够回避传统文本主义以及新文本主义所遭遇的诘难,以及这样的立场转化在何种程度上能够保留文本主义的本质而不至于被其

---

〔24〕 Jonathan T. Molot, The Rise and Fall of Textualism, *Columbia Law Review*, 2006, Vol. 106, p. 65.

〔25〕 See William D. Popkin, The Dynamic Judicial Opinion, in *Issues in Legal Scholarship*, Issues 3: Dynamic Statutory Interpretation, 2002, Article 7, p. 1.

他解释理论(如动态法律解释以及更为宽泛的法律实用主义)所包容——当然也包括这样的包容是否合理——仍旧是一个有待争论的话题。

二、文本主义的基本准则及其在宪法裁判中的适用

作为最传统的宪法文本解释方法,"本来的含义"一直以来都是法院的解释依据。美国最高法院有时宣称:宪法文字应按照制宪时的含义来解释。1856年,该院裁定总统有权以自由刑来代替死刑。韦恩法官说:"宪法中有关唤起执行和赦免的权力的文字必须根据通过时的含义来解释。"1895年,在裁决根据宪法文字的含义所得税是否属于宪法中的"直接"税时,最高法院表示:"我们寻求宪法起草和通过时直接税的含义是什么。"1920年,霍姆斯法官强调宪法文字"应根据其通过时最明显的通常含义来解释。"[26]这种立场与原旨主义解释方法或有重叠,因此在此无须赘述。除此之外,文本主义解释方法还经常利用一些所谓的"解释准则"(interpretive cannons),这些解释准则是法官在长期的经验中确立起来的习惯性的解释标准。

---

[26] [美]托马斯·安修:《美国宪法判例与解释》,黎建飞译,12~13页,北京,中国政法大学出版社,1999。

（一）显明含义规则

"显明含义"经常被用来说明宪法或者法律条文的意义是"明确的""没有歧义的"。最高法院在 1992 年的案件中，曾经对显明含义规则作出一个典型的陈述："在法律解释的案件中，起点必定是法律的语言，当法律对某一个问题有明确的说法时，除非是在最不平常的情况下，司法机关对于法律含义的解释即告结束……在这个案件中，具有统治力的原则是如下基本的、没有例外的规则，即法院必须要实施法律以书面形式写下来的含义。"[27]

在马歇尔法院时期，显明含义的规则经常得到法官的使用。在许多重大案件中，法院都假设立法机关是一群能力卓越的立法者，因此他们所制定的法律条文是用最平实的语言撰写出来的，目的就在于让具有一般理智的公民都能够读懂。首席大法官马歇尔在"吉本斯诉奥登案"（Gibbons v. Ogden）中指出立法者"必须被理解为使用了自然意义上的语言，并且他们说的就是他们所意图的。"[28]由于马歇尔认为，法律是以"自然语言"（natural language）写就的，而不是以让人如堕云里雾中的专业术语写就的，因此作为立法机关的忠实代理人，法院的解释任务就在于从中解读出词语

---

〔27〕　Estate of Cowart v. Nicklos Drilling Co., 112 S. Ct. 2589, 2594 (1992).

〔28〕　Gibbons v. Ogden, 22U. S. 188(1824).

本身所具有的"自然含义"或者"显明含义"。而在"吉本斯诉奥登案"中,马歇尔就是利用这一方式来解读本案中具有争议的词语"商事"(commerce)的。马歇尔推理到:"商事无疑就是交通(traffic),但有的时候还可以表示其他含义:它还是交流(intercourse)。它描述的是州与州之间,州的各个部分之间的商业交流……"[29]在这个案件中,马歇尔对"商事"这个词语的理解仰赖于日常语言交流习惯,因此法院也没有参考更多的解释资源。

同样地,在"马汀诉汉特出租方"这一涉及宪法司法管辖权的解释的案件中,斯托里大法官也使用了"显明含义"解释规则。他说,"宪法的文字用语应该按照自然的、明显的含义来理解,而不是用不合理的受到限制的或者扩大的意义来理解。"在这个案件中,斯托里大法官利用这一解释规则的目的在于驳斥最高法院不能对州最高法院裁判的案件行使上诉管辖权的主张。美国宪法第三条(特别是第二款)明确规定:"司法权适用的范围,应包括在本宪法、合众国法律和合众国已订的及将订的条约之下发生的一切涉及普通法及衡平法的案件;一切有关大使、公使及领事的案件;一切有关海上裁判权及海事裁判权的案件;合众国为当事一方的诉讼;州与州之间的诉讼,州与另一州的公民之间的诉讼,一州公民与另一州公民之间的诉讼,同州公民之间

---

〔29〕 Gibbons v. Ogden, 22 U. S. 189-190(1824).

为不同之州所让与之土地而争执的诉讼，以及一州或其公民与外国政府、公民或其属民之间的诉讼。在一切有关大使、公使、领事以及州为当事一方的案件中，最高法院有最初审理权。在上述所有其他案件中，最高法院有关法律和事实的受理上诉权，但由国会规定为例外及另有处理条例者，不受此限。对一切罪行的审判，除了弹劾案以外，均应由陪审团裁定，并且该审判应在罪案发生的州内举行；但如罪案发生地点并不在任何一州之内，该项审判应在国会按法律指定之地点或几个地点学行。"在这个宪法条文中，关于上诉管辖权的限定一直都在于案件的类别，而不在于案件裁判是由哪一个法院作出的。因此斯托里法官据此认为"是案件而不是法院才授予管辖权……如果司法权扩张到这个案件，想在宪法的用语中找到它所依赖的法院的限定是徒劳的。"〔30〕

　　显明含义的解释规则一直为法院间断使用，在 2008 年的"黑勒诉哥伦比亚地区案"（Heller v. Columbia）中还能够看到显明含义的影子。不过，这并不代表显明含义规则就没有引起法官的质疑。最大的难题或许在于显明含义的判断标准依赖于法官的语义直觉，因此一些词语的含义在一些法官看来是显明的，但在另一些法官看来未必就是显明的，因为不同法官的语言背景和社会经验可能会有所不

---

〔30〕　Martin v. Hunter's Lessee, 17 U. S. 202(1819).

同。一个例子就在于 1872 年的"屠宰场组案",在那个案件中,法院认定州的垄断做法并没有违反第十四修正案。大法官 Noah Swayne 持异议意见,他之所以持异议意见是因为:"要阐明它的意义,彻底的分析是没有必要的。它的语言是可以理解的,并且是直接的。实在是再清楚不过了。它所用的每一个单词都有一个固定的含义。不存在解释的空间。没有需要解释的东西。详细解释可能会让需要实施的意图和目的隐晦难懂,而不会令之更为清晰。"[31]不过,对大法官当时的"大放厥词"可谓极大讽刺的是,第十四修正案所规定的平等原则,事实上却是美国联邦最高法院宪政史上最难解释的宪法条文,几乎每一次遭遇都会让法院形成尖锐的分裂,进而,也成为后世学者诟病"显明含义规则"不显明的最好靶子。

(二) 荒谬结果规则

严格适用显明含义规则很可能会产生不合理的结果,因此对于显明含义规则必须加以限制,这就是"荒谬结果规则"。荒谬结果规则出现于 18 世纪晚期到 19 世纪早期的英国,在 1819 年的美国联邦宪法法院的司法裁判中就已经出现了这一规则,其后荒谬结果规则就成为了"黄金规则"的一部分。为了调和严格的文义解释所导致的不可接受的

---

〔31〕　Slaughter-House Cases, 83 U. S. 126(1872).

结果以及立法优先之间的张力,荒谬结果规则应运而生。[32] 所谓的"荒谬结果规则"是指,在适用显明含义时如果会产生荒谬的结果,则这种解释就不能作为法律解释的最终结果。荒谬结果规则有可能会招致法官篡夺立法权的批判,因为原则上法官是不能够改写法律的。但荒谬结果规则的支持者很轻易就对这个批判作出了回应。他们宣称立法机关在制定法律的时候不可能希望让这种荒谬的结果发生。换言之,立法机关其实隐含地授权法院反对任何可能会导致荒谬结果的解释。

荒谬结果规则经常作为显明含义规则的附带性规则,法院经常一再宣称显明含义要成为最终立法意图的唯一证据,还必须分析显明含义是否会导致"不实际的"后果或者"荒谬的"后果。甚至,法院经常将荒谬结果规则作为显明含义规则的唯一例外。在"合众国诉密苏里案"中,法院就曾表述过荒谬规则原则:"当立法的语言清楚,且根据其术语的解释并未导致荒谬的结果或者不实际的后果,则立法所采用的语言就是其所意图表达的意义的最终表述。"[33]再如,"曼登哈尔诉卡特案"(Mendenhall v. Carter)中,法院也说道:"法律解释的首要规则(有的时候被称为黄金规

---

〔32〕 See Veronica M. Dougherty, Absurdity and the Limits of Literalism: Defining the Absurd Result Principle in Statutory Interpretation, *The American University Law Review*, 1994—1995, Vol. 44, pp. 135-136.

〔33〕 United States v. Missouri Pac. R. R. ,278 U. S. 269,278(1929).

则)就是要赋予法律显明的、没有歧义的语言以文义上的、正常的含义,除非这样做会导致明显的荒谬结果或者不正义。"〔34〕在适用显明含义可能会损害法律制度的重大价值的情况下,法院一般会推定立法机关不可能希望这样的结果,荒谬结果规则正是建立在对立法者的理性思考能力的假设上的,即立法机关如果预见到特定法律含义的适用会产生的困难,他们或许会对立法作出修改,以避免这种荒谬的结果。由是,我们可以看出,荒谬结果规则其实和显明含义规则一样,都是建立在一种强版本的意图主义的基础之上的,它可以容许法院在特定法律的适用与立法机关的"真正意图"发生矛盾的情况下,无须请示立法机关或者等待立法机关修改法律,就对法律进行合理的修改。因为,作为立法机关的"忠实代理人",法院必须要实施立法机关的真正意图。

荒谬结果规则是美国联邦最高法院多变的解释方法论中少数几个固定不变的规则之一,〔35〕那么,如果判断何种结果构成荒谬的结果呢?这或许依赖于一种经验性的直觉或者法官的生活经验。一种比较普遍的判断标准是看这一结果是否发生了"与广泛接受的道德、哲学、政治学或者便

---

〔34〕 Mendenhall v. Carter, 17 F. CAS. 12(W. D. N. C. 1872)(No. 9426).

〔35〕 John F. Manning, The Absurdity Doctrine, *Harvard Law Review*, 2003, Vol. 116, p. 2389.

利等原则发生了极端的偏离"。[36] 这样的判断或多或少需要法官的常识。在"克鲁克斯诉哈雷森案"（Crooks v. Harrelson）中,法院就指出"荒谬结果必须要严重到能够令公众的道德观或者常识感到震惊"。[37] 换言之,这种荒谬结果的判断就必须依赖于法官对于共同体的道德观念以及可能的回应的经验判断,没有什么新奇的复杂计算,没有什么华丽的辞藻,只是——就像马歇尔大法官说的——"所有人都会毫不犹豫地反对"就够了。[38]

　　但是,我们需要注意的是,虽然荒谬结果规则可以击破显明含义,但荒谬结果规则与显明含义之间并不一定是这种关系。在英国法中,显明含义规则反倒可以击破荒谬结果。1913 年的一个案件就指出"如果法律的语言是显明的,那就只允许一个含义","立法机关必须要被理解为,他们所想要表达的就是他们用显明的语言所要表达的,不管立法所使用的显明术语有什么样的意义,哪怕它会导致荒谬的或者有害的结果,这个意义都必须要实施。"这是因为司法机关没有权力评判立法机关所制定的政策是否明智,

---

　　[36]　E. Russell Hopkins, The Literal Canon and the Golden Rule, 15 Canadian B. Rev. 689, 692(1937),转引自 John F. Manning, The Absurdity Doctrine, *Harvard Law Review*, 2003, Vol. 116, p. 2401。

　　[37]　Crooks v. Harrelson, 282 U. S. 55, 60(1930).

　　[38]　Sturges v. Crowninshield, 17 U. S. (4 Wheat.)122, 203(1819).

其所导致的后果是否公正,是否有害。[39] 不过,相比英国,在美国宪法解释方面,荒谬结果规则似乎比显明含义更少受到挑战。

(三) 重复和冗余规则

在宪法与法律解释中还有一个比较常见的解释准则认为,文本的解释不得令其他部分变得没有意义或者冗余,这就是"重复与冗余规则"。这一规则建立在这样一种常识性的预设上:立法者在制定宪法与法律的时候对相关的遣词用句进行了深思熟虑,他们不仅不会故意使用不精当的用词,而且会尽量让法律规定看上去用词精练而优美。从本质上来说,这一规则也是属于理性主义立法时代的思想。尽管在今天看来,法律规定的冗余似乎处处可见,但美国法院经常在解释过程中将法律看成一部完善而融洽的体系。

自然,这种解释方法就要求法官将宪法与法律的所有文字、短语和句子都视为是有特殊的含义的,不能够轻易地删除、遗漏或者更改。对此,1840 年美国最高法院首席大法官罗杰·泰勒的说法或许道出了其中的真意:"在解释中,必须赋予美国宪法每一个字的应有效力和恰当含义。因为显然宪法中没有多余的或累赘的字。许多有关宪法解

---

〔39〕　See John M. Kernochan, Statutory Interpretation: An Outline of Method, The Dalhousie Law Journal, 1976—1977, pp. 338-339.

释的论述证明这种方式的正确性,也表明制宪者是智力超人、谨慎而有远见的杰出人物。每一个细心斟酌的字都颇有分量,其效力和要旨都经周详考虑。因此,宪法文字无一多余或无用……"〔40〕

第十四修正案逐渐在历史舞台中显化的一个动力正是这个规则。早在"屠宰场组案"中,大法官费尔德就在异议意见中作出,根据法院对于第十四修正案的"特权与豁免条款"的解释,这个条款本身并没有任何意义,因为多数派法官所确认的所有特权和豁免权在这一条款通过之前,就已经受到美国宪法的保护了。〔41〕 由于当时法院并没有主动援引"重复和冗余规则",导致法院将原本是第十四修正案的重要条款的"特权与豁免"条款束之高阁。其后,在"哈让多诉加利福尼亚案"(Hurtado v. California)中,法院终于开始挥舞起这个规则的有力武器,从第十四修正案当中解读出正当程序。法院推理道,第五修正案包括了正当程序条款,并规定联邦刑事案件的被告应该由大陪审团来控告。如果说正当程序条款要求由大陪审团控告,那么作出这一规定的第五修正案的特定条款不就是画蛇添足了? 所以,第十四修正案正当程序条款并不要求州行事审判中的被告

---

〔40〕　霍姆斯诉詹森案,1840 年,转引自[美]托马斯·安修:《美国宪法判例与解释》,黎建飞译,18 页,北京,中国政法大学出版社,1999。

〔41〕　83 U. S. 36,96(1872).

要由大陪审团控告。[42]

　　当然,这并不是说法院在所有的宪法解释案件中一遇到可能导致重复和冗余的解释就一概弃之不用。在"Trop v. Dulles 案"中,法院面临第八修正案是否禁止死刑的解释问题。第八修正案禁止"残忍(cruel)而不同寻常的(unusual)刑罚"。虽然对于什么是"残忍"或许都有共识性的理解,但"不同寻常"又是什么意思呢? 对此法院破费思量。以首席大法官沃伦为首的多数派认为,宪法修正案的起草者在起草修正案的过程中,是希望让这个修正案的每一个部分都有特定的含义的,因此"残忍"是"残忍","不同寻常"是"不同寻常",二者不可等量齐观。沃伦指出,在过去,法院适用这个条款的时候"并没有考虑'不同寻常'这个词汇下面可能隐含的任何微妙的意义",因此,不管"残忍"和"不同寻常"这两个术语之间是否存在词义的交叉或者根本指两个不同的范畴,根本就不重要。[43]

(四) 明示其一则排斥其余

　　"明示其一则视为排除其余"是一条著名的拉丁语法谚(expressio unius est exclusio alterius,或 unius est exclusio alterius),其意思是指法律如果明确列举某些情况,视为排

---

[42]　110 U. S. 516,534-535(1884).

[43]　356 U. S. 86,101(1958).

除其他没有列举的情况。比如,如果合同法明确列举了某些可以免除合同责任的情况,那么没有列举的情况就属于不可免责的情形。这是一种从正面规定进行反面推理的准则,它建立在一种非常简单的假设的基础之上:如果立法者希望将没有列举的情况纳入法律的规定中,他肯定会以明确的文字用语将之写入法律。

这个解释规则最早是在 1860 年"State, ex rel. Crawford v. Hastings."案中适用于威斯康星州宪法的解释。原告克劳福德法官被选任为美国联邦最高法院陪审法官之后,向州申请对 6 个月工资进行核算。不过州财务负责人拒绝支付这笔薪水,理由是另一位法官已经领取了这份薪水,而且授权没有经过新设立的州审计官员连署。克劳福德法官认为,既然州宪法已经规定了由州秘书负责审查这些账目,这就排除了其他人审查的可能。法院同意这个观点,指出"明确地将权力授予一个官员或者一个部门,就暗示着这项权力不能由其他官员、部门或者人员行使。"[44]而美国最高法院有迹可考的适用这一规则的案件,则可以追溯到 1803 年著名的"马布里诉麦迪逊案"。在那个案件中,首席大法官马歇尔就指出"肯定的用词经常在它们的运作下,否定那些没有肯定的对象;在这个案件中,否定的或者排除性的含义

---

[44] See Clifton Williams, Expressio Unius Est Exclusio Alterius, *Marquette Law Review*, 1931, Vol. 15, pp. 191-192.

应该被赋予它们,否则它们就根本无法运作"。[45]

　　诚然,在联邦权力与州权力的架构方面,"明示其一则视为排除其余"规则的适用往往会对联邦权力构成极大的限制。最明显的例子莫过于马歇尔法院时期在"吉本斯诉奥登案"中对于"商事"一词的理解。马歇尔大法官在定义商事权力的范围时指出,"已列举的就预设了某些没有列举的;如果我们考虑这个句子的语言或者主体,那么某些东西就是排他性地属于州内的商事的。"[46]马歇尔法官的意思是说,如果制宪者希望让国会有权规制所有的商事活动,那么国会肯定会直接按这样的规则定,而不会将它的权力仅限于"州际"商事活动。"州际"这个词的明显含义就是排除"州内"。

　　当然,有的时候从法律的列举性规定进行反面推论并不恰当,特别是在涉及法律本身所要实现的目的或者有违政策性考量时。一个突出的例子就是在"第一国家银行案"中,马歇尔大法官运用"默示权力"的说法扩张联邦宪法权力,无视宪法条文的原初含义的做法。马歇尔法官提醒注意"这是一个需要我们解释的宪法"。另一个例子就是在"科恩诉弗吉尼亚案"中,马歇尔大法官意识到这个规则有的时候是不堪使用的,特别是会损害法律的目的时。马歇

---

[45]　5 U.S.174

[46]　22 U.S.1,195(1824).

尔法官说道:"如果这样做会怕破坏权力的创设所要实现的某些最重要的目标;那么我们认为,正面规定的语词不能够推导出反面含义"。利用这一推理逻辑,对于美国宪法所规定的司法管辖权的规定,马歇尔法官认为,在州作为一方当事人的案件中,最高法院所享有的初始管辖权,不能够解读为在涉及联邦问题而且州作为一方当事人的案件中,最高法院不能享有上诉管辖权。这样的解读方式大大扩张了美国联邦法院的上诉管辖权范围。

在学术批判中,这个规则本身也不是没有理论上的难题的。最重要的问题在于这个规则所建立的假设对立法者的立法能力(当然也包括立法意图)有过高的甚至错误的评估。Einer Elhauge 对这一默认规则提出质疑。他指出,这个规则不足以确定法律条文的含义以及立法者的真实偏好。明确列举某些应用情况可能只是表明立法者希望指出几个例子和包括,而不代表限制或者排除。立法者之所以没有将一些情况列入其中,或许只是立法时的疏漏或者不小心,没有办法注意细节或者预见到相关的情况,或者给同一法律术语带来新含义的新情势。有的时候,省略很可能恰恰是立法者有意为之,因为立法者认为这些情形在情理之中,没有必要为了一一列举而徒增立法成本。[47] 这些理

---

〔47〕　See Einer Elhauge, *Statutory Default Rules: How to Interpret Unclear Legislation*, Cambridge: Harvard University Press, 2008, p. 189.

由都是这个规则所面临的最为常见的反驳,当然,也是法院在实际司法过程中经常提出质疑。

(五) 语法、句法的解释规则

如果细心阅读美国宪法与法律的解释案件,我们会注意到在涉及语意不明的词汇的解读时,法官经常将自己打扮成是一个学院派语言学家。他们会利用自己所熟知的语法和句法规则等语言学知识作为解释的论据。通过这些看似客观的解释规则,法院将多样化的解释可能性排除在外,甚至有的时候创造了在外行人看来很是奇怪的解释结论。

最后先行词原则(last antecedent)可以说是最让人难以摸透的解释规则。所谓的最后先行词原则要求"限定性的用语、短语和从句必须直接适用于其后紧跟的用语或者短语,在解释的时候不能扩展到或者包括其他距离较远者"。[48] 最后先行词原则要求法官在解释宪法与法律(同时也包括合同等以私人语言写就的条款)时,认定限定性的从句一般是修饰最后一个先行词的。这个原则在面对两个并列的名词或者短语时,能够给出一个相对明确的解释答案。不过,最后先行词也不是一个绝对没有例外的规则。在 1969 年的加利福尼亚上诉法院的判决中,法院就宣称"限制性从句是限定修饰最后一个先行词的,除非上下文语

---

〔48〕 United States v. Campbell, 49 F. 3d 1079, 1085 (5th Cir. 1995).

境或明显的含义要求做出不同的解释"。[49] 除了这一限制
之外,有的时候出于尊重立法意图的需要,法院也会对最后
先行词原则作出必要的限制。例如,在"菲尼克斯控制系统
诉北美保险公司案"(Phoenix Control Systems v.
Insurance Co. of North America)中,法院对于保险政策的
解释就适用了最后先行词规则,它认为这个规则"要求限定
性的从句必须适用于之前紧跟着的单词或者短语,只要不
存在相反的意图"。[50] 当然,最后先行词规则有的时候也
是一个复合型的词组,而不是像单独的几个词组成的并列
结构。因此,在法院的实际司法裁判中,还存在另外一条与
前述的最后先行词恰恰相反的原则。索兰将之称为"全包
括原则"。比较具有代表性的是 1975 年州法院的一个判
决,在那个案件中,法院援引了 1938 年的一个案件为依据,
拒绝采纳最后先行词原则而支持下述规则:"在一个法条
中,当几个单词后面跟着一个从句,而且该从句适用于第一
个词也适用于其他词的时候,它应该适用于其前所有的
词。"[51]假如最后先行词的结构是"A ＋(B＋从句)"的话,
那么全包括原则的结构就是"(A＋B)从句"。所以,在全包

---

　　[49]　参见[美]劳伦斯·M.索兰:《法官语言》,张清、王芳译,37 页,北
京,法律出版社。2007。

　　[50]　796 P. 2d 466 (Ariz. 1990).

　　[51]　参见[美]劳伦斯·M.索兰:《法官语言》,张清、王芳译,42～43 页,
北京,法律出版社,2007。

括原则的情况下,A＋B 也可以理解为整个最后先行词。

此外,在宪法解释中,法院也会关注文字的语法结构甚至标点符号。美国最高法院拉马尔法官于 1899 年说:法院在宪法解释中必须注意"起草者所安排的文字语序"。但汤姆逊法官对此作了恰当的补充:"更合语法的字面解释也不会优于字义解释,除非条文的范围和目的要求如此。"[52]甚至,法院还会对宪法条文的标点符号做近乎吹毛求疵的解析,因为制宪机关和立法机关被推定遵守广泛接受的标点符号标准,每一个逗号等标点符号的使用都是为了表现特定的含义。标点符号的重要性在美国宪法修正案与枪支管理问题引起的宪法解释难题中表现得淋漓尽致。1791 年美国宪法第二修正案规定"纪律严明的民兵是保障自由州的安全所必需的,因此人民持有和携带武器的权利不得侵犯"。在"帕克诉哥伦比亚地区案"中,上诉法院利用逗号将第二修正案区分为两个句子,"纪律严明的民兵是自由州的安全所必需的"这个句子属于"序言性的句子",而"人民持有和携带武器的权利不得侵犯"这个句子则属于"操作性的句子"。然后,法院的分析发现"序言性的句子"及其宣布的公民社会的目标要比"操作性的句子"狭隘得多。法院认为这是迫于当时的政治压力所限制,因此认为第二修正案的

---

〔52〕　〔美〕托马斯·安修:《美国宪法判例与解释》,黎建飞译,35 页,北京,中国政法大学出版社,1999。

正确解读应该是不容许个人有权"持有和携带武器"。[53]
不过,最高法院经常指出"标点符号只是解释过程中一个微
小的元素,而不是一个主要因素,如果有需要的话,法院可
以忽视法律的标点符号,或者对之重新加注标点,以实施其
目的和真正的含义"。[54]　总体上来说,不管是文字的语序
还是标点符号等语法解释规则,在美国宪法与法律解释当
中,都只是辅助性的标准,甚至很难说法院对此具有连贯一
致的观点。

(六)专业术语与日常文字解释应予以区分

在专业术语和日常文字之间加以区分,专业术语应作
专业解释,而日常文字应作一般理解,这一解释规则一直以
来都为人们所承认。所谓的专业术语一般是属于特定的技
术领域或者具有特定的历史含义的词汇,因此若对这些特
殊的用语做类似"显明含义"的理解方式显然是不符合常识
理解的。专门术语的解释方式经常会要求法官在文字的意
义射程之外,通过历史考究与结构分析等方式对法律术语
做限定性的理解,而帮助法官获知专业术语的含义最为权

---

〔53〕　Parker v. District of Columbia, 478 F. 3d 370 (D. C. Cir. 2007),
See Joshua Counts Cumby, The Sixth Amendment: Version 1. 0 ET SEQ.
Commas, Clauses, And The Constitution, *George Mason Law Review*, 2011,
Vol. 18, pp. 795-796.

〔54〕　Barrett v. Van Pelt, 268 U. S. 85, 91 (1925).

威的来源显然是英美普通法的传统。最明显的例子就是美国联邦最高法院曾经为了确定"溯及既往"这个法律用语的词汇,而对英国普通法制度下如何使用进行历史考证。在"卡尔德诉布尔案"(Calder v. Bull)中,法院在解释"各州不得制定溯及既往的法律"这一禁止时就指出,这个条文本身是需要解释的,否则就无法理解其含义。换言之,法院认为,这一条款本身并不存在排斥解释的"显明含义"。法院指出"'溯及既往'这个表述方式是技术性的,它们在革命之前就已经长期使用,立法者、法律人和作家均知其正确的意义"。[55] 这样一来,法院就必须要追溯到这个术语在革命时期这个特定的历史背景之下所具有的特定含义。如此一来,专业术语的解读方式也就与原初含义有所交叉。有的时候,对于历史含义的检索经常会追溯到原为北美殖民地的英国本土的普通法制度,这也表明了,尽管英国与美国曾经因为北美独立战争而形成独立的两个国家,但法律文化并未因此就断裂。法院曾经公开宣称要回溯到英国的普通法当中去探寻法律用语的含义,例如,在"推宁诉新泽西州案"中,法院就宣称:"什么是正当法律程序或许可以通过检讨我们的祖先移民之前的英格兰的普通法和成文法已经确立的惯例和诉讼模式来辨明,并且必须符合通过他们定居

---

〔55〕　Calder v. Bull, 3 U.S. 391(1798).

于这个国家之后赖以行动的文明状态和政治状态。"[56]

　　法院对日常用语和专业术语的区分，往往表现在对词典的引用上。对于日常用语而言，法院一般是依赖显明含义，或者通用的词典，而对于专业术语，法院则经常援引专门的词典，其中最常被法院引用的就是《布莱克法律词典》。这样做其实一点也不奇怪。当然，有的时候将普通术语与专业术语区分开来是非常困难的，法院也经常会产生分歧。区分普通术语与专业术语的一般思路是看语境和目的，但正如语言是一个流变体一样，专业术语与非专业术语的区分有的时候也要依赖特定的历史语境，一些原本并不是专业术语的词汇，在经过语言习惯的洗礼之后，经常也会蜕变成专业术语。

三、文本主义的正当性证成

　　约翰·哈特·伊利曾经指出，宪法解释理论中的"解释主义"与"非解释主义"其实是一对错误的二分法。伊利的判断是否正确或涉及解释主义与非解释主义之间的区分这一更为深入的问题，但他的论断正确地指出，从深层意义上讲，我们其实都是"解释主义者"，因为不管是什么样的非解释主义者，最终其实都是在面对"文本"本身做出自己的回

----

　　[56]　211 U. S. 78，100(1908).

答方式,完全脱离宪法文本是不可能的。进而,我们可以说,在本质意义上我们其实都是"文本主义者"。由于文本主义存在新旧文本主义的差别,因此不同的文本主义者或许会提出不同的理论论据。

(一) 民主正当性

文本主义者认为,文本在宪法解释当中是最为重要的,甚至是唯一重要的因素。因此,制宪史、制宪者的意图与目的均被排除在解释过程之外。这是因为在文本主义者看来,文本解释是唯一具有民主正当性的解释方法。文本主义所隐含的政治统治逻辑是,宪法是至高无上的,宪法由制宪者制定,是最高的民意诉求,法官或者解释者乃是人民意志的忠实代理人,其职责就在于忠实地执行代表着人民意愿或制宪者意图的宪法文本,在解释宪法文本时必须遵循他们给出的意义。[57]"忠实的代理人"(faithful agent)这一观念,经常被文本主义者的支持者引以为民主正当性的最佳论据。在文本主义者看来,法官的义务仅限于"实施"作为制宪者意图之表征的文本,法官不能够进行所谓的漏洞填补的法官造法,否则就是僭越了立法权,法治就会变成"法官说法律是什么,法律就是什么"。正如斯卡利亚所主张的,我们的时代是一个文本统治的时代,而不是法官统治

---

〔57〕 徐振东:《宪法解释的哲学》,244 页,北京,法律出版社,2006。

的时代。法官在解释宪法文本时,必须要将自己的角色仅限于解释文本。文本主义的棋手曼宁(Manning)也认为,"文本主义依赖于一种直接的信念:忠实的代理人必须要将规则看成是规则,将标准看成是标准。文本主义者相信,由于立法过程的复杂性,尊重国会说话时的概括程度是必须的;对他们来说,立法的妥协反映在生产出来的文本的细节之中。所以他们尊重这一概括的原则,即应该赋予文本以初始价值——具体文本没有隐含的扩张,宽泛的文本不存在例外——即便立法与产生它的明显的背景性的意图或者目的存在别扭的关系。"[58]

正是在面对意图论解释方法时,这种民主正当性的主张更为迫切。由于文本主义者坚持认为宪法批准过程中所通过的是作为成文文本规定下来的宪法制度,而不是其背后秘而不宣的制宪者的意图,因此文本主义者强烈反对意图论解释方法。正如斯卡利亚所言:"法律的含义由立法者的意图所决定,而不是由立法者所通过的文本所决定,这和民主政府,甚至和公平的政府都是不相容的。在我看来,这种做法和尼诺国王不过是五十步笑百步:将法令高高镌刻

---

〔58〕 John F. Manning, Textualism and Legislative Intent, *Virginia Law Review*, 2005, Vol. 91, pp. 424-425.

于石柱之中,使之不易被阅读。"[59]由于立法者的意图往往会随着时间的流逝,而消散在漫长的历史当中,当代人不管花费多少心思,最后掌握的很可能始终是像迷雾一样模糊不清的东西。甚至作为集体的立法者,根本不可能作为一个整体,能够拟化出"集体意图"。如果坚持以意图作为宪法解释的标杆,那么法官就会有很大的空间,将自己的政策性判断融入其中,进而随意曲解宪法文本。这样做的后果就是使得宪法成为法官政治偏好的跳板,并将稳定的宪法秩序毁于一旦。

正是在这样的担忧之下,文本主义者认为宪法解释最好以文本为主。他们认为,文本体现了制宪者的意图,但不是主观的意图,而是一种"客观化的意图"(objectified intent)。这种意图依托于形式化的成文文本,使得法官的解释活动有了相对稳定的依靠,不至于天马行空或旁逸斜出。在文本主义者看来,宪法文本正是控制法官的裁量空间的不二法门,同时也是符合现代政治民主的工具。如果给法官套上文本这一马具,那么法官的一举一动就处在人民的监督之下,因为只要稍有知识的人民都能够对宪法文本说了什么表达自己的看法,而由此形成的公共意见就会

---

〔59〕 Antonin Scalia, Common-Law Courts in A Civil-Law System: The Role of United States Federal Courts in Interpreting the Constitution and Laws, in Amy Gutmann ed., *A Matter of Interpretation*, Princeton: Princeton University Press, 1997, p. 17.

对法官的解释行为形成有力的监督力量。

文本主义的民主正当性主张导致其与"法律形式主义""法律主义"或者"严格解释"等饱受批评的标签关联起来，[60]特别是在文本主义者看来，虽然立法意图和立法目的会因为时间的流逝而变得不可捉摸，但作为固定的语言文字的文本却不会消散，文本始终"在那儿"，哪怕这个世界已经沧海桑田。因此，在文本主义者看来，"死手难题"事实上并不会限制其民主正当性。因为作为民主政治过程的产物，"文本"本身并不是僵死之物。正如英美语言哲学界流传着的一句古老的格言"*Vocabula manent rese fugiunt*"，其意为"事物已逝，而文字犹存"。作为语言文化习惯中常变的文字构造物，宪法文本本身就存在进化的可能，而这种可能来自于作为语言共同体的人民对于宪法文字本身的合理解读。正是在这个意义上，文本主义者其实和所谓的严格解释或者文义解释并不存在必然的关联。同时，也正是在这个意义上，文本主义者给出了不同于活生生的宪法的动态解读宪法文本的方式，这种方式并不需要像活生生的宪法那般，对宪法解释的民主正当性造成明显难以调和的损害。

由于文本主义者并没有将法官置于选择或者界定美国

---

〔60〕 这种关联关系，见诸对"文本主义"的界定当中。参见郑贤君：《宪法方法论》，113页，北京，中国民主法制出版社，2008。斯卡利亚本人也不否认文本主义是"形式的"。

政治价值的超越性地位,因此对于比克尔以来宪法学传统的"反多数难题"给出了一种相对比较满意的解答方式。由于文本主义者强调要从我们的宪法文本中提炼价值,而宪法文本本身曾经提交给人民批准,人民也确实批准了,所以文本主义者最终提取的价值是来源于人民的。这样一来,文本主义的回答方式就又回到卢梭曾经讨论过的"服从公共意志究竟是一种专断抑或是一种民主"的思路:当每一个人都交出自己的一份意志,从而组成一个整体意志时,服从这个意志就相当于服从自己的意志。

(二) 宪法成文性

文本主义解释方法的第二个论辩理由来自于宪法本身的文本性(writtenness),即美国宪法本身是以文本的形式规定下来的。不管是否存在活的宪法,还是看不见的宪法,抑或是否承认宪法解释存在"超文本的因素"(阿玛尔的术语),还是"社会性文本"(布莱斯特的术语),非解释主义者都没有办法正视一个根本的事实:美国的宪法是一部成文宪法,而不是不成文宪法。因此,不管是什么样的宪法解释理论,都必须要回答这样一个问题,即美国宪法文本究竟是一个什么样的文本。而这样的设问方式使得文本主义理论主张就具有了比其他解释方法更为强大的初始优先性。

对于生活在美国建国初期的人来说,选择一部成文的宪法抑或是一部像母国英国一样不成文的宪法,曾经引起了剧烈的论辩。最后,在革命情绪的影响以及英国殖民经历之下,美国人毅然选择成文宪法的形式,以便将人民所拥有的基本权利以成文形式确定下来。以成文宪法的形式确定美国的基本政治制度,意味着美国与英国不仅仅形成了独立的两个政治社会,而且在政治合法性的来源上也有所分裂,进而"我们人民"的意义就限定在了美国序言所说的"我们美利坚合众国的人民"这一公民身份上。如果说这样的选择有什么样的意义的话,那就是必须要"认真对待"美国宪法的文本。迈克尔・斯托克斯・鲍尔森(Michael Stokes Paulsen)在讨论美国宪法是否规定了它自己的解释方法时,就指出宪法的成文性对于宪法解释方法的重要性,"宪法直接地、明确地、毫不做作地提出了它自己的解释原则。它以明确的术语说道,人民所通过的是宪法的成文文本,成文文本才是权威的、具有约束力的:'我们人民……为美利坚合众国制定和树立本宪法''这部宪法……是这个国家的最高法律'。通过'这部宪法'这样的明确措辞,它似乎还说,组成'这部宪法'的成文文本是排他性的;不属于成文宪法的东西就不属于'这部宪法'。它还明确指出法官应该受到这一排他性的、成文的文本的'约束';他们,以及所有其他政府官员,必须要正式宣誓遵守它;他们必须要将之视为具有约束力的、最高的法律加以适用。"然后,他又另起一段,以一句更为洗练的句子结束了他的论辩:"总而言之,宪法的文本规定了对具体的、排他性的、有限的、明确的成文文本的忠诚。"[61]

　　上述论辩是结合政治理论对文本主义的证成,而在诠释学的语境中,文本论解释方法自有其独特的论证思路。尽管理解其实是在对话中寻求相互理解的过程,但诠释学本身却是一种"异化的对话",即主体间性的存在。读者与作者所存在的历史距离,既产生了理解的障碍,也是理解的条件。[62] 诠释学经常要面对文本的解读,因此诠释学本身其实是围绕文本展开的理解运作的理论。[63] 在诠释学的任务到底是什么上,不同的学者持有不同的观点。早期的解释学坚持施莱尔马赫的语法解释和心理解释方法,主张"理解一位作者就像如作者理解自己一样好,甚至比他对自己的理解更好",其后则是狄尔泰的历史主义,要求意识到解释者自身的历史主义倾向,和施莱尔马赫一样,狄尔泰也强调要设身处地地站在历史作者的立场上去解读作品。20世纪初以后,以海德格尔、伽达默尔等为首的解释学对传统的方法论解释学发起了冲击,并以"读者中心论"取代"作者中心论"。由于"读者中心论"赋予了读者极为强大的解释

〔61〕　Michael Stokes Paulsen, Does The Constitution Prescribe Rules for its Own Interpretation? *Northwestern University Law Review*, 2009, Vol. 103, p. 859.

〔62〕　对于伽达默尔的哲学解释学来说,他更为强调这种主体间性或者效果历史恰恰是理解的条件。

〔63〕　参见[法]保罗·利科:《诠释学与人文科学:语言、行为、解释文集》,孔明安等译,3页,北京,中国人民大学出版社,2012。

自主权,又存在瓦解文本的极端倾向,因此西方哲学解释学则从"读者中心论"开始向"文本意图论"发展。

现代解释学所关注的对象并不是一般的对话,而是文本这一"异化的对话"。而造成解释难题的源头恰恰在于文本的历史性,这种历史性导致了读者与作者之间的时间距离,即读者没有办法重新回到作者那里确认解释的正确性,"读者远离书写行为,作者远离阅读行为。因此,文本导致了读者和作者的双重消失"。[64] 进而,这种时间距离导致解释有效性标准的回答方式很大程度上是一种哲学思辨。而哲学解释学的新近代表文本中心论则认为,文本既不属于作者,也不属于读者,"文本就是文本"。在他们看来,意义或者真意是内在地存在于文本的,换言之,他们坚持一种哲学上的唯实论的观点,相信在文本当中存在一种实体意义上的意义。进而,作为读者的任务就是去发现这种意义。现代文本主义者大多承认,文本的显明含义必须依赖于语言实践,即同质化的语言共同体。因此,他们认为文本的绝对自洽性并不存在,文本始终要向特定的语境开放,由此文本主义就进入到了语境论。文本主义者坚决反对以作者的意图作为解释问题的正确答案,因为在文本论者看来,文本的作者并不享有权威,他们充其量只是文本的第一个读者

---

〔64〕 ［法］保罗·利科:《诠释学与人文科学:语言、行为、解释文集》,孔明安等译,108 页,北京,中国人民大学出版社,2012。

而已。事实上,文本是否具有意义与作者本人的主观意识之间并不存在必然的关联,即便我们不知道作者是谁,我们也能够正确地解读文本。文本中心论与现代西方哲学的语言学转向有密切联系,从某种意义上标志着西方哲学从认识的心理过程和主观状态转向对只是表达形式和客观形式的研究。在文本中心论看来,文本给了解释者一个结构,并由此形成一个符号系统。尽管语言具有多义性,但是在一个特定的时空结构内,其所表达的含义是相对固定的。因此,解释者可以通过对文本结构、语法,甚至语音、语形的分析,对文本的含义进行解读。[65]

(三) 文本主义是符合法治理念的唯一方式

文本主义的支持者认为文本主义是唯一符合法治理念的解释方法。何为"法治"一直以来众说纷纭。有人认为,自近代以来,西方法治理念建构的思想基础就在于倡导"法治乃是一种规则之治"的观念,由此观念出发进一步衍生出法律的两个基本命题:第一为"法律是一种具有自足性的社会规范",第二为"法官司法裁判必须接受法律的约束"。[66]这两个命题在法律实证主义看来,其实是一而二二而一的。

---

〔65〕 祝捷:《从主题性到主体间性——宪法解释方法论的反思》,载《广东社会科学》,2010(5),191 页。

〔66〕 李其瑞、王国龙:《"文本中心论"法律解释学的研究立场与基本特征》,载《山东警察学院学报》,2009(5),60 页。

各个国家的法律均要求法官权力的独立性和法官仅仅服从法律这两个要素,例如,德国法院组织法规定"法官的权力将由独立的、仅服从法律的法院来行使",基本法也规定"法官独立,并仅服从法律",而法官服从法律最为典型的表现,就在于法官在裁判案件的过程中,必须严格遵守三段论的逻辑推演方式。三段论推理要求法官运用裁判规范,通过涵摄技术将经过裁剪的案件事实嵌入裁判规范的构成要件中,从而推导出案件结论。在这个过程中,法官的地位仅仅在于运用实践理性从已经限定案件结果的裁判规范中推得具体的裁判结论。在德国,这种法律的应用观念表现为概念法学,而在美国,则表现为著名的兰德尔案例教学法。无论是何种观念,都以裁判规范的法律文本必须逻辑上圆融自洽作为基本前提,换言之,无论是法官还是普通的公民都不能够轻易否认法律文本的圆满性(哪怕这种圆满性是一种虚构出来的幻象),否则就会击碎整个法治的根基。如此一来,文本主义就是符合法治理念的解读方式,任何越过文本的做法,都会直接触及法治理念中不可触碰的神秘地带。

美国法学家富勒在讨论"程序自然法"下的法治理念时,亦指出法治的实现最起码应该具有几个特征,其中比较重要的就是法律必须要公之于众。富勒指出,法律之所以要公布,其理由或是为少数人对法律的了解往往会间接影响许多人的行为,或是为了将之置于公众批评之下,或是为了让民众得以监督执法机关。[67] 富勒的这些主张似乎与文本主义是一致的。因为公民有权知道涉及他们的权利和义务以及与之相关的法律后果的法律规定,并且知道他们如果根据法律条文的规定行事会产生何种法律后果,继而能够对执法机关(如法院)的裁判行为产生相应的预期。

在法治传统之下,默认公民与立法机关、执法机关的知识系统是一致的,他们的信息能力居于同等水平。但是,如果根据立法意图以及立法目的来解释法律的话,就会将公民置于"神秘法"之中。这是因为,在立法过程中立法机关抱有何种意图、希望立法具有何种目的,往往并不是外在于立法过程的普通公民所能获知的,哪怕立法史确实表现出了这些意图和目的的倾向,要求公民去阅读卷帙浩繁的立法史而不是简单明了的法律文本往往也是不现实的。再者,由司法机关来解读立法目的或者立法者的意图,也就将解释权威转嫁到了司法机关手中,一并移交的还有判断司法解释本身是否正确的权威,这就意味着司法机关既是运动员又是裁判。如果说"法官说法律是什么法律就成为什么",那么公民生活于法治社会的梦想就会破灭。

　[67]　参见[美]富勒:《法律的道德性》,郑戈译,61~62页,北京,商务印书馆,2005。

（四）原初意图等于文本论

诚如前文所述,文本论反对将制宪者的主观意图论作为宪法解释的答案。但有时文本论者也会利用原初意图论的修辞方式来证成文本论。在坚持历史研究方法的文本论者看来,现代原初意图论的原旨主义者误读了制宪者的原初意图。文本论者指出,即便遵从制宪者的主观意图,最后仍然会回到文本主义,因为制宪者的主观意图就是要求文本主义的解释方法。

最早对原初意图的内容进行检视的是鲍威尔(Powell),一位倾向于历史学的美国宪法学者,但并不是典型的文本论主张者。在鲍威尔看来,原初意图经常援引制宪者的主观意图,认为他们希望制宪者的主观意图控制未来的宪法解释,这种预设对原初意图是一种误解。他指出,美国建国初期缺少对成文宪法的解释传统,为大多数人接受的是,成文宪法的解释可以参照英国普通法的解释。而在英国普通法的解释准则中(特别是反映在合同法等私人文件的解释准则中),就是对于反映在文本中意图的遵从,而不是对制定者的主观意图的遵从。鲍威尔还指出,在《联邦党人文集》中,制宪者们多次指出了宪法解释的方法。例如汉密尔顿在讨论民事案件中是否可以使用陪审团时,指出宪法解释必须要遵循常识与公理:"解释法理的规则,就是人之常情的规则,法庭用人之常情解释法律……在这个问题上,宪法条文的自然的和明显的意思,而非任何法学规则,才是解释的真正标准。"[68]鲍威尔还指出,现代原初意图论者主张制宪会议中的意图应该控制宪法解释,但是从历史研究的角度来看,没有证据表明当时制宪者的原初意图就是要求自己"主观意图"控制宪法解释,因此现代意图论与真正的原初意图存在不少不一致之处。[69]

鲍威尔的论辩逻辑给现代原初意图论者带来了一个很难回答的问题:现代原初意图论者口口声声说要遵从制宪者的原初意图,殊不知制宪者的原初意图根本就不是他们所主张的那种意图。不久之后,文本主义的主张者就意识到了这种以彼之矛攻彼之盾的论辩策略。正如鲍威尔运用《联邦党人文集》的文本分析表明麦迪逊和汉密尔顿等联邦党人是一个文本主义者而不是意图论者一样,文本主义者也试图依赖《联邦党人文集》和其他相关的历史资料,证明文本主义是美国宪法解释历史中惯常使用的解读方式。由于布莱克斯通在《英国法释义》中所阐述的法律解释准则是美国法律解释传统的来源,因此对于这部著作的解读就成为文本主义的兵家之地。

[68]　[美]汉密尔顿等:《联邦党人文集》,尹宣译,575～576页,北京,译林出版社,2010。

[69]　See H. Jefferson Powell, The Original Understanding of Original Intent, *Harvard Law Review*, 1985, Vol. 98.

四、文本主义面临的批判

（一）"将文本拿出法院"：文本的有限相关性

文本主义认为"文本即法律"，[70] 即一切解释问题的答案最终必须要能够溯回到宪法文本。文本主义者坚持一种实在论的认识论，即在宪法文本中必定"存在"意义，而这个意义能够指导法院对具体案件作出裁判。文本主义的合理性恰恰就在于，很少有人会认真地质疑宪法文本在宪法解释中的重要性，没有人会觉得法官无视宪法文本是可以接受的。由于宪法解释最终必须要与一定的权威关联起来，因此当文本主义者指出"文本"这一形式要素时，许多反对文本主义的理论都显得力不从心；不管怎么说，宪法文本始终必须要在宪法解释过程中发挥证成性的作用。正如迈克尔·佩里所言，任何宪法文本和宪法解释的观念如果想要获得充分的描述力，就必须要解释司法实践在现代个人权利案件中的两个基本特征之一，即宪法的"成文性"在司法实践和美国的政治法律文化中所具有的重要性；而任何宪法文本和宪法解释的观念要想获得规范上的吸引力，就必

---

〔70〕　Antonin Scalia, Common-Law Courts in A Civil-Law System: The Role of United States Federal Courts in Interpreting the Constitution and Laws, in Amy Gutmann ed., *A Matter of Interpretation*, Princeton: Princeton University Press, 1997, p. 22.

须要讨论一些基本问题,其中就包括文本在何种程度上约束乃至决定法官的裁判,以及如果文本不是一个重要的约束条件的话,那么法官为什么还要坚持重视文本,在宪法解释过程中,还有什么样的因素对法官构成限制?[71] 反对文本主义的解释理论必须要对这些问题作出有力的回答。

　　反对文本主义的学者立马就意识到上述问题的重要性,同时他们也意识到对这个问题的回答不能够全盘否定文本的权威,而是要将之从"文本即法律"的极端主张中解放出来,承认文本在宪法解释中的"有限的相关性"。反对文本主义的学者试图质疑文本主义"太把文本当回事"。普通法的裁判观念无疑提供了最为强大的武器,因为相比较文本,普通法更为关注的是"传统",即发展先例。正如戴维·斯特劳斯就指出:"当人们解释宪法的时候,他们依赖的不仅仅是文本,还有多年来形成的(大多数是通过司法决定)的复杂的法律制度。事实上,在宪法解释的日常实践中,在法院和普罗大众的公共交谈中,相比较宪法所要求的变动的理解,文本的特定语词最多扮演着很小的角色。"[72] 因此,美国的宪法解释最好称为"普通法的宪法解释"。

---

〔71〕　See Michael J. Perry, The Authority of Text, Tradition, and Reason: a Theory of Constitutional "Interpretation", *University of Southern California*, 1985, Vol. 58, p. 557.

〔72〕　David A. Struss, Common Law Constitutional Interpretation, *The University of Chicago Law Review*, 1996, Vol. 63, p. 877.

　　就宪法审查模式的变革而言,尽管美国宪法审查一度曾经坚持一种"解释主义"或者"原旨主义"的进路,但是 20 世纪的宪法审查模式更加接近于"非解释主义""非原旨主义"的进路。虽然大家都明白宪法文本是司法审查的底线,但在某种意义上说,宪法文本已经被"拿出法院"了。美国宪法学者马克·图什内克以及克里斯托弗·沃尔夫均对这一现象有所论及。沃尔夫指出,将宪法拿出法院的做法主要有两种,第一步是先将宪法的实体内容"倒空",这一步骤表现又表现在两个方面,首先是将宪法条文与特定的政治思想割裂开来,其次是将宪法条文上升到更高的概括程度;第二步是用新的方式将不同的实体内容注入宪法条文中,这一步骤同样表现在两个方面,首先是对宪法的概括程度再次进行明细化,其次是将一些不成文的"司法上必要而正确的条款"加入到宪法当中。[73] 正如沃尔夫等人所表明的,现代美国大写的宪法(the Constitution)已经无法对整个小写的宪法制度(constitutional law)作出有效而合乎共识的描述。例如,美国宪法第六修正案的文本规定,政府不得禁止被告人延请律师,但宪法文本并没有规定政府有义务为被告人提供律师,这一权利是通过判例法的形式,通过

---

　　[73] See Christopher Wolfe, *How to Read the Constitution: Originalism, Constitutional Interpretation, and Judicial Power*, Maryland: Rowman and Littlefield Publishers, 1996. 该书第四章"宪法是如何被拿出宪法法律的"。

对该修正案的"目的"和"精神"进行扩张性的解读,从而新增入该修正案的。

在宪法审查的具体模式中,文本也只是发挥着十分有限的作用,甚至有的时候文本的规定就直接被法官忽视了。正如在前述美国宪法第一修正案关于商业言论自由的案例梳理所证实的,美国最高法院在长期的判例中形成的"中哈德森检验"只是美国法院流行的"平衡分析方法"中的一部分,即重点看州是否通过规制享有重大的利益,这一利益是否与受规制的程度形成手段与目的上的合乎比例。但第一修正案的文本却是用绝对否定的话语写就的,"国会不得……",法院没有像道格拉斯法官等文本主义者那样坚持认为"不得立法就是不得立法"(no law is no law),而是发展出了一种相对实用的检验方程式。细心的读者很容易就可以发现,宪法第一修正案的抽象条文事实上已经隐匿了。不单单是宪法第一修正案,许多宪法案件的裁判事实都与美国宪法文本的内容并无太大的关联,亚历山大·阿列尼科夫甚至直言不讳地指出,目前美国的宪法法律已经走到了"平衡时代",[74]在这个时代中,文本的真正作用微乎其微。

在疑难案件中,指责对手没有"认真对待宪法文本"表

---

〔74〕 See T. Alexander Aleinikoff, Constitutional Law in the Age of Balancing, *The Yale Law Journal*, 1986—1987, Vol. 96.

面上看是一个很强的论辩,然而悖论之处恰恰就在于疑难案件本身没有办法用现象学上的"只是去看"的做法从文本中获知问题的正确答案。虽然在语言的核心领域内,意义可以相对明确,但越是在边缘之处,语言的开放结构就越加明显。在这些"边际案件"当中,文本所能提供的指引是非常有限的,法官能够做的就是参考各种各样的方法,从中寻求看上去最融贯一致的结论。因此,不是文本"命令"(dictate)法官,而是法官本人主动地向文本添加实体内容。在疑难案件中,文本主义的解释方法的作用是相对有限的,而过分强调文本的重要性最终只会沦为"英雄主义"。

(二)文本主义无法有效限制法官

文本主义者认为,文本解释比其他解释方法更能够有效地限制法官。正如前文所述,坚持显明含义的传统文本主义解释方法在于否认法官的解释裁量权,从而将法官的解释限制在文本的"四隅"(four corners)。新文本主义者之所以拒绝援引立法史,同样是出于限制法官裁量权的考虑。正如埃斯克里奇所解释的:"在新文本主义者看来,考虑立法史会给司法裁量权的行使创造更多的机会……会提高法院以行使自己的意志而不是判断的风险……它主张,只关心文本是一个更为具体的探究,这样做更能够限制法官以自己的意志替代国会的意志的倾向。"[75]

但事实上,文本主义并不能保证法官的解释都是"客观的",因为文本主义解释方法无法避免法官掺入自己的主观判断。麦戈文(Miranda McGowan)就指出,虽然斯卡利亚自诩为创造了最完善的制定法解释方法论的法官,但他经常在司法实践中偏离他所信奉的方法论。在解释所谓的"普通法的制定法"即立法机关将造法权限赋予法院的那类制定法时,斯卡利亚更倾向于运用实质准则而非文本准则,而且斯卡利亚经常会运用后果主义的论辩手法。在斯卡利亚的异议意见中,大约 55% 明确提出了后果主义论辩,是法院的两倍。甚至斯卡利亚也是一个"目的主义的法官",如果法律要求目的解释的话,他绝对不会拒绝通过文本推断出法律的目的。[76] 如果说文本主义无法将法官局限在文本当中,那么文本主义所宣称的"文本就是法律"对法官来说就不是一条绝对颠扑不破的律令,法官除了援引文本之外,也可以自由地利用其他的解释方法。

同样的,显明含义依赖于法官的"语言直觉",但坚持显明含义的法官并不总是将这个规则适用于所有的宪法解释

---

[75]　William N. Eskridge, The New Textualism, *UCLA Law Review*, 1989—1990, Vol. 37, p. 674.

[76]　Miranda McGowan, Do as I Do. not As I Say: An Empirical investigation of Justice Scalia's Ordinary Meaning Method of Statutory Interpretation, *Mississippi Law Journal*, 2008, Vol. 78.

案件。这样做的后果，就会产生史蒂芬·杜登（Stephen Durden）教授所说的"偏颇的文本主义"。杜登认为显明含义的文本主义法官只会将这个规则适用于能够迎合自己的政策性偏好的特定宪法案件。以美国宪法征收条款的解读为例，一旦涉及个人权利的保护，法院就会倾向于适用显明含义规则，但是为了扩张联邦政府的权力，法院就不倾向于适用显明含义规则。因此，虽然文本主义的核心价值在于消除个人的偏好，但实践中的文本主义并没有实现这一承诺，"偏颇的文本主义证明的不是对规则的忠诚，而是对司法哲学的伪善的忠诚"。[77]

　　虽然荒谬结果排除规则构成了显明含义的文本主义的限制性条件，但在什么情况下某种解释结果构成"荒谬的"结果，往往没有一个确定的答案。有的法官认为只要结果不符合社会大众的常识性判断就足以构成荒谬结果，而有的法官则坚持不合理的结果尚不足以构成"荒谬"，还必须要达到"不可接受"的程度。更为准确地说，荒谬性明显是一个常识性的概念而不是一个法律概念，与其说属于法律共同体的专业知识或者训练的范畴，倒不如说属于整个社

---

〔77〕　Stephen Durden, Partial Textualism, *University of Memphis Law Review*, 2010, Vol. 41, p. 63.

会的共同知识或者直觉的范畴。[78] 由于荒谬结果规则依赖于法官的语言直觉和前见性判断,因此同样坚持荒谬结果规则的法官在具体案件中可能会对某一解释是否构成荒谬结果产生分歧,这也是为什么近年来美国最高法院开始逐渐拒绝援引这个原则的原因。正如肯尼迪法官对著名的"圣灵三位一体案"中所下的评语一样,"这个原则有可能会允许法官以他们自己个人的偏好替代国会的意图,这个可能性在这个案件中可见一斑,它导致在这个案件中对滥用这个原则的可能性置之不理"。[79]

当然,由于新文本主义并不接受显明含义而是合理含义,因此上述批判或许不适用于新文本主义。不过,新文本主义和旧文本主义都强调一种语言直觉,正如斯卡利亚曾经直言不讳地指出的:"我一定要有一个宪法的论据吗? 我就不能只是使用常识和理性吗?"[80]因此,斯卡利亚的新文本主义并没有跳出语言直觉的窠臼。当下新文本主义法官经常将这种语言直觉隐藏在权威的词典之后,从而建构起

〔78〕 Veronica M. Dougherty, Absurdity and the Limits of Literalism: Defining the Absurd Result Principle in Statutory Interpretation, *The American Law Review*, 1994—1995, Vol. 44, p. 163.

〔79〕 Pub. Citizen, 491 U. S. at 474 (Kennedy, J. , concurring).

〔80〕 Justice Antonin Scaliam Question and Answer Session at the University of Michigan Law School (Nov. 17, 2004), 转引自 Jason Weinstein, Against Dictionary: Using Analogical Reasoning to Achieve A More Restrained Textualism, *University of Michigan Journal of Law Reform*, 2004—2005, Vol. 38, p. 649。

一种客观、中立的解释的外观。但在什么时候援引词典、援引哪一部词典,以及援引词典中的哪一种含义,每一步都掺杂着法官个人的主观判断。大部分情况下,法官都没有解释或者证明他们的选择依据,有的学者对美国联邦最高法院使用词典的情况进行经验分析后不得不承认"大法官如何选择哪一本词典或者哪一年份的词典,并没有明显的模式……法官必须要对使用哪一词典和哪一定义作出主观的决定"。[81] 由于法官至今为止还没有形成一种统一的使用词典的模式,最后法官对词典也只是抱着"消费主义"的心理罢了,什么样的词典定义迎合自己的政策性判断,就使用哪一部词典或哪一种定义。[82]

文本主义主张比目的论和意图论更能够约束法官的裁量权和主观任意性,但这个主张仍旧需要一种经验主义的证明。虽然在具体的个案中文本主义的主张或许比目的论和意图论更能够限制法官,但对意图论和目的论而言,这一说法反过来也是成立的。文本主义将解释的范围局限在文本周围,新文本主义甚至排除了立法史,用一句比较简单的话来说,它们的主张是"更少等于更好",或者说相比之下文本主义是"更小的恶"(斯卡利亚语)。按照逻辑而言,除非

---

[81]　Note：Looking It Up：Dictionaries And Statutory Interpretation, *Harvard Law Review*, 1994, Vol. 107, pp. 1446-1447.

[82]　Ellen P. Aprill, The Law of the Word：Dictionary Shopping in the Supreme Court, *Arizona State Law Journal*, 1998, Vol. 30.

考虑"更多"等同于法官主观性的扩大,否则"更少"未必就
等于"更好"。在一些案件中,如果法官考虑更多的因素,原
则上是可以得出相对合理的或至少和文本主义一样好的解
释结论。以"道路放血应判处死刑"这一明显带有宗教意味
的法律为例,在医生为了救人而放血的情况下,是否需要适
用这一法律规定? 按照文本主义的解读方式,法官只能对
文本本身进行解释,法官或依据显明含义规则认为应该适
用,或以荒谬结果排除规则为例拒绝适用。而聪明的法官
如果懂得参考立法者的意图或者法律的目的,那么很容易
就可以得出与荒谬结果规则一样的结果,而且没有必要在
文本的显明含义和荒谬结果规则之间如何适用争执不下。
这个例子或许还不足以说明意图主义和目的主义就比文本
主义更好,但至少说明了意图主义与目的主义同样能够对
法官产生有效的约束力量。

(三) 拘泥于文本的解释之不可能

法官在实际的宪法解释中运用文本以外的解释资源属
于描述性问题,而法官是否应该这样做则属于规范性的问
题。以描述性维度上的事实来攻讦文本主义的规范力,很
可能会是无的放矢。文本主义者很可能会从"从实然无法
推出应然"这一休谟命题出发,认为"现实解释实践没有遵
从文本主义的指导"并不能证否文本主义,因为文本主义在
规范上的吸引力就在于规训宪法解释实践。然而,如果说

超越文本主义的解释不可避免,那么文本主义的美好蓝图就只能是痴人说梦。为多数美国宪法学者所承认的是,宪法条文犹如一道频谱,在其一端含义相对明确,而另一端则是开放的文本。在含义明确的一端,文本解释方法不至于引发过多的争论,甚至坚持文本解释方法的法官也可能会得出与坚持目的论、意图论解释方法的法官相同的结论。但是,在开放的文本之一端,纯文本解释方法并不能带来明确的答案,甚至文本解释方法本身会邀请解释者跃出文本的框架,将超文本(extra-textual)的因素纳入到考虑范围当中。

超文本的因素之不可避免,使得文本主义最终作茧自缚。支撑这一论点的最佳例证无疑就是美国宪法第九修正案所规定的"对某些权利的列举不得视为对人民所保留的其他权利的否认或者贬低"的解释。正如路易斯·迈克尔·赛德曼(Louis Michael Seidman)指出的,文本主义者为了证明为何要遵守文本的含义,必须要利用文本以外的论据。正如好像神学家为了证明服从上帝律法的正当性,不能够将论证的起点设在上帝律法本身一样,文本主义者或者诉诸"法治"价值,或者诉诸"制宪者的原初意图的最佳证据",然而这样的论证脉络恰恰就使得文本主义陷入"吞噬它自己的尾巴"(swallow its own tail)的泥淖无法自拔。第九修正案无疑正是这种像衔尾蛇一样的文本主义的典型代表,因为第九修正案明确要求我们必须要考虑并非以宪法为依据所提出的权利主张的正确性,而由于这些权利并不以宪法为依据,因此它们的有效性判准不在宪法之内,而在宪法之外,但这样一来,第九修正案的文本恰恰否认了它自己的权威。[83] 赛德曼对第九修正案的讨论最终可能会证明,由于文本无法证明自身的完整性和正确性,因此超越文本的解释是无法避免的。当然一种将文本主义从作茧自缚的窘迫境况中解脱出来的做法,就是科尔曼等实证主义者提出的"包容性实证主义"的立场。[84] 如果说宪法文本已经明确或者隐含地规定宪法文本的解释必须参酌非文本

---

〔83〕　See Louis Michael Seidman, An Essay on Unenumerated Rights and the Impossibility of Textualism, *California Law Review*, 2010, Vol. 98.

〔84〕　赛德曼对这一论点只是一带而过。See Louis Michael Seidman, An Essay on Unenumerated Rights and the Impossibility of Textualism, *California Law Review*, 2010, Vol. 98, p. 2154. 然而,科尔曼所提出的"包容性实证主义"的论点涉及的是普遍意义上的超文本因素的权威来源,对于科尔曼等人而言,这些超文本因素的权威来源始终是文本。这一论点事实上已经成为普遍意义上的文本主义的辩护理由。威廉姆斯学院政治科学教授加里·雅各布森(Gary Jacobsohn)在成文宪法和不成文宪法的区分之间寻找平衡点的努力与这一立场若合符节。在雅各布森看来,不成文宪法必须要由宪法文本予以规定,因此实证主义在坚持成文文本的排他性权威方面是正确的,但实证主义误解了这一文件的性质。See Gary Jacobsohn, E. T., The Extra-Textual in Constitutional Interpretation, *Constitutional Commentary*, 1994, Vol. 1, pp. 21-22. 很显然,雅各布森所批评的实证主义并不是科尔曼等人所说的"包容性实证主义",而是古典实证主义的立场。托马斯·格雷将这种立场称为"否定主义者"(rejectionists),因为他们否定成文宪法和不成文宪法的区分,认为我们不需要不成文的宪法,因为成文宪法已经给予法官进行能动司法的所有空间。See Thomas C. Grey, The Constitution as Scripture, *Stanford Law Review*, 1984, Vol. 37, p. 2.

的因素,那么非文本因素的有效性来自于宪法文本的权威,进而宪法解释必须参酌非文本的因素这个事实并不能解构文本主义。这种理论证成虽然值得肯定,但无疑也模糊了文本主义与非文本主义的边界,因为文本主义的核心主张是,宪法上的各种条文实质上是一自足的实体,解释者没有必要在文本之外填充其内容。不管文本主义者如何极力维持文本的自洽,在解释文本必须参酌非文本要素这一意义上讲,解释者都会成为非文本主义者。

同样的,包容性实证主义的立场虽然能够解释在宪法条文之内的"看得见的宪法"以及同样在宪法条文之内但却看不见的"暗物质"(却伯语),却没有"包容"外在于宪法条文之外作为另一种体系存在的"不成文的宪法"(格雷语)之于宪法解释的重要性。文本主义认为不成文宪法本身并不是一个宪法解释问题,而是一种司法篡权(usurpation),因此文本主义否认在宪法文本之外还有司法机关应该实施的权威。格雷则指出,在宪法文本之外还有司法上可以实施的"不成文宪法",这些不成文的宪法包括某些宪法习惯和惯例以及与之相关的价值和理念。[85] 不管学术界如何讨论制宪时代下对美国宪法的理解并不包括这种略带自然法的价值判断的理念,也不管公众对位于风暴眼中心的美国

[85] See Thomas C. Grey, Do We Have an Unwritten Constitution? *Standford Law Review*, 1975, Vol. 27.

联邦最高法院所做的宪法解释有多少腹诽,很少有人会固守如下陈旧的看法:美国联邦最高法院不应该从宪法那庄严而模糊的训诫中寻找到最能够符合美国公共精神的解读方式。正如却伯教授对"洛克纳案"和"罗伊案"的点评一样,"既然决定是否正常分娩的自由和是否为了少于每小时4美元而工作的自由都没有在宪法中明确提及,如果不借助一套至少部分外在于宪法文本的价值体系,宪法性价值的选择是不可能做出的"。[86] 而在美国宪法性案件中,超越文本的解释比比皆是,不唯此两个案件。而恰恰是这些在美国宪法解释实践中面临诸多反对浪潮却依然屹立不倒的经典案件,证明了拘泥于文本的宪法解释不仅不可能,而且也不可取。

(四) 历史上不存在文本主义

文本主义试图将自己粉饰成美国建国初期通行的解释方法,从而为自己在当下宪法论辩中的合法性加分。由于文本主义的立论逻辑是站在美国宪法解释传统的立场之上,因此站在"法律现代主义"的立场上批判文本主义自然不失为一种论辩策略。不过,更为严谨的学术争论则是从"美国历史上真的存在文本主义吗"这样一个问题出发,直

〔86〕 [美]劳伦斯·H.却伯、迈克尔·C.多尔夫:《解读宪法》,陈林林、储智勇译,92页,上海,上海三联书店,2007。

击这一论据的要害。

文本主义者认为,文本解释是在布莱克斯通时代以来美国法院常用的解释方法,但是,在布莱克斯通时代当中,文本解释仅仅是他所强调的几种法律解释方法之一。除了显明含义的解释之外,布莱克斯通还论述过其他诸多解释方法。甚至文本主义者并没有意识到,布莱克斯通所论述的全部法律解释方法的立论始终是立法者的意图或者目的。换言之,布莱克斯通非但不主张文本主义,而且更加倾向于意图论解释方法。而且,在美国建国初期,文本主义也不是居于主流的解释方法。历史研究表明,文本仅仅是早期解释中的相关标准之一,除了文本之外,制宪者和批准者的意图、政策、惯例和更为宏观的结构问题都是常用的标准。即便文本是解释的重点,文本的重要性似乎也不像现代文本主义所主张的"文本就是法律"。[87] 制宪者们并不是彻头彻尾的文本主义者,因为他们深知他们所起草的并交由各州人民通过的宪法文本依旧存在模糊之处。在《联邦党人文集》第 37 篇中,麦迪逊为代表的联邦党人对此直言不讳:"所有新的立法,不论笔法技巧多么高明,通过了最充分和最成熟的辩论,依然被认为或多或少晦暗不明、时常语义双关,直到通过系列讨论辩理,其含义才能逐渐澄清、

---

〔87〕 William Michael Treanor, Against Textualism, *Northwestern University Law Review*, 2009, Vol. 103, p. 998.

准确无误。"虽然他们知道自己在创作的是一部决定美国未来政治走向并将流传千古的文件,但这份文件的制定是在湿热难耐的夏天、封闭的小屋子中制定出来的;与会代表们的焦躁、愤怒、激动,他们所代表的州的利益与富兰克林先生作为调和的公益之间的博弈,始终存在于整个制宪过程当中。短期的商讨所产生的必定不是一部完美的文件,这就难怪在宪法创制过程中,有的制宪者表现出极度悲观的情绪,甚至在遇到无法解决的难题时,不得不祈求上帝赐予团结的灵光。[88] 由于美国宪法是以成文宪法的形式颁布的,因此制宪一代坚持文本的情结当属情理之中,但这并不等同于现代文本主义的情怀。

甚至 19 世纪美国宪法解释实践也不是遵从文本主义的。按照历史研究人员的看法,目的主义是 20 世纪的现象,是对基于文本的解释方法的反动,而文本主义者是一种复兴,一种试图回归到更为明智的的解释传统的做法。如果按照这种逻辑,那么 19 世纪美国的主流解释方法就应该是文本主义解释方法。约翰·菲古拉(John P. Figura)认为,这种逻辑是错误的。他指出,19 世纪的美国存在三种目的论,第一种是 19 世纪中叶以约瑟夫·斯托里大法官为

---

[88]　不应该忘记的是,富兰克林这位最有威望并且起到缓解制宪会议争论的人物,也"竭力要求代表们在每次会议开始之时进行祈祷,以谦恭地承认全能上帝的力量"。参见[美]戴维·O.斯图沃特:《1787 年之夏:缔造美国宪法的人们》,顾元译,94 页,北京,中国政法大学出版社,2011。

代表的显明含义的目的论,第二种是在内战后产生的传统
目的论,第三种则是强调进化论宪法观的反原旨主义学派,
这三种学派与当代文本主义者(比如斯卡利亚大法官)的文
本论主张相去甚远。19 世纪的大部分时间不仅仅几乎是
目的论居于主流,而且当时的目的论比其他任何一种方法
都更强调对宪法文本、制宪者的理解的忠诚。[89] 不少学者
认为 19 世纪法官所遵从的显明含义解释方法是当代文本
主义的雏形,但事实上,当时法官之所以援引显明含义,是
因为他们相信这样解释符合制宪者制定宪法时的政策性判
断,因此本质上 19 世纪的法官所遵从的还是目的论解释方
法。或许有文本论支持者认为,18 世纪布莱克斯通的《英
国法释义》已经规定了文本论解释方法,而且作为初生美国
的法官,在缺少足够丰富的解释规约的情况下会以该书作
为解释的操作指南。布莱克斯通的《英国法释义》不仅仅是
18 世纪的法官的解释操作手册,也是 19 世纪的法官经常
援引的参考书。在这部著作中,布莱克斯通确实提到了意
图论解释方法和显明含义解释方法,但布莱克斯通从来就
没有告诉法官在一切解释问题面前以显明含义为重。相
反,布莱克斯通明确指出,解释的目的在于确认立法者的
"意志"(will),而"解释立法者的意图最公平、最合理的方法

---

[89] John P. Figura, Against the Creation Myth of Textualism:
Theories of Constitutional Interpretation in the Nineteenth Century,
Mississippi Law Journal, 2010, Vol. 80, pp. 588-589.

是,通过最自然的、最可能的标志,探究他在制定法律的时候的意图"。因此,显明含义仅仅是探究立法者的意图的一个"最自然的、最可能的标志"而已。作者毫不讳言地指出,当代的文本主义才是一种大胆的创造,一种没有历史根基、并且偏离目的论传统的解释流派。[90]

如果历史角度的讨论是正确的,那么文本主义就无法因为历史上存在文本主义的解释传统获得正当性。如果说过去曾经存在某一解释方法,能够证明现在继续使用这一解释方式是正确的,那么这种解释方法很可能是目的主义而不是文本主义。Paul E. McGreal 则一针见血地指出"没有所谓的文本主义这个东西",因为"尽管文本看上去在解释过程中发挥了一定的作用,但它只是掩盖了其他真正起作用的因素"。[91] 这样的描述或许更为接近布莱克斯通时代以来的美国宪法解释方法。

---

〔90〕 John P. Figura, Against the Creation Myth of Textualism: Theories of Constitutional Interpretation in the Nineteenth Century, *Mississippi Law Journal*, 2010, Vol. 80, pp. 637-638.

〔91〕 Paul E. McGreal, There is no Such Thing as Textualism: A Case Study in Constitutional Method, *Fordham Law Review*, 2001, Vol. 69, p. 2397.

五、文本主义简评

（一）文本主义的积极意义

文本主义者所提出的证成理由主要集中在民主正当性、司法权、现实的立法过程与既有的司法传统。前两种证成理由往往相当宏观而且不容易和其他解释理论妥协，因此难免会使文本主义成为形式主义，而对真实立法过程的还原以及司法传统的复盘，则属于比较"现实主义"的论证。在形式主义方面，文本主义的首要积极意义就体现在文本主义分享了部分民主、形式法治等正当性证成要素，在关注文本这一有限的意义上来说，其实我们都已经成为了文本主义者。

无论文本主义解释方法遭受多少责难，它依旧是美国宪法解释实践中不可忽略的一种策略。美国宪法解释始终交织着文本解释的因素，哪怕普通法的造法功能见长，亦不曾全面否定文本的拘束力。法官必须"实施宪法"而不能实施主观上的价值判断，这是维系整个宪法制度乃至法律职业本身的基本理念。而在这一理念之下，作为客观实体的宪法文本很自然就成为了标志"实施宪法"与否或者——比较宽泛的术语——"宪法解释"与"宪法阐释"之区分的形式判准。在这种两分之下，可以预见的是大多数人都会选择前者，而不愿意法官过度行使裁量权，在这个意义上，几乎所有人都是解释主义者,同时也是文本主义者,这两个概念之间几乎没有明确的分界线。正如美国宪法学者约翰·哈特·伊利以平实的语言指出的,"解释主义的一个突出优点是,它比较符合我们关于法律应该如何运作的一般观念:如果实施宪法是你的工作,那么你所实施的就只能是宪法,而不能是当时出现在你的头脑中的一个善良理念,无论它多么契合你的心意。这个论断,就像公理一样具有不可争辩性;倘若只要接受这项公理,就足以使他成为解释主义者,那么,对于心智健全的人来说,除了是解释主义者之外,不会是其他什么。"[92]由于解释主义试图在文本"之内"(in)寻求解释问题的答案,因此承认自己是解释主义者的人往往也会承认自己是文本主义者。这种解释正统学说的相对共识,也给坚持非文本主义解释理论的学者带来了另一种难题,即不管他们是否接受文本主义,始终必须要在自己所提出的解释理论中给予文本公平的对待。但如此一来,在"宪法文本应该获得尊重"这一相对有限的意义上,他们必定要接受文本主义的立场。

　　恰恰是文本主义对文本自足性的极力主张为宪法解释论辩提供了一个共识基础,从而使得美国宪法解释学界出现了詹姆斯·E. 瑞安(James E. Ryan)教授所言的保守主

---

　　[92]　[美]约翰·哈特·伊利:《民主与不信任:司法审查的一个理论》,张卓明译,13 页,北京,法律出版社,2011。

义者(原旨主义者)与自由主义者(进步主义者)之间的争论的转向。这种转向对宪法解释论辩所产生的影响是,参与这场论辩的双方越来越集中在讨论宪法文本的实际含义,"来自右派和左派的学者并不像保守派过去所做的那样以制宪者的意图为准,也不像进步主义者过去所做的那样认为确定文本的意义几乎是不可能的,而是越来越关注文本的线索、宪法的结构、历史语境和制宪史,以求为这些相对抽象的宪法条文提供尽可能具体的含义"。[93] 在后沃伦法院时代下不断走向能动司法的趋势下,文本主义解释方法无疑是作为反派角色出现的。它一方面告诫自由派不要忽视文本的约束并过度引入价值判断,另一方面又试图在文本的框架内包容已经为美国人民所接受的革新性的解释。正是由于文本用语的概括性,才使得文本的解读能够具有宽泛的延展性,而这种建立在"文本性"(textuality)基础上的延展性,又给宪法解释提供了一种相对有限的裁量空间,从而给法官"挽上了马具"。

不管是在过去、现在还是未来,美国宪法解释的论辩始终挣扎于两个极端当中。一个极端是美国法官应该运用自由的方法发现宪法的精神,法官只需要内心真诚地相信自己是在执行人民大众的意志并促进美国人的公共善,而无

---

〔93〕 James E. Ryan, Laying Claim To The Constitution: The Promise of New Textualism, *Virginia Law Review*, 2011, Vol. 97, pp. 1576-1577.

需将自己拘束在宪法文本、制宪者或批准者的意图；另一个极端则是认为法官应该受到宪法文本、结构、传统等相对有形的事物的约束，特别是认为法官是立法机关的"忠实代理人"。这种争辩既包括对美国宪法的功能性的理解，也包括对美国法院的制度性作用的理解。这场论辩时至如今仍旧没有定论，而且可以大胆地预见，这场论辩今后也不会有定论。分歧始终是存在的，但是作为寻求共识的努力却不会消失，而学者乃至公众的商谈如果没有一个共同的基础，那么分歧就必定会压倒共识。讨论必须要有一个相对形式化的标准，而这个标准只能由美国宪法的"文本"来提供。之所以如此，是因为所有参与宪法论辩的学者实际上都不会否认他们是在寻求宪法文本的"真正意义"(true meaning)，他们并不否认宪法解释的逻辑起点应该是"文本"，否则的话就不是法治而是人治。文本主义解释理论与形式法治的基本理念是相互吻合的，而且不管"实质法治"的理念指导下的能动司法多么具有说服力，正如实质法治无法从根本上否定形式法治一样，也无法摧毁文本主义的根基，宪法解释乃至一般意义上的法律解释同样不能够抛弃文本这一最基本的形式要素。意图论、目的论以及寻求宪法更新的"活的宪法"理论都将宪法解释所要探求的对象限定在外在于文本的抽象对象，因此难免失之主观。由此可以看出，文本主义对于宪法的"文本性"的强调——即所谓的"这部宪法"(the Constitution)——调和了宪法解释论辩中自由派与保守派双方的争执。这对保守派来说,不啻为是一种自我救赎,因为它们终于可以摆脱与博克式的原旨主义的纠缠;对自由派来说,更多的则是一种挑战:你要反对我们吗？那好,请你先解释宪法的文本性对宪法解释的意义。这种反击战打得自由派措手不及,以至于至今不少自由派学者加入到新文本主义阵营当中,而仍旧在抵制这种转化的学者只能抓着原初意图的原旨主义不放,但这仅仅是一个彻头彻尾的"稻草人"罢了。[94] 对于意图主义者和目的论解释者来说,文本主义对宪法文本的强调能够防止它们走向极端。

　　文本主义的第二个积极意义即在于现实主义的方面,其中最具有批判意义的是对真实的制宪过程的披露以及对制宪史的反对。目的论解释还是对意图论解释都倾向于将宪法的制定者想象成是一群以公共利益为导向并致力于形成一致意见的优秀公仆,由此产生的宪法文本必定代表着他们的特定意图或者美好目的。然而,在 20 世纪 80 年代之后,借助公共选择理论,"集体意图"已经成为了一种美好的虚构,制宪过程中所充斥的妥协、悬置、拖延等策略,注定了这部宪法不可能是一部能够准确无误地适用于未来社会的蓝图。如果说宪法文本就是这种现实的政治过程的产

---

[94]　See James E. Ryan, Laying Claim To The Constitution: The Promise of New Textualism, *Virginia Law Review*, 2011, Vol. 97, p. 1558.

物,那么法院在解释宪法时就不得不考虑到这种复杂的政治实践,并进而认识到制宪者的意图很可能没有那么神圣。归根到底,制宪者并不是"半神半人",他们也只是凡人而已。制宪者本人实际上也意识到了这一点,因此当他们在制定宪法的过程中,就已经决定不大张旗鼓地进行,而是要将与会代表秘密聚集在一处没有人可以窥探的地方。甚至身为制宪会议的书记员,麦迪逊虽然深知自己的会议笔记能够帮助后代人理解这份伟大文件,却决意要在他死后才公布。如果宪法解释不再依托于制宪者的主观意图或者原初的制宪目的时,那么代表制宪者意图和制宪目的的历史资料就必须要谨慎对待,至少不能够全盘接受。随着研究美国制宪史以及美国内战后重建修正案的历史的学者不断地揭开这段尘封已久的迷案,越来越多的人已经意识到美国宪法及其修正案的制定乃至批准过程简直就是各种论战的大杂烩,要避免误读这段历史需要法官拥有类似历史学家的考证功底。

　　由是,文本主义给现代宪法解释理论提出了一个经验主义的质疑:法官是否具备准确辨识历史真相的能力,以及,法官误读制宪者意图或宪法目的的可能性与误读宪法文本的可能性何者更大,进而由此产生的成本与收益计算如何进行? 正是在对这些问题的拷问上,宪法解释的论战除了前述的共识性转向之外,还出现了一种偏向于制度性分析以及经验性分析的研究范式的转向。这种转向的后果是美国宪法学研究开始将传承自比克尔的"最小危险部门"的古典宪法学论题,往宪法解释的合理方法这一更具现代韵味的宪法学论题上延伸。这种转向的题中之意就是尽可能少地关心何种宪法解释方法更加符合"民主""法治",而是更多地关心"更多是否意味着更好"、文本主义是否是"更少的恶"。暂且不论学术研究能够对此产生一种精确的数字计算——鼓吹经验性分析的学者最终也没有量化,也不论学术研究能否产生一个相对具有共识的结论——有的目的论者已经指出在一些案件中参酌文本主义的显明含义规则没有目的论那么"好用",这种范式转化不仅仅开阔了研究视野,而且也将宪法学研究从更为抽象而且没有定论的政治争论中解放出来,使之更加关注实践问题。

文本主义的"现实主义"的第二个表现是对古老的解释准则(canons)或者格言(maxims)的肯认。无论学者们如何质疑美国历史上的文本主义解释是否存在,作为解释传统的文本论解释方法始终是美国宪法解释的传统中的"现实",这正是文本主义在"描述性"方面的正确性。如今,通行的文本主义解释方法是"首先,找到语言在其文本语境中的正常含义;其次,使用公认的解释准则(established canons of construction),看看是否存在任何明确的迹象表明应该使用正常含义之外的其他可以接受的含义。"[95]这

---

〔95〕 Chisom v. Roemer, 501 U. S. at 404 (Scalia, J. , dissenting).

些解释准则虽然并不是法官一定要遵守的"规则"（rules），但是在经过法官的一再引用之后，已经变成了法律共同体内部广泛接受的准解释规则。虽然解释准则因为不具有强行性效力，并且任何一个解释准则都能够轻易找到与之相反的另一个解释准则，[96]但这种批判并没有使得解释格言或者准则的效用消隐无踪。毕竟，所有的法律作为人类有目的的事业，必定会承载着社会共同体以及法律人共同体的价值判断，而这些价值判断又会外化为约定俗成的规范性解释标准。

该当注意的是，准则或者格言是一种旨在促进功能性、实践性的解释准则而被人为创造出来的，一旦我们接受这些变通性的规则，那么至少在解释结果方面，文本主义就越是会和其他解释理论融合在一起。当然，到底什么是"公认的解释准则"确实会引起争论，法院创设一条崭新的准则并将之当作长期以来的准则的事例也不是什么罕见的事情。[97]不过，另外，我们也需要承认文本主义对宪法解释准则的承认确实给追求公平、正义等实质价值的法官提供了具有规范性力量的论据。至少他们不需要运用空灵玄幻

---

[96]　See Karl N. Llewellyn, Remarks on the Theory of Appellate Decision and the Rules or Canons about How Statutes Are To Be Construed, *Vanderbilt Law Review*, Vol. 3, 1949—1950.

[97]　成文法解释的一个例子是 Gregory v. Ashcroft, 501 U. S. 452 (1991)。

的道德论据(比如看上去文辞优美的内心确信"苍穹中的北极星")来实现他们认为更加合理、更加符合社会公共利益的结果,而是通过"公认的准则"将相关问题置于大众的"公共论坛"当中。

(二)文本主义的困境与出路

尽管文本主义看上去是一个非常美好的解释理论,但这未必就代表文本主义本身不存在可以质疑的地方。虽然我们不能指责整个文本主义,但我们可以指出文本主义解释理论的一维性。从旧文本主义发展至新文本主义之后,这一解释流派越来越关注文本所处的语境,这或许能够调和文本主义与意图论、目的论之间的分歧。然而,如果文本主义仍旧坚持"文本就是法律,只有法律是必须要遵守的",[98]那么文本主义只会不断走向极端。

文本主义的核心主张是文本是一个"自治的"实体,在文本当中"存在"一个所谓的真正的"意义"等待着法官去"发现"。正是基于这一立场,文本主义认为宪法解释应该排除对制宪者的原初意图的考虑,因为宪法文本成其为文本的条件并不依赖于制宪者意图。这就好像当我们看到沙

---

[98]　Antonin Scalia, Common-Law Courts in a Civil-Law System: The Role of United States Federal Courts in Interpreting the Constitution and Laws, in Amy Gutmann ed., *A Matter of Interpretation*, Princeton: Princeton University Press, 1997, p. 22.

滩上遗留下来的类似"I Love You"的标志时,我们不需要知道作者是谁也能够理解这一标志的意思,哪怕这一标志是退潮的海浪不经意之间形成的自然杰作。不过,语言学家们已经指出,语言本身并不是一个自身就带有意义的符号标志,只有在特定的文化语境和语言共同体中才能够向说话者传达特定的含义。不管是早期的文本主义者还是现代文本主义者,都承认文本不能够脱离语境因素。当霍姆斯大法官在讨论言论自由的"明显而急迫的危险"规则时,就曾经指出过,在拥挤的剧院大喊"Fire"与在战场上大喊"Fire"具有非常不同的含义和后果。"显明含义"规则下的文本主义也必须要观照语言共同体,如霍姆斯法官就特别强调法律的意义必须要看"说英语的普通人"怎么理解。科宾在讨论合同法解释时也指出,当法官决断合同是否模糊时,法官必定要依赖外部证据,他说:"没有人能够只是盯着四四方方的纸张就能够确定书面用语的含义……当法官拒绝考虑相关的外部证据,因为用语的含义在他看来是显明的、清楚的,他的决定其实完全是基于他自己个人的教育和经验组成的外部证据。"[99]现代文本主义者如斯卡利亚,虽然一再声称"文本即法律",但他似乎没有能够完全抛弃来

---

〔99〕 Arthur L. Corbin, A Comprehensive Treatise on the Rules of Contract Law, New Haven: West Publ., Yale U. P. 1965, p. 165, cited from Walter Benn Michaels, Against Formalism: The Autonomous Text in Legal and Literary Interpretation, *Poetics Today*, 1979, Vol. 1, p. 25.

自共同语言训练的"合理的"解读。这一点可以从他对第八修正案的"残忍而不同寻常的刑罚"的解释中看出来。由于文本主义承认文本的意义与语境之间存在关联关系,而语境本身又是外在于文本的要素,那么文本就不可能是一个"自治的"实体。

　　一旦我们承认语境的重要性,另一个问题也就随之而来。除了"当代的语境"之外,我们还必须承认文本的历史语境,即文本本身的"历史性"一面。因为文本是历史性的实体,文本总是出现于一定的时间和地点,总是作者在复杂的历史情境中创造出来的,并总是被作者的需要和愿望激励着,[100]因此完全抛弃作者的意图以及作者所处时代的历史现实,很可能会导致误解。虽然在文学批评理论中,有坚持文本中心论、读者中心论者,但文学与法律之间是否能够进行类似的对比,法学家对此莫衷一是。不管是法学家还是文学批评理论的学者,仍然有不少人坚持认为脱离说话者的文本的"自治"是不可能实现的,文本的意义完全受到作者意图的控制,不管作者的意图多么难以发现,而且文本的意义不仅仅受到读者对说话者的意图的直觉性推测的影响。换言之,作者的"真正意向"(true intention)才是文本

---

　　[100]　〔美〕乔治・J. E. 格雷西亚:《文本性理论:逻辑与认识论》,汪信砚、李志译,57页,北京,人民出版社,2009。

的"真意"。[101] 坚持这一立场的宪法学者的主要观点是,语言只是说话者的交流工具,而美国宪法是一部有目的的事业,这部后来被马歇尔大法官在"马布里诉麦迪逊案"中尊称为"对政治制度最伟大的改良"的文件在创作"之前"怎么可能没有相应的意图呢? 一旦接受作者意图,那么文本的权威性就不可能是排他性的,文本也就不可能自成体系。

文本主义抛弃"文本即法律"这一极端的诚命似乎是势在必行的。但如此一来,文本主义也就不再是文本"主义"了,文本主义的最大困境就在于此——它不能够通过抛弃它最重要的原则来挽救它自身。或许有人会认为,"文本即法律"事实上只是新文本主义的代表者斯卡利亚才这样说,对于旧文本主义而言则未必如此,因此此处需要否定的只是新文本主义,而不是旧的文本主义。这种看法有一定的道理,但是当我们回溯到所谓的旧文本主义时,我们或许就会意识到,其实根本就不存在所谓的"旧文本主义"。因为早期的文本论解释方法仅仅只是将基于文本作为解释的起点,其最终的目的依旧是辨明制宪者的"意图"。不管是旧文本主义还是新文本主义,很可能只是学者们在对自己不满意的宪法解释实践进行抽象总结后所缔造出来的迷梦。退一步说,哪怕文本主义解释方法确实是存在的或者应该

---

[101] See Paul Campos, That Obscure Object of Desire: Hermeneutics and the Autonomous Legal Text, *Minnesota Law Review*, 1993, Vol. 77, p. 1065.

存在,它能够给予我们什么样的教导呢？正如前文所述,它不能够再主张"文本即法律",因为文本不可能是一切,那么它就只能主张"文本是解释的出发点"。但话又说回来,除了文本之外,还能有什么是"解释的出发点"呢？结果,文本主义非但没有证立自身,而且还只是一种"废话"。

宪法解释的疑难问题所产生的地方,恰恰就是文本不能够提供精确答案之处。当文本主义者试图以哲学上的存在论口吻叙说文本中存在某种能够被发现的真意时,文本主义很可能陷入了德沃金对实证主义法学对"法律是什么"的概念性解答提出的"语义学之刺"的困境当中。在解释法律分歧是一种实际分歧抑或是一种理论上的分歧时,这股刺不仅仅刺伤了哈特等实证主义者,也刺伤了德沃金本人。文本主义者或许也会被这股刺弄得满身伤,因为它们始终相信在宪法文本中"存在"着某样东西。正是由于宪法解释中所存在的"不忠诚"解释的现象,才催生了文本主义的焦虑,因此不管文本主义自身有何种疑难,呼吁法官尊重文本都是在所当然。然而,文本的概括用语以及文本背后的宽泛原则,无疑都为道德性因素提供了绝佳的容器。如此一来,文本就绝对不是区分客观解释与主观解释、真诚的解释与不真诚的解释的合适标准。而随着托马斯·格雷在应然层面上提出一个令人尴尬的问题,"解释"与"阐释"的边界也就转变成了应然层面上的政治价值判断问题:"在审查法律的合宪性时,我们的法官是否应该将自己限制在决定这些法律是否和来自成文宪法的规范相冲突？抑或他们也可以实施自由和公平的原则，而这些原则的规范内容并不能在这份奠基性文件的四隅中发现？"[102] 对于文本所承载的价值以及不在文本之内但在更为宽泛的"社会文本"之内的价值，文本主义除了用"解释"的幌子掩盖或用"文本加原则"的方式巧妙处置之外，似乎别无他法。一个令文本主义者难以接受的实际情况是，美国宪法解释确实有很多与文本无关，甚至文本的意义是美国联邦最高法院为首的法院系统自行添加进去的新理解。这些文本主义解释理论无法解释的现象，注定会成为文本主义挥之不去的幽灵。

那么，文本主义是否能够通过放弃其核心原则而挽救自身呢？以默洛特为首的学者认为后文本主义时代下"激进的文本主义"必须让位于适度的文本主义，然而在乔纳森·R.西格尔(Jonatha R. Siegel)看来，诸如此类的"调和论"并不成功，因为只要文本主义仍然坚持"文本即法律"那么文本主义的激进化就是不可避免的，而文本主义者又是不可能抛弃这一核心原则的。因为文本主义者自己并没有意向抛弃其形式主义的一面，相反他们还沉迷于此，而一旦他们放弃这一形式主义的一面，就不成其为文本主义

---

[102] Thomas Grey, Do We Have an Unwritten Constitution?, *Stanley Law Review*, 1975, Vol. 23, p. 703.

了。[103] 或许压根就不存在所谓的"文本主义",文本主义只是一种幻象、一种修辞方式,是法官用来证成司法决定的一种策略,而不是一种大写的主义。无论是早期的"显明含义规则"还是"荒谬结果规则",抑或是现代文本主义强调的合理解读,其实都只是法官利用最符合人类理性的方式进行解释的策略而已。文本主义自身并没有垄断宪法解释方法的一切权威。正如比克尔曾经说过一段颇有哲理的话:"任何社会,尤其是庞大而异质的社会,假如丧失了妥协的技艺,假如它不知道敷衍的办法,总有一天会分崩离析。没有一个良好的社会能够是不讲原则的;也没有一个富有生机的社会是完全被原则支配的。"[104] 这正是美国宪法解释的现状,而文本主义必须要承认自己的有限性,哪怕这种坦诚会破坏自己的理论体系的内在一致性。

---

[103] See Jonathan R. Siegel, The Inexorable Radicalization of Textualism, *University of Pennsylvania Law Review*, 2009, Vol. 158.

[104] [美]亚历山大·M. 比克尔:《最小危险部门——政治法庭上的最高法院》,姚中秋译,66 页,北京,北京大学出版社,2007。

结语
我们需要什么样的宪法解释理论？

原旨主义和活的宪法之间的论争远远没有结束，而且正如这几十年来的争论所显示的，如果没有对宪法解释的本质有同情的理解，那么这场争论将不会有终止的一天。然而，这种理想类型之间的争论经常只是"过度整合式谬误"，[1]实践中的宪法解释经常并不是如此井然有序的。如果太过当真，那么我们就没有办法理解为什么在司法实践中，法官有时会使用原旨主义的论据，有

---

〔1〕 Laurence Tribe and Michael Dorf, On Reading the Constitution, Massachusetts: The President and Harvard College, 1991, p. 20.

时也会使用非原旨主义的论据;[2]为什么许多判例确实是基于原初意义的,但做出判决的法官却不是典型的原旨主义者。[3]这些事实或许表明,宪法解释是一个相当复杂的过程,不是简单适用某一解释哲学就能完成的。

从原则上来讲,只有当概括的宪法条文被适用于具体的情境时,才会需要法官进行解释。由于语言文字本身的概括性,以及立法者对未来情境有限的预见能力,法官需要判断事实情境是否可以与概括的语言"等置"。因此,如果宪法文本并不存在模糊性或者歧义性,那么就不存在解释问题,事实上在这种情况下可以排除法官的解释权。英美普通法中著名的"字面解释规则"说的就是这种情况。当然,判断宪法文本是否存在模糊或歧义,有时只看宪法文本是不够的。文本直观地呈现在解释者面前的意义可能是复数的,解释者还需要利用宪法文本的上下文结构、相关历史材料等内部或外部渊源加以梳证。在这类简单案件中,文本原意解释方法足矣。

当宪法文本存在歧义时,才出现了所谓的解释难题。在应对宪法解释问题时,法官应该首先谨慎地判断宪法语

〔2〕 James Fleming, Original Meaning without Originalism, Georgetown Law Journal,1997, Vol. 85, p. 1849.
〔3〕 Michael Dorf, Integrating Normative and Descriptive Constitutional Theory: The Case of Original Meaning, Georgetown Law Journal,1996, Vol. 85, p. 1765.

言的不确定性程度。当代解释理论基本上否认批判法学派和部分法律现实主义者所持的语言极端不确定性主张，认为法律的不确定性仅仅是中度的，借助言说者的意图、语言习惯、语境、相关解释准则等，法律中的"开放结构"是可以弥补的。按照这种观点，如果宪法文本与当前的社会环境之间的张力尚处在可以接受的范围内，那么从限制司法裁量权的角度来讲，以"释有"为指向的原意解释方法应该作为宪法解释的出发点。原意解释方法认为，当宪法文本存在歧义时，法官应该首重分析文本背后的经验事实（制宪者的意图是什么、当时公众的理解是什么等）。相比在一开始就使用"释无"的非原意解释方法，原意解释确实能够为法官指明确定的方向，并且降低解释方法本身可能带来的更大的不确定性。这就难怪一些学者会认为，一旦我们承认文本或者'成文性'的重要性，那么某种版本的原旨主义就很难抵制。[4] 大多数法官和法学家，只要他们还想发表受人尊重的宪法言论，都会同意宪法及其修正案的原初含义与宪法今天的意义这一问题具有一定程度的相关性。[5]

在应对轻度的甚至中度的不确定性时，运用原意解释

---

〔4〕 Randy E. Barnett, An Originalism for Non-originalism, Loyola Law Review, 1999, Vol. 45, p. 617.

〔5〕 Jeffrey Rosen, Originalist Sin: The Achievement of Antonin Scalia, and its Intellectual Incoherence, http://www. newrepublic. com/article/politics/originalist-sin.

方法有时可以为宪法解释问题提供简单的答案,而无须法官运用更加复杂的实质推理方法。举凡"车辆不得驶入公园"一例,倘若解释者可以找到权威制宪者的陈述或者其他材料表明,立法者有意在"车辆"这一词语下排除滑轮车,如此解释便是可以接受的了。简单案件与疑难案件大体上呈现出一种"金字塔结构",越往金字塔顶端,共识更少、分歧更大、案件数量更少,越往底端则相反。由此而言,原意解释方法所提供的基本解释技术作为解决金字塔底端的简单案件,无疑发挥着司法决策中的"启发式"功能——运用更少的时间、资源解决更多的问题。在相对简单的宪法案件中,可以有两种同样合理的解释策略:运用最权威的、最有压倒性的(compelling)的解释性论据,或者运用多种权威的、能够相互强化(mutual reinforce)或者指向同一结论的解释性论据。

原意解释方法并不是一套内在融贯的解释方法论,而是由各种复杂的甚至经常会指向不同结果的解释方法所构成的,因此原意解释方法也是有限的。宪法解释方法存在"不可公度性难题",即不同宪法解释方法的优劣不存在普遍适用的基准线。[6] 但是这种不可公度性并不意味着在具体个案中,法官无法判断一种解释方法确实比另一种解

---

〔6〕 关于各种解释标准之间的"不可公度性"的讨论,参见 Richard H. Fallon, A Constructivist Coherence Theory of Constitutional Interpretation, *Harvard Law Review*, 1987, Vol. 100。

释方法更好。即使在这种情况下，法官的解释裁量权仍然是有限的：首先，法官在解释宪法的时候，必须注意使用一些有限的宪法解释"模态语言"，这些模态语言指的就是基本的宪法解释论据，包括历史、文本、原则、审慎判断、结构和伦理；[7]其次，司法实践实际上已经针对不同论据的优先关系形成了一般化的相对位阶关系，比如语言学论据优先于体系性论据，在二者不足以解决解释争议时，方可考虑"目的-评价性论据"。[8]法律共同体普遍承认的位阶关系，反映了不同解释论据之间所具有的证明力大小，应该得到法官的尊重。

最困扰法官的案件是"模糊性"引起的解释问题，即解释者对某一宪法条文是否应该涵射具体事实情节无法形成直观判断。此时，含有价值评价色彩的"建构"（construction）往往比解释更加重要。由于原意解释方法的特质，如果相关的语义事实不足以推导出确定的结论，也就是当原初含义用尽时，解释者就不得不放弃原意解释方法，或者运用经过伪装的原意解释方法。后一种做法虽有解释之名，实际上却是在建构。正如波斯纳曾经指出的："在让规则符合事

---

　　〔7〕 Philip Bobbit, Constitutional Interpretation, Cambridge: Basil Blackwell,1991, pp. 11-22.

　　〔8〕 这一位阶理论来源于萨默斯等人。参见［荷］伊芙琳·T. 菲特丽丝：《法律论证原理——司法裁决之证立理论概览》，张其山、焦宝乾、夏贞鹏译，5～6页，北京，商务印书馆，2005。

实的过程中,法官要做出许多决定,你可以将之描述为解释,也可以将之描述为制定特例和进行调整,但实际就是不断地重新制定规则。从实践上看,这两种表述是没有区别的,但法官喜欢第一种说法,即解释性的说法,因为这种说法把他们打扮成了一种更少创造性的角色,并因此也就是更少侵犯立法权的角色。"[9]

不同于"价值中立的"或"弱规范性的"解释,建构是一种"超越宪法本身"的实质推理过程。因此,对于建构的批判往往是出于更加规范性的、实用的理由,比如这样的建构是否对未来更好。[10] 宪法建构取决于法官对时代需要、主流政治文化、制度约束力、后果等诸理由的权衡,因此宪法意义的确定更像是"决策",且依赖法官内心对正确性的强信念。法官可能会因为司法造法产生的制度性后果无法接受或法律本身就具有的"向后看"的保守性而表现出遵从的姿态,不严谨甚至不坦率地使用原意解释方法(如"想象性重构")以实现解释的"局部融贯",或者在不存在原则性分

---

〔9〕 [美]理查德·A.波斯纳:《法理学问题》,苏力译,59 页,北京,中国政法大学出版社,2002。

〔10〕 Keith E. Whittington, On Pluralism within Originalism, in Grant Huscroft and Bradley W. Miller eds. , The Challenge of Originalism: Theories of Constitutional Interpretation, New York: Cambridge University Press, 2011, p. 76.

歧的情况下尽力形成"未完全理论化的合意"。[11] 个体法
官对解释目标的不同追求以及宪法阐释的可辩驳性导致的
一个必然结果是,宪法解释活动当中存在着各种解释性的、
非解释性的论据,原意解释方法只是其中一部分;个体法官
虽然存在方法论上可以观察到的一致性,但在具体个案中
也有可能会放弃自己偏好的方法。另外,不同宪法决定经
常会带有法官个人独特的司法风格,这种异质性往往使得
法院无法前后一致地运用一套解释方法,[12]甚至会陷入钟
摆式的循环。[13]

　　任何一种单一的宪法解释理论都无法对宪法解释实践
做出圆满的回答,因为宪法解释实践本身就是复杂的。理

---

　　[11]　"未完全理论化的合意"(Incompletely theorized agreements)一词
来自桑斯坦。See Cass R. Sunstein. Incompletely Theorized Agreements,
Harvard Law Review,1995,Vol. 108,pp. 1733-1772.

　　[12]　桑斯坦就指出,"现任最高法院的分析心脏"奥康纳、肯尼迪、苏特、
金斯伯格和布雷耶等大法官并没有遵守某种可以辨识的解释方法论。See
Cass R. Sunstein, The Supreme Court, 1995 Term-Foreword: Leaving
Things Undecided, *Harvard Law Review*, 1996, Vol. 110, p. 14. 在桑斯坦
之前,哈特和萨克斯等法律过程学派的学者早就指出"美国法院并没有一套清
楚的、普遍接受的且一致适用的法律解释理论"。See Henry M. Hart &
Albert M. Sacks, *The Legal Process: Basic Problems in the Making and
Application of Law*, New York: Foundation Press, 1994, p. 1169.

　　[13]　波斯纳曾经对这种复杂的博弈做过很好的描述:"美国最高法院的
历史是一个循环的历史而不是进步的历史,是一个革新与紧缩并列、自由主义
的进攻和保守主义的防御并重的循环过程"。See Richard A. Posner, Past-
Dependency, Pragmatism, and Critique of History in Adjudication and Legal
Scholarship, *University of Chicago Law Review*, 2000, Vol. 67, p. 590.

论的重要性就在于揭示一些常态的、一再复现的问题,但理论也是有弊端的,那就是它可能会对复杂多变的情境视而不见。宪法条文的意义只有在具体的适用过程中才会有解释的必要,但是概括的文字用语与多元的语境意味着一种统一的宪法解释理论可能是无法获得的。美国法院之所以能够在宪法文本的框架内寻求众多政治纠纷和社会分歧的解决之道,恰恰在于不在二者之间做出终局性的选择。但是,这是否意味着普遍意义上的宪法解释理论化都是失败的呢?或许,对这种观点的可能回答是,只要我们仍然在思考什么是对宪法的正确解释,那么宪法解释理论的魅力将始终吸引着学人。虽然只关注一种解释标准的或者——用时下流行的术语来说——"基础主义的"宪法解释理论已经归于失败了,但是多元主义的宪法解释理论仍然在继续发展、成熟当中。一些学者已经注意到,非原意解释与原意解释方法存在沟通的可能性,威廉·波普金(William D. Popkin)就正确地指出:"解释理论——不管是文本主义的、目的主义的或者动态的——都有两种版本,一种是更为狭隘的基础主义的版本,一种则是更加宽泛的实用主义的版本。"宪法解释既是一门方法,也是一门艺术。兴许,对于将来的宪法解释研究工作来说,一种比较合理的做法是在波普金所说的"实用主义"的立场上对各种解释理论进行更加理性的思考。套用一句比较老土的话,我们"一直在路上"。

参 考 文 献

一、中文著作

1. 谢晖、陈金钊：《法律：诠释与应用——法律诠释学》，上海，上海译文出版社，2002。

2. 徐振东：《宪法解释的哲学》，北京，法律出版社，2006。

3. 范进学：《美国宪法解释方法论》，北京，法律出版社，2010。

4. 刘国：《宪法解释方法的变革——宪法解释的法理分析》，北京，中国政法大学出版社，2008。

5. 范进学：《宪法解释的理论建构》，济南，山东人民出版社，2004。

6. 赵晓力：《美国宪法的原旨解释》，载赵晓力主编：《宪法与公民》，上海，上海人民出版社，2004。

7. 张文显：《20世纪西方法哲学思潮研究》，北京，法律出版社，2006。

8. 吴庚：《宪法的解释与适用》，台湾，三民书局，2004。

9. 任东来等：《在宪政舞台上——美国最高法院的历史轨迹》，北京，中国法制出版社，2007。

10. 范进学：《美国宪法解释方法论》，北京，法律出版社，2010。

11. 范进学、施嵩：《美国宪法原意主义方法论》，北京，法律出版社，2012。

12. 张文显：《20世纪西方法哲学思潮研究》，北京，法律出版社，2006。

13. 付池斌:《卢埃林:书本法不同于现实法》,哈尔滨,黑龙江大学出版社,2010。

14. 林来梵:《从宪法规范到规范宪法:规范宪法学的一种前言》,北京,法律出版社,2001。

15. 邱小平:《表达自由:美国宪法第一修正案研究》,北京,北京大学出版社,2005。

16. 许崇德等编:《宪法》,北京,中国人民大学出版社,2007。

17. 杨积讯:《穿越历史——论美国〈联邦宪法〉之永久存续》,北京,法律出版社,2009。

18. 王泽鉴:《法律思维与民法实例》,北京,中国政法大学出版社,2001。

19. 崔雪丽:《美国宪法解释研究》,济南,山东人民出版社,2011。

20. 郑贤君:《宪法方法论》,北京,中国民主法制出版社,2008。

21. 陈林林:《裁判的进路与方法》,北京,中国政法大学出版社,2007。

22. 范进学:《认真对待宪法解释》,济南,山东人民出版社,2007。

23. 韩大元编:《比较宪法——宪法文本与宪法解释》,北京,中国人民大学出版社,2008。

24. 谢立斌:《宪法解释》,北京,中国政法大学出版社,2014。

二、中文论文

1. 陈景辉:《法理论为什么是重要的——法学的知识框架及法理学在其中的位置》,载《法学》,2014(3)。

2. 戚渊:《论法律科学中的解释与诠释》,载《法学家》,2008(6)。

3. 徐亚文,伍德志:《诠释学与法律科学的内在逻辑》,载《社会科学辑刊》,2011(5)。

4. 解永照、王彬:《论解释学的重心转移与范式转换——兼论解释学对法律解释研究的意义》，载《齐鲁学刊》，2010(5)。

5. 范进学、冯静:《司法能动主义在中国:司法哲学之可能走向》，载《云南大学学报》，2009(2)。

6. 张志铭:《中国司法的功能形态:能动司法还是积极司法?》，载《中国人民大学学报》，2009(6)。

7. 徐亚文、邓珊珊:《中国语境下的"能动司法":语义与实践》，载《湖北社会科学》，2010(11)。

8. 周赟:《司法能动性与司法能动主义》，载《政法论坛》，2011(1)。

9. 李龙、陈阳:《中国视域下能动司法的内涵辨析》，载《武汉大学学报》(哲学社会科学版)，2011(5)。

10. 崔雪丽:《美国宪法解释的新转向——非原旨主义方法探究》，载《湘潭大学学报》(哲学社会科学版)，2011(11)。

11. 范进学:《斯卡利亚宪法解释方法论及其评析》，载《学习与探索》，2007(1)。

12. 范进学:《美国宪法解释方法论之辩思》，载《现代法学》，2006(5)。

13. 顾爱平:《宪法解释的方法论辩证——兼论社会学解释方法应当作为宪法解释的首选方法》，载《江海学刊》，2010(2)。

14. 黄利红:《美国宪法的社会学解释方法及其理论源流》，载《社会科学家》，2009(10)。

15. 侯学宾:《美国宪法解释中的不同民主观——原旨主义与能动主义之比较》，载《当代法学》，2010(1)。

16. 侯学宾:《含义、原初性与宪法忠诚——原旨主义的三种基本共识性命题》，载《法制与社会发展》，2010(6)。

17. 刘国:《原旨主义方法的困境与出路》，载《浙江社会科学》，2009(9)。

18. 郑维炜：《论诠释学意义上的原旨主义——反思惠廷顿〈宪法解释〉中的认识论困境》，载《法制与社会发展》，2012(1)。

19. 刘飞：《宪法解释的规则综合模式与结果取向——以德国联邦宪法法院为中心的宪法解释方法考察》，载《中国法学》，2011(2)。

20. 侯学宾：《含义、原初性与宪法忠诚：原旨主义的三种基本共识性命题》，载《法制与社会发展》，2010(6)。

21. 马洪伦：《论原旨主义内部的理论分支——以美国联邦最高法院Heller案为例》，载《当代法学》，2011(4)。

22. 范进学：《美国宪法解释方法论之辨思》，载《现代法学》，2006(5)。

23. 侯学宾：《美国宪法解释中的不同民主观——原旨主义和能动主义之比较》，载《当代法学》，2010(1)。

24. 刘国：《原旨主义方法的困境与出路》，载《浙江社会科学》，2009(9)。

25. 崔雪丽：《美国宪法解释的新转向——非原旨主义方法探究》，载《湘潭大学学报》，2011(1)。

26. 黄丽红：《美国宪法的社会学解释方法及其理论源流》，载《社会科学家》，2009(10)。

27. 范进学：《美国宪法解释："麦迪逊两难"之消解》，载《法律科学》，2006(6)。

28. 郭春镇：《从限制权利到未列举权利——时代变迁中的第九修正案》，载《环球法律评论》，2010(2)。

29. 祝捷：《从主题性到主体间性——宪法解释方法论的反思》，载《广东社会科学》，2010(5)。

30. 李其瑞、王国龙：《"文本中心论"法律解释学的研究立场与基本特征》，载《山东警察学院学报》，2009(5)。

31. 黄明慧:《美国宪法解释的文本主义之评析》,载《学术界》,
　　2016(7)。

三、中文译著

1. [美]罗纳德·德沃金:《身披法袍的正义》,周林刚、翟志勇译,北
　　京,北京大学出版社,2010。

2. [美]罗斯科·庞德:《法律史解释》,邓正来译,北京,中国法制出
　　版社,2002。

3. [德]卡尔·拉伦茨:《法学方法论》,陈爱娥译,北京,商务印书
　　馆,2005。

4. [美]罗纳德·德沃金:《法律帝国》,李长青译,北京,中国大百科
　　全书出版社,1996。

5. [日]牧野英一:《法律之进化与进步》,朱广文译,北京,中国政法
　　大学出版社,2003。

6. [美]安德雷·马默:《解释与法律理论》,程朝阳译,北京,中国政
　　法大学出版社,2012。

7. [美]本杰明·卡多佐:《司法过程的性质》,苏力译,北京,商务印
　　书馆,1998。

8. [美]约翰·哈特·伊利:《民主与不信任:司法审查的一种理论》,
　　张卓明译,北京,法律出版社,2011。

9. [美]亚历山大·汉密尔顿,詹姆斯·麦迪逊,约翰·杰伊:《联邦
　　党人文集》,尹宣译,南京,译林出版社,2010。

10. [美]克里斯托弗·沃尔夫:《司法能动主义——自由的保障还是
　　安全的威胁?》(修订版),黄金荣译,北京,中国政法大学出版
　　社,2004。

11. [美]伯纳德·施瓦茨:《美国法律史》,王军等译,北京,法律出版

社,2007。

12. [美]罗伯特·麦克罗斯基:《美国最高法院》(第三版),任东来等译,北京,中国政法大学出版社,2005。

13. [美]亚历山大·M. 比克尔:《最小危险部门——政治法庭上的最高法院》,姚中秋译,北京,北京大学出版社,2007。

14. [美]爱德华·S. 考文:《美国宪法的"高级法"背景》,强世功译,北京,生活·读书·新知三联书店,1996。

15. [美]罗纳德·德沃金:《自由的法:对美国宪法的道德解读》,刘丽君译,上海,上海人民出版社,2001。

16. [美]杰瑞弗·A. 西格尔、哈罗德·J. 斯皮斯,莎拉·C. 蓓娜莎:《美国司法体系中的最高法院》,刘哲玮·杨微波译,北京,北京大学出版社,2011。

17. [美]罗纳德·德沃金:《原则问题》,张国清译,南京,江苏人民出版社,2008。

18. [美]布鲁斯·阿克曼:《我们人民:宪法的变革》,孙文恺译,北京,法律出版社,2009。

19. [美]基恩·E. 威廷顿:《宪法解释:文本含义,原初意图与司法审查》,杜强强等译,北京,中国人民大学出版社,2006。

20. [美]查尔斯·比尔德,爱德华·考文,路易斯·布丁等:《伟大的篡权》,李松峰译,上海,上海三联书店,2009。

21. [美]基思·E. 惠廷顿:《宪法解释:文本含义、原初意图与司法审查》,杜强强、刘国、柳建龙译,北京,中国人民大学出版社,2006。

22. [德]卡尔·拉伦茨:《法学方法论》,陈爱娥译,北京,商务印书馆,2005。

23. [美]理查德·E. 帕尔默:《诠释学》,潘德荣译,北京,商务印书馆,2012。

24. 〔美〕罗斯科·庞德:《通过法律的社会控制》,沈宗灵译,北京,商务印书馆,2008。

25. 〔美〕本杰明·卡多佐:《司法过程的性质》,苏力译,北京,商务印书馆,2000。

26. 〔美〕罗伯特·达尔:《美国宪法的民主批判》,佟德志译,北京,东方出版社,2007。

27. 〔日〕芦部信喜:《宪法》,李鸿禧译,台湾,月旦出版股份有限公司,1995。

28. 〔德〕齐佩利乌斯:《法学方法论》,金振豹译,北京,法律出版社,2009。

29. 〔美〕爱德华·S. 考文:《美国宪法的"高级法"背景》,强世功译,北京,生活·读书·新知三联书店,1996。

30. 〔美〕劳伦斯·却伯:《看不见的宪法》,田雷译,北京,法律出版社,2011。

31. 〔美〕戴维·O.斯图尔特:《1787 年之夏:缔造美国宪法的人们》,顾元译,北京,中国政法大学出版社,2011。

32. 〔美〕乔治·P.弗莱彻:《隐藏的宪法——林肯如何重新铸定美国民主》,陈旭纲译,北京,北京大学出版社,2009。

33. 〔美〕莫顿·J. 霍维茨:《沃伦法院对正义的追求》,信春鹰、张志铭译,北京,中国政法大学出版社,2003。

34. 〔美〕戴维·斯特劳斯:《活的宪法》,毕洪海译,北京,中国政法大学出版社,2012。

35. 〔美〕查尔斯·弗瑞德:《何谓法律:美国最高法院中的宪法》,胡敏洁、苏苗罕、李鸽译,北京,北京大学出版社,2008。

36.［美］迈尔文·艾隆·艾森伯格:《普通法的本质》,张曙光等译,北京,法律出版社,2004。

37.［美］盖多·卡拉布雷西:《制定法时代的普通法》,周林刚、翟志勇、张世泰译,北京,北京大学出版社,2006。

38.［美］理查德·E. 帕尔默:《诠释学》,潘德荣译,北京,商务印书馆,2012。

39.［英］威廉·布莱克斯通:《英国法释义》(第一卷),游云庭、缪苗译,上海,上海人民出版社,2006。

40.［美］约翰·杜威等:《实用主义》,田永胜等译,北京,世界知识出版社,2007。

41.［美］理查德·罗蒂:《后形而上学希望——新实用主义社会、政治和法律哲学》,张国清译,上海,上海译文出版社,2003。

42.［美］杰弗瑞·A. 西格尔、哈罗德·J. 斯皮斯、莎拉·C. 蓓娜莎:《美国司法体系中的最高法院》,刘哲玮、杨微波译,北京,北京大学出版社,2011。

43.［奥］凯尔森:《纯粹法理论》,张书友译,北京,中国法制出版社,2008。

44.［美］斯蒂芬·布雷耶:《积极自由——美国宪法的民主解释论》,田雷译,北京,中国政法大学出版社,2011。

45.［美］阿德里安·沃缪勒:《不确定状态下的裁判:法律解释的制度理论》,梁迎修、孟庆友译,北京,北京大学出版社,2011。

46.［意］艾柯:《诠释与过度诠释》,科里尼编,王宇根译,北京,生活·读书·新知三联书店,1997。

47.［英］卡尔·波普尔:《历史决定论的贫困》,杜汝楫、邱仁宗译,上海,上海人民出版社,2009。

48. 〔美〕乔治·J. E. 格雷西亚:《文本性理论:逻辑与认识论》,汪信砚、李志译,北京,人民出版社,2009。

49. 〔英〕哈特:《法律的概念》,张文显等译,北京,中国大百科全书出版社,1996。

50. 〔英〕蒂莫西·A. O. 恩迪科特:《法律中的模糊性》,程朝阳译,北京,北京大学出版社,2010。

51. 〔美〕特伦斯·鲍尔,约翰·波考克:《概念变迁与美国宪法》,谈丽译,上海,华东师范大学出版社,2010。

52. 〔美〕詹姆斯·安修:《美国宪法解释与判例》,黎建飞译,北京,中国政法大学出版社,1999。

53. 〔美〕迈尔文·艾隆·艾森伯格:《普通法的本质》,张曙光等译,北京,法律出版社,2004。

54. 〔美〕约翰·杜威等:《实用主义》,田永胜等译,北京,世界知识出版社,2007。

55. 〔美〕理查德·波斯纳:《法理学问题》,苏力译,北京,中国政法大学出版社,2002。

56. 〔美〕阿德里安·沃缪勒:《不确定状态下的裁判——法律解释的制度理论》,梁迎修、孟庆友译,北京,北京大学出版社,2011。

57. 〔美〕托马斯·安修:《美国宪法判例与解释》,黎建飞译,北京,中国政法大学出版社,1999。

58. 〔美〕劳伦斯·M. 索兰:《法官语言》,张清、王芳译,北京,法律出版社,2007。

59. 〔法〕保罗·利科:《诠释学与人文科学:语言、行为、解释文集》,孔明安等译,北京,中国人民大学出版社,2012。

60. 〔美〕富勒:《法律的道德性》,郑戈译,北京,商务印书馆,2005。

61. [美]劳伦斯·H. 却伯、迈克尔·C. 多尔夫:《解读宪法》,陈林林、储智勇译,上海,上海三联书店,2007。

62. [美]戴维·O. 斯图沃特:《1787 年之夏:缔造美国宪法的人们》,顾元译,北京,中国政法大学出版社,2011。

63. [美]亚历山大·M. 比克尔:《最小危险部门——政治法庭上的最高法院》,姚中秋译,北京,北京大学出版社,2007。

64. [荷]伊芙琳·T. 菲特丽丝:《法律论证原理——司法裁决之证立理论概览》,张其山、焦宝乾、夏贞鹏译,北京,商务印书馆,2005。

65. [美]理查德·A. 波斯纳:《法理学问题》,苏力译,北京,中国政法大学出版社,2002。

66. [美]索蒂里奥斯·巴伯、詹姆斯·弗莱明:《宪法解释的基本问题》,徐爽等译,北京,北京大学出版社,2016。

67. [美]斯蒂芬·卡拉布雷西:《美国宪法的原旨主义:廿五年的争论》,李松锋译,北京,当代中国出版社,2014。

四、英文著作

1. Robert H. Bork, The Tempting of America: The Political Seduction of the Law, New York: Simon and Schuster Inc. , 1990.

2. Dennis Goldford, The American Constitution and the Debate over Originalism, New York: Cambridge University Press, 2005.

3. Amy Gutmann ed. , A Matter of Interpretation, Princeton: Princeton University Press, 1997.

4. Dennis Goldford, The American Constitution and the Debate over Originalism, New York: Cambridge University Press, 2005.

5. Johnathan O'Neill, Originalism in American Law and Politic: A Constitutional History, Baltimore: Johns Hopkins University Press, 2005.

6. Christopher Wolfe, The Rise of Modern Judicial Review: From Constitutional Interpretation to Judge-Made Law (Revised Edition),Littlefield Adams Quality Paperbacks,1994.

7. Grant Huscroft and Bradley W. Miller ed. , The Challenge of Originalism: Theories of Constitutional Interpretation, Cambridge: Cambridge University Press, 2011.

8. Jack N. Rakove ed. , Interpreting the Constitution: The Debate over Original Intent, Boston: Northeastern University Press, 1990.

9. Raoul Berger, Government by Judiciary: The Transformation of the Fourteenth Amendment (2nd edition), Indianapolis: Liberty Fund, Inc. , 1997.

10. William Eskridge, Dynamic Statutory Interpretation, Harvard University Press, 1994.

11. Jack Rakove, Original Meanings: Political and Ideas in the Making of the Constitution, New York: Alfred Knopf, Inc. , 1996.

12. David Strauss, The Living Constitution, New York: Oxford University Press, 2010.

13. Robert Bork, The Tempting of America: The Political Seduction of the Law,New York: Simon and Schuster Inc. , 1990.

14. Jack M. Balkin, Living Originalism, Cambridge: The Belknap of

Harvard University Press, 2011.

15. Grant Huscroft and Bradley W. Miller ed. , The Challenge of Originalism: Theories of Constitutional Interpretation, Cambridge: Cambridge University Press, 2011.

16. David Strauss, The Living Constitution, New York: Oxford University Press, 2010.

17. Lackland H. Bloom, Methods of Interpretation: How the Supreme Court Reads the Constitution, Oxford University Press, 2009.

18. WJ. Waluchow, A Common Law Theory of Judicial Review: The Living Tree, New York: Cambridge University Press, 2007.

19. M. B. W. Sinclair, Legislative Intent: Fact or Fabrication? New York Law School Law Review, Vol. 41, 1997.

20. Lawrence M. Solan, The Language of Statutes: Laws and Their Interpretation, Chicago: The University of Chicago Press, 2010.

21. Einer Elhauge, Statutory Default Rules: How to Interpret Unclear Legislation, Cambridge: Harvard University Press, 2008.

22. Christopher Wolfe, How to Read the Constitution: Originalism, Constitutional Interpretation, and Judicial Power, Maryland: Rowman and Littlefield Publishers, 1996.

23. Laurence Tribe and Michael Dorf, On Reading the Constitution, Massachusetts: The President and Harvard College,1991.

24. Keith E. Whittington, On Pluralism within Originalism, in Grant Huscroft and Bradley W. Miller eds. , The Challenge of Originalism: Theories of Constitutional Interpretation, New York: Cambridge University Press, 2011.

25. Henry M. Hart &. Albert M. Sacks, The Legal Process: Basic Problems in the Making and Application of Law, New York: Foundation Press, 1994.

26. Philip Bobbit, Constitutional Interpretation, Cambridge: Basil Blackwell, 1991.

五、英文论文

1. Robert Fishman. The Futility of Theory? University of Colorado Law Review, 1992, Vol. 63.

2. Richard A. Posner, Against Constitutional Theory, New York University Law Review, 1998, Vol. 73.

3. Michael J. Perry. Why Constitutional Theory Matters to Constitutional Practice (And Vice Versa), Constitutional Commentary, 1989, Vol. 6.

4. Winfried Brugger, Legal Interpretation, Schools of Jurisprudence, and Anthropology: Some Remarks from A German Point of View, The American Journal of Comparative Law, 1994, Vol. 42.

5. Paul Brest, Misconceived Quest for the Original Understanding, Boston University Law Review, 1980, Vol. 60.

6. Steven D. Smith, Law without Mind, Michigan Law Review, 1989, Vol. 88.

7. James Fleming, Response: Original Meaning without Originalism,

Georgetown Law Journal, 1997, Vol. 85.

8. Robert Nelson, The Founders' Hermeneutic: The Real Original Understanding of Original Intent, Ohio State Law Journal, 2007, Vol. 68.

9. Miguel Schor, Foreword: Contextualizing The Debate between Originalism and the Living Constitution, Drake Law Review, 2011, Vol. 59.

10. Keith Whittington, New Originalism, George Journal of Law and Public Policy, 2004, Vol. 2.

11. Robert H. Bork, Neutral principles and Some First Amendment Problems, Indiana Law Journal, 1971, Vol. 47.

12. Steven Calabresi, A Critical Introduction to the Originalism Debate, Harvard Journal of Law and Public Policy, 2008, Vol. 31.

13. Antonin Scalia, Originalism: The Lesser Evil, University of Cincinnati Law Review, 1989, Vol. 57.

14. Michael Paulsen, Symposium: Original Ideas on Originalism: Does the Constitution Prescribe Rules for Its Own Interpretation? Northwestern University Law Review, 2009, Vol. 103.

15. Thomas Grey, The Constitution as Scripture, Stanford Law Review, 1984, Vol. 37.

16. Michael Perry, The Authority of Text, Tradition, and Reason: A Theory of Constitutional " Interpretation " , Southern California Law Review, 1985, Vol. 58.

17. Ronald Dworkin, The Arduous Virtue of Fidelity: Originalism, Scalia, Tribe, and Nerve, Fordham Law Review, 1997, Vol. 65.

18. Tara Smith, Originalism's Misplaced Fidelity: " Original " Meaning is Not Objective, Constitutional Commentary, 2009, Vol. 26.

19. Randy E. Barnett, An Originalis for Nonoriginalism, Loyola Law Review, 1999, Vol. 45.

20. Gary Lawson, On Reading Recipes... and Constitutions, Georgetown Law Journal , 1996, Vol. 85.

21. Lawrence B. Solum, Semantic Originalism 75 (Univ. of Ill. Coll. of Law Ill. Pub. Law & Legal Theory Research Paper Series, No. 07-24, 2008), available at http://papers. ssrn. com/sol3/papers. cfm?abstract_id=1120244.

22. Keith E. Whittington, The New Originalism, George Journal of Law and Public Policy, 2004, Vol. 2.

23. Thomas B. Colby, The Sacrifice of the New Originalism, Georgetown Law Journal, 2011, Vol. 99.

24. H. Jefferson Powell, Rules for Originalists, Virginia Law Review, 1987, Vol. 73.

25. Mark Tushnet, Heller and the New Originalism, Ohio Law Journal,2008, Vol. 69.

26. Peter J. Smith, How Different are Originalism and Non-Originalism? Hastings Law Journal, 2011, Vol. 62.

27. Matthew D. Bunker, Originalism 2. 0 Meets The First Amendment: The "New Originalism", Interpretive Methodology, and Freedom

of Expression, Communication Law &. Policy, 2012, Vol. 17.

28. Owen M. Fiss, Objectivity and Interpretation, Stanford Law Review, 1982, Vol. 34.

29. Stanford Levinson, The Limited Relevance of Originalism in the Actual Performance of Legal Roles, Harvard Journal of Law and Public Policy, 1995, Vol. 19.

30. Thomas C. Grey, The Constitution as Scripture, Stanford Law Review, 1984, Vol. 37.

31. Bruce Ackerman, 2006 Oliver Wendell Holmes Lecture: The Living Constitution, Harvard Law Review, 2007, Vol. 120.

32. Thomas C. Grey, Do We Have an Unwritten Constitution, Standford Law Review, 1975, Vol. 27.

33. Arthur Selwyn Miller, Notes on the Concept of the "Living" Constitution, The George Washington Law Review, 1963, Vol. 31.

34. Miguel Schor, Contextualizing the Debate Between Originalism and the Living Constitution, Drake Law Review, 2011. Vol. 59.

35. Jack M. Balkin, Framework Originalism and The Living Constitution, Northwestern University Law Review, 2009, Vol. 103.

36. William H. Rehnquist, In Memoriam: William H. Rehnquist: The Notion of a Living Constitution, Harvard Journal of Law &. Public Policy, 2006, Vol. 29.

37. Robert Clinton, Original Understanding, Legal Realism, and the Interpretation of "This Constitution", Iowa Law Review, 1987,

Vol. 72.

38. Arthur Miller, Notes on the Concept of the "Living" Constitution, George Washington Law Review, 1963, Vol. 31.

39. Karl Llewellyn, The Constitution as An Institution, Columbia Law Review, 1934, Vol. 34.

40. Charles Beard, The Living Constitution, Annals of the American Academy of Political and Social Science, 1936, Vol. 185.

41. William Rehnquist, The Notion of a Living Constitution, Harvard Journal of Law and Public Policy, 2006, Vol. 29.

42. David Strauss, Do We Have A Living Constitution?, Drake Law Review, 2011, Vol. 59.

43. John Valauri, Legal Hermeneutics in Brazil and the United States: As Time Goes by: Hermeneutics and Originalism, Nevada Law Journal, 2010, Vol. 10.

44. Lino A. Graglia, "Interpreting" the Constitution: Posner on Bork, Stanford Law Review, 1991, Vol. 44.

45. Jack Balkin, Abortion and Original Meaning, Constitutional Commentary, 2007, Vol. 24.

46. Richard A. Posner, Past-Dependency, Pragmatism, and Critique of History in Adjudication and Legal Scholarship, Chicago Law Review, 2000, Vol. 67.

47. Scott Dodson, A Darwinist View of the Living Constitution, Vanderbilt Law Review, 2008, Vol. 61.

48. Adrian Vermeule, Dynamic Statutory Interpretation and the Institutional Turn, in Issues in Legal Scholarship, Issues 3:

Dynamic Statutory Interpretation, 2002, Article 3.

49. William S. Blatt, The History of Statutory Interpretation: A Study in Form and Substance, Cardozo Law Review, Vol. 6, 1984.

50. Richard A. Posner, Statutory Interpretation—in the Classroom and in the Courtroom, The University of Chicago Law Review, 1983, Vol. 50.

51. William Eskridge, New Textulism, UCLA Law Review, 1989, Vol. 37.

52. Thomas Morawetz, Understanding Disagreement, The Root Issue of Jurisprudence: Applying Wittgenstein To Positivism, Critical Theory, and Judging, University of Pennsylvania Law Review, 1992, Vol. 141.

53. Daniel A. Farber, Legal Pragmatism and the Constitution, Minnesota Law Review, 1987, Vol. 72.

54. Richard A. Posner, Legal Formalism, Legal Realism, and the Interpretation of Statutes and the Constitution, Case Western Reserve Law Review, 1986, Vol. 37.

55. Frank H. Easterbrook, Pragmatism's Role in Interpretation, Harvard Journal of Law and Public Policy, 2008, Vol. 31.

56. Adrian Vermeule, Dynamic Statutory Interpretation and the Institutional Turn, in Issues in Legal Scholarship, Issues 3: Dynamic Statutory Interpretation, 2002, Article 3.

57. Tom Gerety, The Submarine, the Handbill, and the First Amendment, University of Cincinnati Law Review, 1988,

Vol. 56.

58. Thomas C. Grey, The Constitution as Scripture, Stanford Law
Review, 1984, Vol. 37.

59. H. L. A. HART, Positivism and the Separation of Law and
Morals, Harvard Law Review, 1958, Vol. 713.

60. Libonati, Dynamic Interpretation: The Art of Persuation, in
Issues in Legal Scholarship, Issues 3: Dynamic Statutory
Interpretation, 2002, Article 14.

61. John Copeland Nagle, Newt Gingrich, Dynamic Statutory
Interpreter, University of Pennsylvania Law Review, 1995,
Vol. 143.

62. David L. Shapiro, Continuity and Change in Statutory
Interpretation, New York University Law Review, 1992,
Vol. 67.

63. Stephen F. Ross, The Location and Limit of Dynamic Statutory
Interpretation in Modern Judicial Reasoning, in Issues in Legal
Scholarship, Issues 3: Dynamic Statutory Interpretation, 2002,
Article 6.

64. John M. Kernochan, Statutory Interpretation: An Outline of
Method, Dalhousie Law Journal, 1976, Vol. 3.

65. Daniel A. Farber, Statutory Interpretation and Legislative
Supremacy, Georgetown Law Journal, 1989, Vol. 78.

66. William D. Popkin, The Dynamic Judicial Opinion, in Issues in
Legal Scholarship, Issues 3: Dynamic Statutory Interpretation,
2002, Article 7.

67. William Michael Treanor, Taking Text too Seriously: Modern Textualism, Original Meaning, and the Case of Amar's Bill of Rights, Michigan Law Review, 2007, Vol. 106.

68. Caleb Nelson, What is Textualism? Virginia Law Review, 2005, Vol. 91.

69. John F. Manning, Textualism and Legislative Intent, Virginia Law Review, 2005, Vol. 91.

70. John F. Manning, What Divides Textualism form Purposivists? Columbia Law Review, 2006, vol, 106.

71. Peter J. Smith, Textualism and Jurisdiction, Columbia Law Review, 2008, Vol. 108.

72. Stephen Breyer, On Uses of Legislative History, Southern California Law Review, 1991—1992, Vol. 65.

73. Frank H. Easterbrook, The Role of Original Intent in Statutory Construction, Harvard Journal of Law and Public Policy, 1988, Vol. 11.

74. Frank H. Easterbrook, Text, History, and Structure, Harvard Journal of Law and Public Policy, 1994, Vol. 17.

75. See Daniel A. Farber, Do Theories of Statutory Interpretation Matter? A Case Study, Northwest University Law Review, 2000, Vol. 91.

76. Jonathan T. Molot, The Rise and Fall of Textualism, Columbia Law Review, 2006, Vol. 106.

77. Veronica M. Dougherty, Absurdity and the Limits of Literalism: Defining the Absurd Result Principle in Statutory Interpretation,

The American University Law Review, 1994—1995, Vol. 44.

78. John F. Manning, The Absurdity Doctrine, Harvard Law Review, 2003, Vol. 116.

79. John M. Kernochan, Statutory Interpretation: An Outline of Method, The Dalhousie Law Journal, 1976—1977, Vol. 3.

80. Clifton Williams, Expressio Unius Est Exclusio Alterius, Marquette Law Review, 1931, Vol. 15.

81. Joshua Counts Cumby, The Sixth Amendment: Version 1. 0 ET SEQ. Commas, Clauses, And the Constitution, George Mason Law Review, 2011, Vol. 18.

82. Michael Stokes Paulsen, Does The Constitution Prescribe Rules for its Own Interpretation? Northwestern University Law Review, 2009, Vol. 1039.

83. H. Jefferson Powell, The Original Understanding of Original Intent, Harvard Law Review, 1985, Vol. 98.

84. Michael J. Perry, The Authority of Text, Tradition, and Reason: A Theory of Constitutional "Interpretation", University of Southern California, 1985, Vol. 58.

85. David A. Struss, Common Law Constitutional Interpretation, The University of Chicago Law Review, 1996, Vol. 63.

86. T. Alexander Aleinikoff, Constitutional Law in the Age of Balancing, The Yale Law Journal, 1986—1987, Vol. 96.

87. Miranda McGowan, Do as I Do, Not As I Say: An Empirical investigation of Justice Scalia's Ordinary Meaning Method of Statutory Interpretation, Mississippi Law Journal, 2008,

Vol. 78.

88. Stephen Durden, Partial Textualism, University of Memphis Law Review, 2010, Vol. 41.

89. Veronica M. Dougherty, Absurdity and the Limits of Literalism: Defining the Absurd Result Principle in Statutory Interpretation, The American Law Review, 1994—1995, Vol. 44.

90. Jason Weinstein, Against Dictionary: Using Analogical Reasoning to Achieve A More Restrained Textualism, University of Michigan Journal of Law Reform, 2004—2005, Vol. 38.

91. Note: Looking It Up: Dictionaries And Statutory Interpretation, Harvard Law Review, 1994, Vol. 107.

92. Ellen P. Aprill, The Law of the Word: Dictionary Shopping in the Supreme Court, Arizona State Law Journal, 1998, Vol. 30.

93. Louis Michael Seidman, An Essay on Unenumerated Rights and the Impossibility of Textualism, California Law Review, 2010, Vol. 98.

94. Gary Jacobsohn, E. T., The Extra-Textual in Constitutional Interpretation, Constitutional Commentary, 1994, Vol. 1.

95. William Michael Treanor, Against Textualism, Northwestern University Law Review, 2009, Vol. 103.

96. John P. Figura, Against the Creation Myth of Textualism: Theories of Constitutional Interpretation in the Nineteenth Century, Mississippi Law Journal, 2010, Vol. 80.

97. Paul E. McGreal, There is no Such Thing as Textualism: A Case Study in Constitutional Method, Fordham Law Review,

2001, Vol. 69.

98. James E. Ryan, Laying Claim to The Constitution: The Promise of New Textualism, Virginia Law Review, 2011, Vol. 97.

99. Karl N. Llewellyn, Remarks on the Theory of Appellate Decision and the Rules or Canons about How Statutes Are to Be Construed, Vanderbilt Law Review, Vol. 3.

100. Walter Benn Michaels, Against Formalism: The Autonomous Text in Legal and Literary Interpretation, Poetics Today, 1979, Vol. 1.

101. Paul Campos, That Obscure Object of Desire: Hermeneutics and the Autonomous Legal Text, Minnesota Law Review, 1993, Vol. 77.

102. Thomas Grey, Do We Have an Unwritten Constitution? Stanley Law Review, 1975, Vol. 23.

103. Jonathan R. Siegel, The Inexorable Radicalization of Textualism, University of Pennsylvania Law Review, 2009, Vol. 158.

104. James Fleming, Original Meaning without Originalism, Georgetown Law Journal,1997, Vol. 85.

105. Michael Dorf, Integrating Normative and Descriptive Constitutional Theory: The Case of Original Meaning, Georgetown Law Journal,1996, Vol. 85.

106. Randy E. Barnett, An Originalism for Non-originalism, Loyola Law Review, 1999, Vol. 45.

107. Jeffrey Rosen, Originalist Sin: The Achievement of Antonin

Scalia, and its Intellectual Incoherence, http://www. newrepublic. com/article/politics/originalist-sin.

108. Richard H. Fallon, A Constructivist Coherence Theory of Constitutional Interpretation, Harvard Law Review, 1987, Vol. 100.

109. Cass R. Sunstein. Incompletely Theorized Agreements, Harvard Law Review, 1995, Vol. 108.

110. Cass R. Sunstein, The Supreme Court, 1995 Term-Foreword: Leaving Things Undecided, Harvard Law Review, 1996, Vol. 110.

111. Richard A. Posner, Past-Dependency, Pragmatism, and Critique of History in Adjudication and Legal Scholarship, University of Chicago Law Review, 2000, Vol. 67.

后记

对于法律解释问题的研究，历来可以区分为宪法解释和制定法解释两个不同的领域。其中，针对宪法解释理论和实践，特别是美国的宪法解释理论和实践，是近十多年来中国法学界的重要增长点。学术界对这个问题的讨论已经积累了不少优秀的成果，在这个时候仍以美国宪法解释理论为题出版专著，无疑是拿自己献祭。本书试图总结相关的学说脉络，但仍然不免有综述之嫌，而且对于相关判例以及最新的理论发展成果，仍然关注不足。不过，这本书仍然代表着我从2009年进入厦门大学学习之后，到 2013 年左右（在这之后我开始关注制定法解释理论与实践）的基本思考。而且，我在这本书中也尝试着指出，宪法解释理论需要从基础主义走向实用主义或多元主义，同时我也指出了未来的一些可以进一步思考的方向。无论是总结过去，还是寻找将来的研究方向，我觉得最好还是把这本记录着自己不成熟的思考的小书公之于众，让诸位达人评断。

说来也惭愧，这本书原本就是我硕士论文当中的一部分。当时我的硕士论文《美国宪法中的动态法律解释》原本只想写清楚原旨主义和活的宪法之间的争论，然后再梳理下美国宪法第一修正案关于商业言论自由的案件，并没有考虑过将之扩展到宽泛意义上的宪法解释理论争议。那个时候，光是商业言论自由判例的翻译、摘录和整理工作，就已经让我疲于奔命了。我还记得硕士毕业论文答辩后，指导老师郭春镇教授曾建议我把 20 多万字的判决书翻译稿汇编出版。现在想想，当时也不知道为什么会有这么大的勇气，挑选了宪法解释理论，还挑选了商业言论自由判例。或许只是因为当时我的主要心思都在研究美国法理学问题吧。2012 年，我考入浙江大学，师从陈林林教授钻研法学方法论和司法裁判理论。陈林林教授建议我把这个话题说清楚，然后尽快换一个更加有实践意义的课题作为博士论文的选题。于是，我新增了不少章节、案例，特别是有关文本主义的评述，最终形成了这本书的全部内容。

　　书虽然写成了，但是遗憾的地方还是有不少。最大的遗憾是，我原本希望借助艾斯克里奇的动态制定法解释理论，将美国宪法解释背后的制度性因素和政治性博弈展现出来，但最后考虑到对美国政治运作情况并不了解只能放弃了。我想，如果将来有机会到美国法学院去实地学习、考察，或许会有更加深刻的体会，那个时候再写应该也不晚。另一个遗憾的地方是，在写作这本书时，我手上只有巴尔金的"活的原旨主义"英文本（如今这本书已经由刘连泰、刘玉姿联袂译出），当时也曾阅读过其他修正派原旨主义的资料，不过并未深究。这个话题将来我会以专题论文形式再论述，此处只能暂时按下不表。

　　认真开始做学问，始于 2009 年刚到厦门大学攻读硕士学位那会儿。当时我就给自己设定了一个很清楚的目标——只要没有课，就争取到图书馆里泡着。那个时候读书真的是一件很开心、愉快的事，每隔几周左右都会向郭春镇老师汇报下读书情况和遇到的困惑。2010 年 9 月从郭老师那里取得艾斯克里奇的 *Dynamic Statutory Interpretation* 一书，硬是花了 2 个月时间啃完了。可以说，这本书给了我很多的灵感和体会，我在博士阶段发表的几篇论文以及博士论文都直接和这本书有关。真正开始学习怎么样精到地研究一个具体的话题，则是在博士阶段跟随陈林林老师做法学方法论方面的研究。我还记得刚入学那会，陈老师很坦率地跟我说："云清，你是我带的第一个博士。老实说，我也不知道该怎么带你。你就好好读书，有问题多跟我讨论吧。"于是，我就拼命地看书，自己找来好的英语论文翻译，或者按着陈老师交派下来的好论文翻译，然后在每周例行爬山打球的时候跟陈老师闲聊阅读体验。后来我发表的许多文章，都来自于和陈老师的讨论。如今自己开始担任本科生导师了，才开始体会到"导师"二字是多么沉重的字眼。

在这里，我还想感谢几位老师。厦门大学法学院宋方青院长、周赟教授、黄金兰副教授等师长是我硕士论文的评阅老师，当时他（她）们提出了许多问题。特别需要感谢的是宋方青院长，她同时也是我的博士后合作导师。感谢她大力支持我回到母校，正是因为有这样一处安静的科研环境，我才能够安心修订这本著作。刘连泰教授在我迷茫的时候提供了许多建议。张志铭、孙笑侠、葛洪义、马长山、王秩、陈金钊、梁治平、马治选、王凌皞、杨知文等几位师长在求学道路上给予了我许多提点，在此一并致谢。在文章写作过程中，许多同龄学友也给了我不少建议，这个名单会很长，请恕我不能一一罗列。

这是我的第一本专著，也是对过去几年学习的初步总结。再过几年，我将以博士论文为蓝本，出版另一本有关美国制定法解释的专著，作为本文的姊妹篇。到那时为止，我想对于这两个话题的学术性研究应该就可以暂时告一段落了。以后我可能会遇上不一样的研究话题、有不一样的思考。不过,我一向认为学术研究应该具有一种逻辑思路的连贯性,也许将来我的研究工作还会继续保持与这两个话题的"孽缘"罢!

王云清

2016 年 12 月 5 日

于厦门大学博士后公寓